올인원 라이브 합격열차란?

01 올인원 교재로 과목별 전범위를 테마로 정리한 정규강의

이론과 문제를 한 권으로 정리하는 올인원 강의

02 실시간 라이브 강의로 한번더

① **매년 반드시 출제**되는 테마
② **매번 헷갈려서 틀리는** 테마
③ **킬러 문제** 테마를 **집중적**
   반복적으로 **과외**하며 정복

03 실시간 소통을 통한 질문 즉시 해결

라이브 강의를 들으면서 생긴 궁금증을 바로바로 해결
언제까지 게시판에 질문올리고 48시간 기다리겠습니까?

04 과목별 1타강사가 직접 전화상담을?

과목별 강사들이 수강생 여러분들에게 직접 전화합니다.
그리고 그 과정을 모두가 함께 라이브로 시청합니다!
우리가 궁금했던것이 해결되는데 그것도 직접 전화로, 무려 1타강사가 직접?
고객센터 직원이 해주는 상담과 차원이 다른 그 누구도 따라할 수 없는 서비스!

매일 3시 출발 **2시간 연속 생방송** **다시보기 가능**

자세한 내용은 홈페이지 **www.landhana.co.kr** 참고

문의전화 **1600-5577**

당신의 불합격·점수가
오르지 않는 이유가 무엇입니까?

90% 이상의 수험생은 이렇게 대답했습니다.

1 학습해야 할 교재가 **너무 많아요**

2 과목별 기본서 분량이 **너무 많아요**

3 재수생은 **이론 과정이 너무 반복**되어 시간낭비가 많은 것 같아요

4 아무리 공부해도 **무엇을 암기해야** 합격하는지 항상 애매해요

5 실제시험에서 주어진 시간내 문제를 **다 풀지도 못하고 찍어버린** 문제가 많아요

랜드하나가 해결해드립니다!

랜드하나는 다시 시작하는 수험생을 위해 가장 합리적인 교재를 제시합니다.

각 과목별 딱 한 권으로 정리하는
올인원 교재로 합격을 완성합니다.

올인원 교재

+

정규 강의

+

올라 유튜브 과외

매일 3시 출발 **2시간 연속 생방송** **다시보기 가능**

자세한 내용은 홈페이지 www.landhana.co.kr 참고

문의전화 **1600-5577**

2024 EBS ●● 랜드하나

공인중개사

전원합격

올인원

1차 **민법 및 민사특별법**

H 랜드하나

머리말

매년 30만 명 가까이 국민 자격증인 공인중개사 시험을 치르고 있으며, 이 중에서 일부 수험생은 합격을 하고, 많은 수험생이 시험에서 실패를 합니다.

공인중개사 시험은 절대평가시험임에도 불구하고, 시험의 커트라인에 해당하는 평균 60점을 받지 못하여 시험에 실패하는 수험생들이 훨씬 더 많은 게 불편한 현실입니다.

모두가 최고의 합격자 최고의 강사진이라고 관고를 하고 있음에도 불구하고

그리고 그 어디에서도 55점으로 불합격한 수험생을 관리하고 50점으로 불합격한 수험생들의 학습과 공부 방법을 제시해 주지는 않습니다. 다시 두꺼운 기본서와 처음 공부하는 수험생들이 하는 기초 강의부터 다시 시작을 해야 하는 게 현재 공인중개사 수험시장의 상황입니다.

그러다 보니 불합격 후 공부를 다시 시작하는 시기가 늦어지고, 늦어지다 보니 작년에 공부했던 내용을 다 잊어버리고 늦게 시작하는 경우가 많고, 공부의 흥미를 잃어버리는 경우가 대부분입니다.

그래서 수험자들이 작년의 50점의 실력을 유지하면서 좀 더 효율적으로 공부할 수 있는 방법은 없을까? 교재는 없을까? 고민을 하게 되었고 이 고민의 과정 속에서 다시 재도전하는 수험생과 어느 정도 공부량이 되는 수험자에게 딱 적합한 전원합격 올인원교재를 구상하게 되었습니다.

전원합격 올인원 교재와 함께 한층 더 높은 수준의 강의를 통하여 시험의 실패 원인 분석을 한 맞춤 수업을 한다며 당해 연도에 실패한 수험자에게 다음 해에 희망을 주고 시간이 부족한 수험생에게 합격의 길로 안내할 수 있지 않을까라는 생각에서 본서를 출간하게 되었습니다.

처음 공부하는 수험자에게는 이론의 이해가 필요한 기본서가 필수 교재이지만 한 번 이상 시험을 치러본 수험자 또는 기본서로 1번이상 수업을 진행하여 시간절약이 필요한 분들에게는 개념이 어느 정도 파악되어 있기에 본 교재로 정리를 하여 시험장에서 합격의 길을 쉽게 찾을 수 있지 않을까 생각을 합니다.

본서의 특징은 다음과 같습니다.

1. 출제되는 것만 모았다.

기본서의 순서를 따르되 시험에서 출제되지 않는 것들은 과감히 빼고 시험에서 출제 가능성이 높은 부분만 테마로 구성을 하였습니다. 시험의 100%의 문제를 커버하지는 못하지만 80%까지 커버할 수 있는 교재라고 평가하고 싶습니다.

100점을 원하는 수험생은 보지 마시고, 합격을 원하는 수험자에게 적합한 교재입니다.

2. 2024년 제35회 출제 문제 완벽 예상

각 테마 안에는 출제경향분석과 2024년 35회 시험의 출제 예상을 하여 입체적이면서 중요도를 구분하여 내용을 파악하게 했습니다.

3년에 1번 정도 출제되는 패턴의 문제가 만약에 34회 시험에 출제되었다면, 35회 시험에서의 출제 가능성은 거의 없습니다.

하지만 5년에 한 번 정도 출제되는 문제가 출제된 지 5년이 넘었다면 35회 시험에서는 이 문제가 더 중요한 논점이 될 수 있기 때문에 출제경향분석을 통하여 35회 시험의 기출을 예측하고, 이를 통한 심화 학습이 가능하게 편제를 하였습니다. 굳이 재수생이 아니어도 공부량이 일정 수준이 되는 초시생도 5~6월 이후에는 상당히 효과적으로 학습을 할 수 있으리라고 봅니다.

3. 문제를 강화하여 합격의 가능성을 한층 높였습니다.

문제를 강화하여 기본 이론에 대한 정리 후 최근 기출문제와 예상문제를 통하여 기출문제의 출제경향을 파악하고, 이를 통해 시험에서 출제되는 응용문제와 난이도가 있는 심화 영역의 문제까지도 커버할 수 있게 문제를 구성하여 문제의 적응력을 키워 문제로 평가받는 수험자들에게 문제에 대한 두려움을 없애 시험에서 응용력과 적응력을 키우는데 중점을 두었습니다.

4. 이 교재 한 권으로 합격이 가능하게 구성을 하였다.

이런저런 교재가 많이 있고, 이런 자료 저런 자료가 많은 수험생 중에서 무엇을 봐야 할지? 과연 어떤 게 효과적인 자료인지? 자료의 홍수 속에 있는 수험생들에게 이 교재 1권으로 단권화를 통해 합격에 충분한 점수가 가능하게 편제를 하였습니다.

이 교재는 매년 한 두 개 차이로 떨어지는, 안타까움 수험자를 생각하면서 만들었습니다.

한두 문제의 부족으로 다시 시험을 치러야 하는 수험생을 위해 만들었습니다.

시험에 불합격하는 아쉬움이 없는 편안한 합격에 이 교재가 일조가 되었으면 하는 게 유일한 바람입니다.

공부도 많이 하고 책도 많이 구매하셨는데 시험에 실패하는 99%의 헛고생이 아닌 이 한 권의 선택으로 성공하는 수험 기간이 되길 기원하는 바입니다.

이 교재 출간을 위해 쉬어야 할 시간에도 수고를 마다하지 않은 편집자분들과 랜드하나 직원분들께 감사의 말씀을 전합니다.

편저자 배상

시험안내 Guide

출제경향 빈도표

내용별	회별	1회~19회	20회	21회	22회	23회	24회	25회	26회	27회	28회	29회	30회	31회	32회	33회	34회
민법총칙	권리의 변동	12				1					1				1	1	1
	법률행위	35	2	2	3	1	5	3	3	2	3	1	1	1	2	1	2
	의사표시	45	1	1	2	3	1	2	2	4	1	2	2	2	1	1	1
	법률행위의 대리	42	2	2	3	2	2	3	2	2	2	3	4	3	3	4	3
	무효와 취소	31	2	3	1	2	2	2	2	1	2	3	2	3	2	2	2
	법률행위의 부관	18	2	1	1	1		1			1	1	1	1	1	1	1
물권법	물권법서론	21				1			1	2		2	1	1	2	1	2
	물권변동	48	1	3	5	1	2	2	2	1	1	1	3	3	2		2
	점유권	19	2	1	1	3	2	1	1	1	2	2	1	1	1	2	1
	소유권	48	5	2	2	4	3	3	3	3	3	2	3	2	3	4	2
	용익물권	56	2	3	1	2	3	3	4	2	4	3	3	3	3	3	3
	담보물권	65	4	5	5	4	5	5	4	6	4	4	3	4	3	4	4
계약법	계약법총론	87	6	4	6	5	4	4	5	5	4	5	4	7	5	5	3
	계약법각론	96	4	6	4	3	6	5	5	5	6	5	7	3	5	5	7
민사특별법	주택임대차보호법	45	1	2	2	2	1	1	1	1	2	1	1	2	2	1	1
	상가임대차보호법	7	1	2	1	1		1	1	1	1	1	1	1	1	1	1
	가등기담보법	32	1	1	1	1	2	1	1	1	1	1	1	1	1	1	1
	집합건물법	33	2	1	1	1		1	1	1	1	1	1	1	1	2	1
	부동산실명법	10	2	1	1	2	1	2	2	2	1	2	1	1	1	1	2
합계		750	40	40	40	40	40	40	40	40	40	40	40	40	40	40	40

2023년 제34회 공인중개사 자격시험 통계 자료

1. 시도별

지역	1차 합격자			최종 합격자		
	대상	응시	합격	대상	응시	합격
총계	179,734	134,354	27,458	108,022	65,705	15,157
강원	2,359	1,725	301	1,447	868	207
경기	53,419	40,204	8,414	32,525	20,014	4,817
경남	7,271	5,441	1,065	4,261	2,624	585
경북	4,998	3,718	708	2,893	1,767	367
광주	5,066	3,730	714	3,021	1,833	446
대구	7,530	5,707	1,142	4,218	2,629	554
대전	4,737	3,519	744	2,731	1,672	399
부산	12,155	9,289	1,823	7,213	4,567	1,063
서울	45,079	33,528	7,193	28,225	16,804	3,904
세종	2,031	1,451	329	1,293	788	201
울산	2,782	2,078	431	1,597	1,015	251
인천	11,547	8,707	1,655	6,576	3,973	856
전남	3,533	2,541	466	1,953	1,155	249
전북	4,104	3,033	590	2,386	1,433	284
제주	2,247	1,705	389	1,372	839	184
충남	5,523	4,134	740	3,211	1,915	436
충북	3,911	2,855	549	2,309	1,397	290
기타	1,442	989	205	791	412	64

2. 성별

성별	1차 합격자			최종 합격자		
	대상	응시	합격	대상	응시	합격
총계	179,734	134,354	27,458	108,022	65,705	15,157
여성	90,056	69,912	14,134	50,850	32,351	7,924
남성	89,678	64,442	13,324	57,172	33,354	7,233

3. 연령대별

연령별	1차 합격자			최종 합격자		
	대상	응시	합격	대상	응시	합격
총계	179,734	134,354	27,458	108,022	65,705	15,157
10대	397	316	46	222	129	18
20대	19,554	13,401	3,365	11,778	6,458	1,690
30대	48,448	35,855	6,799	27,137	14,678	3,866
40대	57,948	43,431	7,999	32,836	19,435	4,613
50대	41,672	31,994	7,289	27,318	18,650	4,060
60대	10,897	8,673	1,872	8,117	5,905	887
70대	779	649	86	584	426	23
80대	38	34	2	29	23	0
90대	1	1	0	1	1	0

4. 접수유형별 2차시험합격자 현황

응시자유형코드	응시자유형명	합격자 수
01	일반응시자	5,123
02	1차시험 면제자	10,034

이 책의 차례 Contents

PART 03   계약법

PART 04   민사특별법

EBS

2024 랜드하나 공인중개사
전원합격 올인원

PART 1
민법총칙

권리의 변동과 법률행위의 종류

1 출제예상과 학습포인트

✦ 기출횟수

제24회 제26회 제28회 제32회 제33회 제34회

✦ 제35회 출제예상

제32회와 제33회에서 연속으로 단독행위가 출제되었고, 제34회 시험에서는 권리변동과 법률행위의 종류를 혼합해서 출제하였다. 제35회에서의 출제가능성은 약 70% 정도이고 민법의 기초이므로 정확한 이해가 필요하다.

✦ 제35회 대비 중요도

★★

✦ 학습방법

권리변동의 모습과 법률행위의 종류를 정확하게 이해하고 숙지하여야 한다.

✦ 핵심쟁점

❶ 원시취득과 승계취득

❷ 단독행위의 종류

❸ 의무부담행위(채권행위)와 처분행위의 구분

2 핵심 내용

제1절 권리변동의 모습 제28회 제34회

❶ 권리의 발생(취득)

1. 원시취득(原始取得, 절대적 발생)

① 의의 : 타인의 권리에 기함이 없이 특정인이 어떤 권리를 새로이 취득하는 것을 말한다.

② 종류 : 신축건물의 소유권취득, 무주물선점(제252조), 유실물습득(제253조), 매장물발견(제254조), 시효취득(제245조) 제34회, 선의취득(제249조), 첨부(제256조 이하) 등에 의한 소유권취득, 매매계약에 의한 청구권취득 등이 원시취득에 해당한다.

2. 승계취득(承繼取得, 상대적 발생)

① **의의** : 승계취득이란 '타인의 권리에 기초하여 특정인이 권리를 승계적으로 취득하는 것'을 말한다. 이에는 '이전적 승계'와 '설정적 승계'가 있다.

② **이전적**(移轉的) **승계** : 전 권리자의 권리가 동일성을 유지하면서 새로운 권리자에게 이전되는 경우를 말한다. 권리의 주체가 바뀌는 것이다.

   ㉠ **특정승계**(特定承繼) : 매매 제34회·교환·증여·사인증여·경락에 의한 권리취득처럼 개개의 취득원인에 의해 개개의 권리가 취득되는 경우이다.

   ㉡ **포괄승계**(包括承繼) : 상속·포괄유증·회사합병에 의한 권리취득처럼 하나의 취득원인에 의해 다수의 권리가 일괄적으로 취득되는 경우이다.

③ **설정적**(設定的) **승계** : 전 권리자는 그의 권리를 그대로 보유하면서 새로운 권리자가 전 권리자의 권리의 권능(내용) 중 '일부'를 취득하는 것을 말한다. 소유권에 대해 지상권·지역권·전세권·유치권·질권·저당권 등의 제한물권을 설정하는 경우가 이에 해당한다. 제28회

❷ 권리의 변경

① **주체의 변경** : 권리의 이전적 승계가 있으면 권리주체가 변경된다.

② **내용의 변경**

   ㉠ **질적 변경(성질적 변경)** : 물건인도청구권이 손해배상청구권으로 변경되는 경우, 물상대위나 대물변제가 이루어지는 경우 등을 말한다.

   ㉡ **양적 변경(수량적 변경)** : 소유권의 객체에 제한물권이 설정되는 경우, 이미 설정되어 있는 제한물권이 소멸하여 소유권이 무제한의 상태로 회복되는 경우, 저당권에서 피담보채권의 이율이 변경되는 경우, 권리존속기간이 변경되는 경우 등을 말한다.

③ **작용**(作用)**의 변경** : 2번 저당권이 1번 저당권으로 순위가 변하는 경우, 임차권이 등기에 의해 대항력을 가지게 되는 경우처럼 권리의 작용이 변하는 것을 말한다.

❸ 권리의 소멸

① **절대적 소멸(객관적 소멸)** : 권리 자체가 객관적으로 소멸하는 것으로서 목적물멸실·소멸시효·포기·변제·혼동·공용징수·몰수로 인한 권리의 소멸이 이에 해당한다.

② **상대적 소멸(주관적 소멸, 이전적 승계, 주체의 변경)** : 甲이 소유하는 가옥을 乙에게 매각하여 그 소유권이 상실하는 경우처럼 권리 자체는 소멸하지 않고 권리주체만 변경되는 것이다.

제2절 법률행위의 종류 제24회 제26회 제32회 제33회

❶ 의사표시 수에 따른 분류

1. 단독행위

① 의의 : 한 개의 의사표시로 성립하는 법률행위이며 상대방의 동의나 승낙은 불필요하다.

② 종류

　　㉠ 상대방 있는 단독행위 : 동의·상계·철회·취소·추인·채무면제·해제·해지·대리권수여·기한의 이익포기와 취득시효 이익의 포기 등이 이에 해당하고, 상대방에게 의사표시가 도달해야 효력이 생긴다.

　　㉡ 상대방 없는 단독행위 : 유언, 유증 제33회, 재단법인설립행위 제32회, 소유권의 포기, 점유권의 포기 등이 이에 해당하고, 상대방에게 도달할 필요 없이 의사표시의 성립과 동시에 효력이 생긴다.

③ 특징 : 일방적 의사표시에 의해 그 표의자가 의욕한 대로 법률효과가 발생하고 법률관계가 변동된다. 단독행위에는 원칙적으로 조건이나 기한을 붙일 수 없다.

2. 계약

계약이란 '서로 대립하는 두 개의 의사표시(청약과 승낙)의 합치에 의하여 성립하는 법률행위'를 말한다.

❷ 의무부담행위와 처분행위 제23회

1. 의무부담행위

① 언제나 이행의 문제를 남기며, 채권행위(매매, 교환, 임대차 등)가 이에 해당한다.

② 처분권이 없는 무권리자도 의무부담행위는 할 수 있으므로 타인의 물건을 매매한 경우에 그 매매계약도 유효하다.

2. 처분행위

① 물권행위(소유권이전행위, 제한물권 설정행위)와 준물권행위 제34회(채권양도, 채무면제 등)가 있다.

② 처분행위는 처분권 있는 자만이 할 수 있고, 처분권 없는 자의 처분행위는 무효이다.

❸ 출연행위(出捐行爲)·비출연행위(非出捐行爲)

1. 출연행위 : 출연행위는 자기의 재산을 감소시키고 타인의 재산을 증가시키는 법률행위를 말한다. 출연행위는 유상행위와 무상행위, 유인행위와 무인행위로 구분된다.

2. 비출연행위 : 대리권 수여, 소유권 포기 등

(1) 의사의 통지 : 각종의 '최고', 제26회 제34회 '거절'등
(2) 관념의 통지 : 대리권수여의 뜻의 통지, 공탁의 통지, 채권양도의 통지나 승낙

3 대표 기출문제

제28회 출제

01 다음 중 서로 잘못 짝지어진 것은?

① 저당권의 설정 - 이전적 승계
② 소유권의 포기 - 상대방 없는 단독행위
③ 청약자가 하는 승낙연착의 통지 - 관념의 통지
④ 무주물의 선점 - 원시취득
⑤ 무권대리에서 추인 여부에 대한 확답의 최고 - 의사의 통지

해설

① 저당권의 설정은 승계취득 중에 설정적 승계에 해당한다.

답 ①

제33회 출제

02 상대방 없는 단독행위에 해당하는 것은?

① 착오로 인한 계약의 취소
② 무권대리로 체결된 계약에 대한 본인의 추인
③ 미성년자의 법률행위에 대한 법정대리인의 동의
④ 손자에 대한 부동산의 유증
⑤ 이행불능으로 인한 계약의 해제

> **해설**
>
> ④ 상대방 없는 단독행위에는 유언, 유증, 재단법인설립행위, 소유권의 포기, 점유권의 포기, 상속포기 등이 있다.
> ①,②,③,⑤ 모두 상대방 있는 단독행위이다.
>
> 답 ④

4 출제 예상문제

01 법률행위에 관한 설명으로 틀린 것은? (다툼이 있으면 판례에 의함)

① 타인소유의 부동산도 매매의 목적물이 될 수 있다.

② 합의해제는 단독행위이다.

③ 저당권설정행위는 처분행위이다.

④ 소유권의 포기, 유언은 상대방 없는 단독행위이다.

⑤ 농지취득자격증명은 농지매매의 효력발생요건이 아니다.

해설 ✦ ② 계약의 해제는 단독행위이지만, 합의해제는 계약이다.

정답 ✦ ②

02 법률행위에 관한 설명으로 옳은 것은?

① 임대차는 무상행위이다.

② 처분권 없는 자의 물권행위는 무효이다.

③ 준물권행위는 이행의 문제를 남기므로 물권행위와 구별된다.

④ 농지취득자격증명은 농지매매의 효력발생요건이다.

⑤ 법률행위가 불성립한 경우에도 착오로 취소할 수 있다.

해설 ✦ ① 임대차는 유상행위이다.

③ 준물권행위(채권양도)는 물권행위와 함께 처분행위로 이행의 문제를 남기지 않는다.

④ 농지취득자격증명은 농지매매의 효력발생요건이 아니다.

⑤ 법률행위가 불성립한 경우에는 무효 또는 취소가 문제될 여지가 없다.

정답 ✦ ②

테마 02 효력규정(강행규정)과 단속규정

1 출제예상과 학습포인트

✦ **기출횟수**
제28회 제32회 제33회(지문출제)

✦ **35회 출제예상**
반사회질서의 법률행위와 함께 유효, 무효를 판단하는 지문으로 종종 출제된다. 제35회 출제비율은 약 70% 정도이다.

✦ **제35회 대비 중요도**
★★

✦ **학습방법**
효력규정과 단속규정을 구별하고, 이를 위반한 법률행위의 효력을 정리하여야 한다.

✦ **핵심쟁점**
❶ 효력규정과 단속규정 구별
❷ 효력규정 위반 행위와 단속규정 위반 행위의 효력

2 핵심 내용

❶ 효력규정

1. 의의

① 효력규정이란 '규정에 위반하면 행정상의 제재는 물론 사법상의 효력도 무효가 되는 규정'을 말한다.
② 일반적으로 강행규정이란 이러한 효력규정을 의미한다.

2. 효력규정 위반의 예

① 공인중개사 자격이 없는 자가 중개사무소 개설등록을 하지 아니한 채 부동산중개업을 하면서 체결한 중개수수료 지급약정의 효력(무효)
② 부동산 중개수수료에 관한 한도를 정한 (구) 부동산중개업법 등 관련 법령은 이른바 강행법규에 해당하고, 이에 위반한 부동산 중개수수료 약정(초과부분은 무효)

③ 「부동산 거래신고 등에 관한 법률」상 토지거래허가구역 내의 토지에 관하여 관청의 허가를 받을 것을 요구하는 규정을 위반한 계약(무효)

④ 부동산 실권리자명의등기에 관한 법률 제4조에 위반한 명의신탁(무효)

⑤ 사립학교의 기본재산처분행위 등에 주무관청의 허가를 요구한 사립학교법 제28조

⑥ 「공익법인의 설립·운영에 관한 법률」상 공익법인이 하는 기본재산의 처분에 주무관청의 허가를 요하는 규정

⑦ 농지의 임대를 금지한 구 농지법 제23조의 규정은 강행규정이므로 농지를 임대하기로 한 임대차계약은 무효이다.

❷ 단속규정

1. 의의

① 단속규정이란 '일정한 행정목적을 달성하기 위하여 국가가 일정한 행위를 금지·제한하는 법규'를 말한다.

① 단속규정에 위반하는 경우 위반자는 일정한 처벌을 받으나 사법상의 효력은 유효이다.

2. 단속규정의 예

① 무허가음식점의 영업행위, 무허가 숙박행위, 불합격농산물의 판매행위 등이 단속규정을 위반한 경우이다.

② 미등기전매행위를 금지하고 있는 「부동산등기특별조치법」의 규정은 단속규정으로 이에 위반한 중간생략등기합의에 관한 사법상 효력까지 무효는 아니다.

③ 개업공인중개사 등이 중개의뢰인과 직접 거래를 하는 행위를 금지하는 공인중개사법 제33조 제6호의 규정은 단속규정으로 이에 위반하여 개업공인중개사 등이 중개의뢰인과 직접 거래를 하는 행위가 무효는 아니다.

④ 공인중개사 자격이 없는 자가 우연한 기회에 단 1회 타인 간의 거래행위를 중개한 경우 등과 같이 '중개를 업으로 한' 것이 아니라면 그에 따른 중개수수료 지급약정이 강행법규에 위배되어 무효라고 할 것은 아니다.

⑤ 주택법의 전매행위제한을 위반하여 한 전매약정이 무효는 아니다.

3 대표 기출문제

01 효력규정이 아닌 것을 모두 고른 것은? (다툼이 있으면 판례에 따름)

> ㉠ 「부동산등기 특별조치법」상 중간생략등기를 금지하는 규정
> ㉡ 「공인중개사법」상 개업공인중개사가 중개의뢰인과 직접 거래를 하는 행위를 금지하는 규정
> ㉢ 「공인중개사법」상 개업공인중개사가 법령에 규정된 중개보수 등을 초과하여 금품을 받는 행위를 금지하는 규정

① ㉠   ② ㉡   ③ ㉢   ④ ㉠, ㉡   ⑤ ㉡, ㉢

해설

㉠,㉡은 단속규정이다.

㉢ 「공인중개사법」상 개업공인중개사가 법령에 규정된 중개보수 등을 초과하여 금품을 받는 행위를 금지하는 규정은 중개수수료 약정 중 소정의 한도를 초과하는 부분에 대한 사법상의 효력을 제한하는 이른바 강행법규(효력규정)에 해당하고, 따라서 「공인중개사법」등 관련 법령에서 정한 한도를 초과하는 부동산 중개수수료 약정은 그 한도를 초과하는 범위 내에서 무효이다(대판(전원) 2005다32159).

답 ④

02 다음 중 무효가 아닌 것은? (다툼이 있으면 판례에 따름)

① 상대방과 통정하여 허위로 체결한 매매계약
② 주택법의 전매행위제한을 위반하여 한 전매약정
③ 관할관청의 허가 없이 한 학교법인의 기본재산 처분
④ 도박채무를 변제하기 위하여 그 채권자와 체결한 토지 양도계약
⑤ 공무원의 직무에 관하여 청탁하고 그 대가로 돈을 지급할 것을 내용으로 한 약정

> **해설**
>
> ② 주택법의 전매금지규정은 단순한 단속규정에 불과할 뿐 효력규정이라고 할 수는 없어 당사자가 이에 위반한 약정을 하였다고 하더라도 약정이 당연히 무효가 되는 것은 아니다[2010다102991].
> ① 통정허위표시로 무효이다.
> ③ 학교법인이 그 기본재산을 처분 등을 함에 있어 관할청의 허가를 요하게 하는 사립학교법 제28조는 효력규정이므로 이를 위반한 행위는 무효이다[74다244].
> ④⑤ 반사회질서 법률행위로 무효이다.
>
> 답 ②

4 출제 예상문제

01 다음 중 무효인 법률 행위는? (다툼이 있으면 판례에 따름)

① 개업공인중개사가 임대인으로서 직접 중개의뢰인과 체결한 주택임대차계약
② 공인중개사 자격이 없는 자가 우연히 1회성으로 행한 중개행위에 대한 적정한 수준의 수수료 약정
③ 개업공인중개사가 법령에서 정한 한도를 초과하는 부동산 중개수수료 약정
④ 토지거래허가구역이외에서의 중간생략등기의 합의
⑤ 민사사건에서 변호사와 의뢰인 사이에 체결된 성공보수약정

해설 ✦ ③ 부동산 중개수수료에 관한 한도를 정한 구 부동산중개업법 등 관련 법령은 중개수수료 약정 중 소정의 한도를 초과하는 부분에 대한 사법상의 효력을 제한하는 이른바 강행법규에 해당하고, 따라서 구 부동산중개업법 등 관련 법령에서 정한 한도를 초과하는 부동산 중개수수료 약정은 그 한도를 초과하는 범위 내에서 무효이다[대판 2005다32159].
① 개업공인중개사 등이 중개의뢰인과 직접 거래를 하는 행위를 금지하는 공인중개사법 제33조 제6호의 규정은 단속규정으로 위 규정에 위반하여 한 거래행위가 무효는 아니다[대판 2016다259677].
② 공인중개사 자격이 없는 자가 우연한 기회에 단 1회 타인 간의 거래행위를 중개한 경우 등과 같이 '중개를 업으로 한' 것이 아니라면 그에 따른 중개수수료 지급약정이 강행법규에 위배되어 무효라고 할 것은 아니다[대판 2010다86525].
④ 부동산등기특별조치법 제2조 제2항 및 제8조 제1호에서 미등기전매행위를 금지하고 있으나 판례는 이를 단속규정으로 보아 이로써 순차매도한 당사자 사이의 중간생략등기합의에 관한 사법상 효력까지 무효로 한다는 취지는 아니라고 한다[92다39112].
⑤ 형사사건에서의 변호사의 성공보수약정은 사회질서에 위배되어 무효이나[2015다200111], 민사사건에서 변호사와 의뢰인 사이에 체결된 적정한 수준의 성공보수약정은 유효이다.

정답 ✦ ③

테마 03 반사회질서의 법률행위

1 출제예상과 학습포인트

✦ 기출횟수

제25회 제26회 제27회 제28회 제29회 제30회 제31회 제33회 제34회

✦ 제35회 출제예상

거의 매년 출제되는 부분으로 제35회 시험에는 출제가능성이 90% 이상이다.

✦ 제35회 대비 중요도

★★★

✦ 학습방법

반사회질서의 법률행위에 해당여부를 반드시 숙지하고, 반사회질서의 법률행위에 해당하여 무효인 경우의 효과를 정리하여야 한다.

✦ 핵심쟁점

❶ 반사회질서의 법률행위에 해당여부   ❷ 불법원인급여   ❸ 절대적 무효

2 핵심 내용

> 제103조【반사회질서의 법률행위】선량한 풍속 기타 사회질서에 위반한 사항을 내용으로 하는 법률행위는 무효로 한다.

❶ 반사회질서행위에 해당하는 경우

① 처의 동의 있는 부첩계약, 부첩관계의 종료를 해제조건으로 하는 증여계약 제24회
② 처의 사망 또는 이혼시에 혼인하기로 하는 혼인예약
③ 변호사 아닌 자가 승소를 조건으로 그 대가로 소송당사자로부터 소송물의 일부를 양도받기로 하는 약정

④ 형사사건에서 변호사의 성공보수약정제34회(민사사건에서의 변호사의 성공보수약정은 반사회적 법률행위 아님제26회)

⑤ 증인이 소송에서 사실대로 증언하여 줄 것을 조건으로 통상적인 수준을 넘어서 어떠한 급부를 제공받기로 한 약정 제25회 제31회

⑥ 참고인이 수사기관에 허위의 진술을 하는 대가로 일정한 급부를 받기로 한 약정 제21회 제26회

⑦ 범죄행위를 하지 않을 조건으로 금전을 지급하기로 하는 약정

⑧ 당초부터 보험사고를 가장하여 보험금을 취득할 목적으로 보험계약을 체결하는 경우 또는 보험계약자가 다수의 보험계약을 통하여 보험금을 부정취득할 목적으로 보험계약을 체결한 경우 제26회 제30회

⑨ 공무원의 직무에 관한 사항에 관하여 특별한 청탁을 하게 하고 그에 대한 보수로 돈을 지급할 것을 내용으로 한 약정 제24회 제25회

⑩ 과도한 위약벌의 약정 제25회

⑪ 평생 혼인하지 않겠다는 계약, 어떠한 일이 있어도 이혼하지 않겠다는 각서

⑫ 행정기관에 진정서를 제출하여 상대방을 궁지에 빠뜨린 다음 이를 취하하는 조건으로 거액의 급부를 받기로 한 약정

⑬ 도박자금을 대여하는 행위, 도박채무를 변제하는 계약 제25회

⑭ 매도인의 배임행위에 매수인이 적극가담하여 맺어진 부동산의 이중매매 제24회 제27회

⑮ 지방자치단체가 골프장사업계획승인과 관련하여 사업자로부터 기부금을 받기로 하는 증여계약

⑯ 동기의 불법은 그 동기가 표시되거나 상대방에게 알려진 경우에 무효 제31회

❷ 반사회질서행위에 해당하지 않는 경우

① 부첩관계를 해소하면서 첩의 생활비나 자녀의 양육비를 지급하는 계약

② 남편이 부정행위를 용서받는 대가로 부동산을 처에게 양도하되, 부부관계가 유지되는 동안에는 처가 임의로 처분할 수 없다는 약정

③ 투기의 목적으로 피분양권(세입자입주권)을 세입자들로부터 15매나 매수한 경우

④ 양도소득세를 회피하기 위하여 계약서에 실제 금액보다 낮은 금액을 기재한 경우 제27회

⑤ 반사회적 행위에 의하여 조성된 비자금을 은닉하기 위하여 임치하는 행위제34회

⑥ 강제집행을 면할 목적으로 부동산에 허위의 근저당권설정등기를 경료하는 행위 제25회 제27회 제31회

⑦ 단지 법률행위 성립과정에 불법적 방법(강박)이 사용된 데에 불과한 경우 제27회

⑧ 도박채무의 변제를 위하여 채무자로부터 부동산의 처분을 위임받은 행위와 채권자가 그 부동산을 제3자에게 매도한 행위

⑨ 해외파견 된 근무자가 귀국일로부터 일정기간 회사에 근무하여야 한다는 회사의 내규

⑩ 명의신탁약정
⑪ 무허가건물의 임대행위 제26회
⑫ '법률행위 당시'를 기준으로 판단하므로 제30회 매매계약 후 매매의 목적물이 범죄행위로 취득한 것을 알게 되었다 하더라도 그 매매계약은 반사회질서행위로 무효가 아니다.

❸ 사회질서 위반행위의 효과

① 무효이다. 이행전이면 이행할 필요가 없지만, 이미 이행된 경우에는 불법원인급여가 되어 그 반환을 청구할 수 없고 소유권에 기한 목적물반환청구권도 행사할 수 없다. 제29회
② 절대적 무효이므로 선의의 제3자에게도 무효로 대항할 수 있다.
③ 무효는 이를 주장할 이익이 있는 자는 누구든지 무효를 주장할 수 있다. 제30회

3 대표 기출문제

제26회 출제

01 반사회질서의 법률행위로서 무효인 것을 모두 고른 것은? (다툼이 있으면 판례에 따름)

> ㉠ 무허가 건물의 임대행위
> ㉡ 처음부터 보험사고를 가장하여 보험금을 취할 목적으로 체결한 보험계약
> ㉢ 변호사가 민사소송의 승소 대가로 성공보수를 받기로 한 약정
> ㉣ 수사기관에서 참고인으로서 자신이 잘 알지 못하는 내용에 대한 허위진술을 하고 대가를 제공받기로 하는 약정

① ㉠, ㉡   ② ㉡   ③ ㉡, ㉣   ④ ㉢   ⑤ ㉢, ㉣

해설
㉠ 무허가 건물의 임대행위는 반사회질서의 법률행위가 아니다.
㉢ 변호사가 민사소송의 승소 대가로 성공보수를 받기로 한 약정은 반사회질서의 법률행위가 아니다. 다만, 변호사 아닌 자가 승소를 조건으로 그 대가로 소송당사자로부터 소송물의 일부를 양도받기로 하는 약정은 반사회질서의 법률행위로 무효이다.

답 ③

02 반사회질서의 법률행위에 관한 설명으로 틀린 것은? (다툼이 있으면 판례에 따름)

① 반사회질서의 법률행위에 해당하는지 여부는 해당 법률 행위가 이루어진 때를 기준으로 판단해야 한다.

② 반사회질서의 법률행위의 무효는 이를 주장할 이익이 있는 자는 누구든지 주장할 수 있다.

③ 법률행위가 사회질서에 반한다는 판단은 부단히 변천하는 가치관념을 반영한다.

④ 다수의 보험계약을 통하여 보험금을 부정취득할 목적으로 체결한 보험계약은 반사회질서의 법률행위이다.

⑤ 대리인이 매도인의 배임행위에 적극 가담하여 이루어진 부동산의 이중매매는 본인인 매수인이 그러한 사정을 몰랐다면 반사회질서의 법률행위가 되지 않는다.

해설

⑤ 대리인이 본인을 대리하여 매매계약을 체결함에 있어서 매도인의 배임행위에 적극가담 하였다면 설사 본인이 미리 그러한 사정을 몰랐거나 반사회성을 야기한 것이 아니라고 할지라도 그 매매계약은 사회질서에 반한다[97다45532].

① 어느 행위가 사회질서에 반하는지의 여부는 원칙적으로 '법률행위 당시'를 기준으로 한다. 따라서 매매계약체결 당시(법률행위시)에 정당한 대가를 지급하고 목적물을 매수하는 계약을 체결하였다면 비록 그 후 목적물이 범죄행위로 취득된 것을 알게 되었다고 하더라도 특별한 사정이 없는 한 민법 제103조의 공서양속에 반하는 행위라고 단정할 수 없다[2001다44987].

② 2015다11281

③ 선량한 풍속 기타 사회질서는 부단히 변천하는 가치관념으로서 어느 법률행위가 이에 위반되어 민법 제103조에 의하여 무효인지는 법률행위가 이루어진 때를 기준으로 판단하여야 한다[2015다200111].

④ 당초부터 오로지 보험사고를 가장하여 보험금을 취득할 목적으로 생명보험계약을 체결한 경우 또는 다수의 보험계약을 통하여 보험금을 부정취득할 목적으로 체결한 보험계약은 반사회질서의 법률행위이다.

정답 ⑤

4 출제 예상문제

01 반사회적 법률행위에 관한 설명으로 틀린 것은? (다툼이 있으면 판례에 의함)

① 해외파견 근로자의 귀국 후 일정기간 소속회사에 근무토록 한 약정은 특별한 사정이 없는 한 반사회적 법률행위라고 할 수 없다.

② 반사회적 법률행위로서 무효인 계약은 당사자가 무효임을 알고 추인하여도 원칙적으로는 새로운 법률행위로 볼 수 없다.

③ 어느 법률행위가 선량한 풍속 기타 사회질서에 반하는 지는 특별한 사정이 없는 한 그 법률행위 당시를 기준으로 판단한다.

④ 수사기관에서 허위진술의 대가를 지급하기로 한 약정은 그 대가가 적정하다면 반사회적 법률행위에 해당하지 않는다.

⑤ 사찰(寺刹)이 그 존립에 필요 불가결한 재산인 임야를 증여하는 계약은 반사회적 법률행위로 무효이다.

해설 ✦ ④ 수사기관에서 참고인으로 진술하면서 허위의 진술을 하는 대가를 지급하기로 한 약정은 국가사회의 일반적인 도덕관념이나 국가사회의 공공질서이익에 반하는 행위라고 볼 것이니, 그 급부의 정당성 여부를 판단할 필요 없이 민법 제103조의 반사회적 법률행위로 무효이다[2000다71999].

정답 ✦ ④

02 반사회질서의 법률행위에 관한 설명으로 옳은 것은? (다툼이 있으면 판례에 의함)

① 법률행위의 표시된 동기가 사회질서에 반하는 경우 그 법률행위는 반사회적 법률행위라고 할 수 없다.

② 강제집행을 면할 목적으로 부동산에 허위의 근저당권을 설정하는 행위는 반사회적 법률행위에 해당한다.

③ 매매계약체결 후 그 목적물이 범죄행위로 취득된 것을 알게 되었더라도 이행청구 자체를 사회질서의 위반으로 볼 특별한 사정이 없으면 이를 반사회질서의 법률행위로 볼 수 없다.

④ 양도소득세를 회피할 목적으로 실제로 거래한 매매대금보다 낮은 금액으로 매매계약을 체결한 행위는 반사회적 법률행위에 해당한다.

⑤ 도박채무가 선량한 풍속에 반하여 무효라면 도박채무에 대하여 양도담보 명목으로 이전해 준 소유권 이전등기의 말소를 청구할 수 있다.

해설 ✦ ③ 어느 행위가 사회질서에 반하는지의 여부는 원칙적으로 '법률행위 당시'를 기준으로 한다. 따라서 매매계약체결 당시(법률행위시)에 정당한 대가를 지급하고 목적물을 매수하는 계약을 체결하였다면 비록 그 후 목적물이 범죄행위로 취득된 것을 알게 되었다고 하더라도 특별한 사정이 없는 한 이를 반사회질서의 법률행위로 볼 수 없다. 옳은 지문이다.

① 제103조의 반사회질서의 법률행위란 표시되거나 상대방에게 알려진 법률행위의 동기가 반사회질서적인 경우를 포함한다(대판 2009.09.10. 2009다37251).

② 강제집행을 면할 목적으로 부동산에 허위의 근저당권을 설정하는 행위는 반사회적 법률행위에 해당하지 않는다.

④ 양도소득세를 회피할 목적으로 실제로 거래한 매매대금보다 낮은 금액으로 매매계약을 체결한 행위는 반사회적 법률행위에 해당하지 않는다.

⑤ 사회질서에 반하는 법률행위를 원인으로 이행한 후에는 불법원인급여가 되어 급여자는 부당이득을 원인으로 반환을 청구할 수 없다. 따라서 도박채무가 선량한 풍속에 반하여 무효라면 도박채무에 대하여 양도담보 명목으로 이전해 준 소유권 이전등기의 말소를 청구할 수 없다.

정답 ✦ ③

테마 04 부동산 이중매매

1 출제예상과 학습포인트

✦ 기출횟수

제24회 제25회 제26회 제28회 제32회

✦ 제35회 출제예상

2년에 1번 정도로 출제되는 부분으로 제35회 출제가능성은 약 80%이다.

✦ 제35회 대비 중요도

★★★

✦ 학습방법

특히 부동산 이중매매가 무효인 경우에 제1매수인의 보호문제와 선의의 제3자가 소유권을 취득할 수 있는 지를 검토하여야 한다.

✦ 핵심쟁점

❶ 이중매매의 유효성

❷ 이중매매가 무효인 경우 제1매수인에게 인정되는 권리와 인정되지 않는 권리

❸ 이중매매가 무효인 경우에 그 무효로 선의의 제3자에게도 대항할 수 있는지?

2 핵심 내용

❶ 의의

甲은 乙에게 X부동산을 매도하고 중도금을 수령한 후 다시 丙과 X부동산에 대한 매매계약을 체결하고 丙명의로 소유권이전등기를 마쳤다.

❷ 원칙적 유효

1. 부동산의 이중매매는 丙의 선의·악의 불문하고 원칙적으로 유효하다.

2. 이 경우 丙은 소유권을 취득하고, 甲의 乙에 대한 소유권이전의무는 채무불이행(이행불능)이 되어 乙은 매매계약을 해제하고 손해배상을 청구할 수 있다.

❸ 무효인 경우

1. 제2매수인(丙)이 매도인(甲)의 배임행위에 적극 가담(매도를 권유, 요청)하여 이루어진 제2의 매매행위는 정의관념에 반(사회질서 위반)하므로 무효가 된다.

2. 甲과 丙의 매매계약은 반사회질서행위로 불법원인급여가 되어 甲은 丙에게 말소등기청구를 할 수 없고, 丙은 甲에게 매매대금반환청구를 할 수 없다.

3. 乙은 丙에 대해 등기말소를 청구하거나 또는 진정명의회복을 원인으로 소유권이전등기를 청구할 수 없고, 채권자취소권을 행사하여 甲과 丙의 매매계약을 취소할 수도 없다.

4. 그러나 乙은 매도인 甲을 대위하여 丙의 등기말소를 청구할 수 있고, 丙에 대하여 불법행위로 인한 손해배상청구도 할 수 있다.

5. 甲과 丙의 매매계약은 절대적 무효이므로 당해 부동산을 제2매수인 丙으로부터 전득한 제3자는 선의라도 권리를 취득하지 못한다.(선의의 제3자는 甲과 丙의 매매계약의 유효를 주장할 수 없다)

3 대표 기출문제

제25회 출제

01 甲이 자신의 부동산을 乙에게 매도하였는데, 그 사실을 잘 아는 丙이 甲의 배임행위에 적극가담하여 그 부동산을 매수하여 소유권이전등기를 받은 경우에 관한 설명으로 **틀린** 것은? (다툼이 있으면 판례에 의함)

① 甲·丙 사이의 매매계약은 무효이다.

② 乙은 丙에게 소유권이전등기를 청구할 수 없다.

③ 乙을 甲을 대위하여 丙에게 소유권이전등기의 말소를 청구할 수 있다.

④ 丙으로부터 그 부동산을 전득한 丁이 선의이면 소유권을 취득한다.

⑤ 乙은 甲·丙 사이의 매매계약에 대하여 채권자취소권을 행사할 수 없다.

> **해설**
>
> ④ 부동산의 제2매수인이 매도인의 배임행위에 적극 가담하여 제2매매계약이 반사회적 법률행위에 해당하는 경우에는 제2매매계약은 절대적으로 무효이므로, 당해 부동산을 제2매수인으로부터 다시 취득한 제3자는 선의라 하더라도 소유권을 취득하지 못한다.
>
> 답 ④

02 甲은 자신의 X부동산을 乙에게 매도하고 계약금과 중도금을 지급받았다. 그 후 丙이 甲의 배임행위에 적극 가담하여 甲과 X부동산에 대한 매매계약을 체결하고 자신의 명의로 소유권이전등기를 마쳤다. 다음 설명으로 <u>틀린</u> 것은? (다툼이 있으면 판례에 따름)

① 乙은 丙에게 소유권이전등기를 직접 청구할 수 없다.

② 乙은 丙에 대하여 불법행위를 이유로 손해배상을 청구할 수 있다.

③ 甲은 계약금 배액을 상환하고 乙과 체결한 매매계약을 해제할 수 없다.

④ 丙명의의 등기는 甲이 추인하더라도 유효가 될 수 없다.

⑤ 만약 선의의 丁이 X부동산을 丙으로부터 매수하여 이전등기를 받은 경우, 丁은 甲과 丙의 매매계약의 유효를 주장할 수 있다.

해설

⑤ 제2매수인 丙이 매도인 甲의 배임행위에 적극가담하여 매매계약을 체결하였다면 정의관념에 반하므로 반사회질서의 법률행위가 되어 무효이다. 이는 절대적 무효이므로, 제2매수인 丙으로부터 당해 부동산을 매수한 제3자 丁은 선의, 악의를 묻지 않고 甲과 丙의 매매계약의 유효를 주장할 수 없다. 즉, 소유권을 취득할 수 없다.

정답 ⑤

4 출제 예상문제

01 甲은 자신의 X부동산을 乙에게 매도하고 계약금과 중도금을 지급받았다. 그 후 丙이 甲의 배임행위에 적극 가담하여 甲과 X부동산에 대한 매매계약을 체결하고 자신의 명의로 소유권이전등기를 마쳤다. 이 경우 乙에게 인정되는 권리를 모두 고른 것은? (다툼이 있으면 판례에 의함)

> ㉠ 丙에 대한 부당이득반환청구권
> ㉡ 丙에 대한 소유권이전등기청구권
> ㉢ 丙에 대한 손해배상청구권
> ㉣ 甲을 대위하여 행사하는 丙에 대한 소유권이전등기말소청구권
> ㉤ 甲과 丙 사이의 매매계약에 대한 채권자취소권

① ㉠, ㉡   ② ㉢, ㉣   ③ ㉢, ㉤   ④ ㉡, ㉢, ㉤   ⑤ ㉢, ㉣, ㉤

해설 ✦ 부동산 이중매매가 제2매수인의 적극가담으로 무효인 경우, 제1매수인 乙은 매도인 甲을 대위하여 丙의 등기말소를 청구할 수 있고(㉣), 丙에 대하여 불법행위로 인한 손해배상청구도 할 수 있다(㉢).

정답 ✦ ②

테마 05 불공정한 법률행위

1 출제예상과 학습포인트

✦ 기출횟수

제25회 제28회 제29회 제34회

✦ 35회 출제예상

4년 동안 출제되지 않았다가 제34회에 출제되었다. 제35회에는 출제가능성이 약 70%정도이다.

✦ 제35회 대비 중요도

★★

✦ 학습방법

불공정한 법률행위의 조문의 성격을 이해하고, 그 성립요건과 효과 및 적용범위를 정리하여야 한다.

✦ 핵심쟁점

❶ 불공정한 법률행위의 요건

❷ 현저한 불균형의 판단기준

❸ 불공정한 법률행위로 무효인 경우 추인과 전환 가능여부

❹ 불공정한 법률행위가 적용되지 않는 경우

2 핵심 내용

제104조(불공정한 법률행위) 당사자의 궁박, 경솔 또는 무경험으로 인하여 현저하게 공정을 잃은 법률행위는 무효로 한다.

❶ 의의

(1) 일방 당사자의 궁박, 경솔, 또는 무경험으로 인하여 현저히 균형을 잃은 법률행위를 말하며, 폭리행위(暴利行爲)라고도 한다.

(2) 제104조의 불공정한 법률행위는 제103조(반사회질서 법률행위)의 예시규정에 해당한다. 따라서 비록 제104조의 요건을 완전히 갖추고 있지 못한 경우에도 그 행위는 제103조에 의해 반사회적 행위로서 무효가 될 수 있다.

❷ 요건

(1) 피해자의 궁박, 경솔, 무경험이 있을 것

① 궁박은 경제적, 정신적, 심리적 궁박상태를 포함한다. 제25회 제29회

② 무경험이라 함은 어느 특정영역에서의 경험부족이 아니라 거래일반에 대한 경험부족을 의미한다. 제29회

③ 모두 구비할 필요는 없고 그중 어느 하나만 갖추어도 충분하다.

④ 대리인이 법률행위를 한 경우에 경솔, 무경험은 대리인 기준으로 판단하고, 궁박여부는 본인을 기준으로 판단한다. 제25회 제28회 제34회

(2) 상대방의 이용행위(악의) : 피해자 측의 사정을 알면서 이를 이용하려는 의사가 있을 것 제34회

(3) 급부와 반대급부 사이의 현저한 불균형이 있을 것

① 급부와 반대급부 사이의 '현저한 불균형'은 단순히 시가와의 차액 또는 시가와의 배율로 판단할 수 있는 것은 아니고, 구체적·개별적 사안에 있어서 일반인의 사회통념에 따라 결정하여야 한다. 그 판단에 있어서는 피해자의 궁박·경솔·무경험의 정도를 고려하여 당사자의 주관적 가치가 아닌 거래상의 객관적 가치에 의하여야 한다. 제29회

② 불균형 여부의 판단 시기는 '법률행위시(계약체결 당시)'를 기준으로 한다. 제28회 제29회 따라서 계약 체결 당시에 불공정한 것이 아니라면, 사후에 외부적 환경의 급격한 변화에 따라 계약당사자 일방에게 큰 손실이 발생하고 상대방에게는 큰 이익이 발생한다 하더라도 불공정한 법률행위가 되지 않는다.

❸ 입증책임

(1) 무효를 주장하는 자(피해자)가 모든 요건을 주장·입증해야 한다.

(2) 따라서 급부와 반대급부가 현저히 불균형이라 하여 궁박, 경솔, 무경험이 추정되지 않는다. 제24회

❹ 효과

(1) 절대적 무효(선의의 제3자에 대해서도 대항할 수 있다)

(2) 이행된 경우 피해자는 반환 청구할 수 있으나, 폭리자는 반환청구 하지 못한다.

(3) 불공정한 법률행위는 추인 대상은 될 수 없으나, 전환은 가능하다. 제25회 제28회 제31회 제34회

(4) 불공정한 법률행위로 불이익을 입는 당사자가 불공정성을 소송 등으로 주장할 수 없도록 하는 부제소합의는 특별한 사정이 없으면 무효이다.

❺ 적용범위

(1) **적용×** : 무상행위(증여, 기부행위) 제25회 제28회, 경매 제25회 제28회 제31회 제34회

(2) **적용○** : 유상·쌍무계약, 단독행위(채권포기행위)

---

3 대표 기출문제

제29회 출제

01 불공정한 법률행위에 관한 설명으로 틀린 것은? (다툼이 있으면 판례에 따름)

① 궁박은 정신적·심리적 원인에 기인할 수도 있다.

② 무경험은 거래일반에 대한 경험의 부족을 의미한다.

③ 대리인에 의해 법률행위가 이루어진 경우, 궁박 상태는 본인을 기준으로 판단하여야 한다.

④ 급부와 반대급부 사이에 현저한 불균형이 존재하는지는 특별한 사정이 없는 한 법률행위 당시를 기준으로 판단하여야 한다.

⑤ 급부와 반대급부 사이의 현저한 불균형은 피해자의 궁박·경솔·무경험의 정도를 고려하여 당사자의 주관적 가치에 따라 판단한다.

> **해설**
>
> ⑤ 급부와 반대급부 사이의 '현저한 불균형'은 단순히 시가와의 차액 또는 시가와의 배율로 판단할 수 있는 것은 아니고, 구체적·개별적 사안에 있어서 일반인의 사회통념에 따라 결정하여야 한다. 그 판단에 있어서는 당사자의 주관적 가치가 아닌 거래상의 객관적 가치에 의하여야 한다[2009다50308].
>
> 답 ⑤

제34회 출제

02 불공정한 법률행위에 관한 설명으로 옳은 것은? (다툼이 있으면 판례에 따름)

① 불공정한 법률행위에도 무효행위의 전환에 관한 법리가 적용될 수 있다.

② 경락대금과 목적물의 시가에 현저한 차이가 있는 경우에도 불공정한 법률행위가 성립할 수 있다.

③ 급부와 반대급부 사이에 현저한 불균형이 있는 경우, 원칙적으로 그 불균형 부분에 한하여 무효가 된다.

④ 대리인에 의한 법률행위에서 궁박과 무경험은 대리인을 기준으로 판단한다.

⑤ 계약의 피해당사자가 급박한 곤궁 상태에 있었다면 그 상대방에게 폭리행위의 악의가 없었더라도 불공정한 법률행위는 성립한다.

> **해설**
>
> ② 경매에는 불공정 법률행위에 관한 민법 제104조는 적용될 여지가 없다.
> ③ 급부와 반대급부 사이의 '현저한 불균형'이 있는 경우, 그 법률행위 전부가 무효이다.
> ④ 대리인이 법률행위를 한 경우 궁박은 본인을 기준으로 판단하고, 경솔·무경험은 대리인을 기준으로 판단하여야 한다.
> ⑤ 폭리자에게 피해자측의 궁박·경솔 또는 무경험의 상태에 있는 사정을 알면서 이를 이용하려는 의사, 즉 폭리행위의 악의가 없었다면 불공정한 법률행위는 성립하지 않는다.
>
> 답①

4 출제 예상문제

01 불공정한 법률행위에 관한 설명으로 틀린 것은? (다툼이 있으면 판례에 의함)

① "궁박"은 "급박한 곤궁"을 의미하지만 이는 반드시 경제적 궁박으로 제한되지 않는다.

② 법률행위가 현저하게 공정을 잃었다고 하여 곧 그것이 궁박, 경솔 또는 무경험으로 이루어진 것으로 추정되지 않는다.

③ 불공정한 법률행위가 성립하기 위한 요건인 피해자의 궁박, 경솔, 무경험은 그중 일부만 갖추어져도 충분하다.

④ 급부와 반대급부 사이의 '현저한 불균형'은 시가와의 차액 또는 시가와의 배율에 따라 일률적으로 판단해야 한다.

⑤ 불공정한 법률행위로 불이익을 입는 당사자가 불공정성을 소송 등으로 주장할 수 없도록 하는 부제소합의는 특별한 사정이 없으면 무효이다.

해설 ✦ ④ 급부와 반대급부 사이의 '현저한 불균형'은 단순히 시가와의 차액 또는 시가와의 배율로 판단할 수 있는 것은 아니고, 구체적·개별적 사안에 있어서 일반인의 사회통념에 따라 결정하여야 한다[2009다50308].

정답 ✦ ④

02 불공정한 법률행위에 관한 설명 중 옳은 것은? (다툼이 있으면 판례에 의함)

① 급부와 반대급부 사이에 현저한 불균형을 판단함에 있어서 피해 당사자의 궁박, 경솔 또는 무경험의 정도는 고려함이 없이 거래상의 객관적 가치에 의하여 판단한다.

② 불공정한 법률행위에 무효행위 전환의 법리가 적용될 수 있다.

③ 피해 당사자가 궁박, 경솔 또는 무경험의 상태에 있었다면 상대방 당사자에게 그와 같은 사정을 알면서 이용하려는 의사가 없어도 불공정한 법률행위가 성립한다.

④ 증여계약도 불공정한 법률행위가 될 수 있다.

⑤ 토지매매가 불공정한 법률행위로 무효라도, 그 토지를 전득한 선의의 제3자는 소유권을 취득한다.

해설 ✦ ① 급부와 반대급부 사이에 현저한 불균형의 판단에 있어서는 피해 당사자의 궁박·경솔·무경험의 정도가 아울러 고려되어야 하고, 당사자의 주관적 가치가 아닌 거래상의 객관적 가치에 의하여야 한다[2009다50308].
③ 상대방 당사자에게 그와 같은 사정을 알면서 이용하려는 의사가 있어야 불공정한 법률행위가 성립한다.
④ 무상행위인 증여계약이나 경매에는 불공정한 법률행위가 적용되지 않는다.
⑤ 불공정법률행위는 절대적 무효이므로 선의의 제3자라도 소유권을 취득하지 못한다.

정답 ✦ ②

테마 06 진의 아닌 의사표시(비진의표시)

1 출제예상과 학습포인트

✦ 기출횟수

제25회 제27회

✦ 제35회 출제예상

비정상적인 의사표시의 모습 중에서 가장 출제비중이 낮은 부분이지만, 제32회에 지문으로 출제되고 7년동안 단독으로 출제되지 않아 제35회에는 출제 가능성이 약 70%이다.

✦ 제35회 대비 중요도

★★

✦ 학습방법

진의 아닌 의사표시의 개념과 효과를 확실히 파악하고, 진의 아닌 의사표시에 해당되는 것과 해당되지 않는 것을 구별하여야 한다.

✦ 핵심쟁점

❶ 진의 아닌 의사표시에서 '진의'의 개념
❷ 진의 아닌 의사표시에 해당되지 않는 행위
❸ 진의 아닌 의사표시의 효과
❹ 대리권 남용과 공법상 행위(공무원의 사직서 제출)에 적용되는지?

2 핵심 내용

❶ 의의 및 효과

1. 진의 아닌 의사표시란 '의사와 표시가 일치하지 않는다는 것을 표의자 스스로 알면서 하는 의사표시'를 말한다. 제27회 제32회

2. 원칙적으로 유효이나, 상대방이 알았거나 알 수 있었을 경우에는 무효이다 제27회 제32회 (상대방이 선의이며 무과실인 경우 유효 제25회) → 상대방의 악의 또는 과실에 대한 입증책임은 무효를 주장하는 자가 진다. 제25회

3. 진의 아닌 의사표시에서 '진의'란 '특정한 내용의 의사표시'를 하려는 표의자의 생각을 말하는 것이지 표의자가 진정으로 바라는 사항을 뜻하는 것이 아니다.

❷ 진의 아닌 의사표시 해당여부

비진의 표시에 해당 ○	(1) 물의를 일으킨 사립대학교 조교수가 사직의 의사가 없으면서 사태수습의 방안으로 '스스로' 사직서를 낸 경우 (2) 사직의사 없는 근로자가 사용자의 '지시'에 의하여 또는 기업의 경영방침에 따라 사직서를 낸 경우 제25회 → 그 사정을 사용자도 안 것으로 보아 무효
비진의 표시에 해당 ×	(1) 표의자가 의사표시의 내용을 진정으로 바라지는 아니하였으나, 그것을 최선이라고 판단하여 의사표시를 한 경우 (2) 강박(강요)에 의하여서나마 증여한 경우 제23회 (3) 자기명의로 대출받을 수 없는 자를 위하여 자기명의를 빌려준 자는 비진의표시라고 할 수 없다. 제25회 (4) 희망퇴직, 명예퇴직에 따른 사직의 의사표시

❸ 적용범위

1. 적용되는 경우

① 진의 아닌 의사표시는 계약, 단독행위(상대방 없는 단독행위는 항상 유효)에도 적용된다. 제25회
② 대리인의 대리권남용에도 유추적용된다.

2. 적용되지 않는 경우

① 공법상 법률행위(공무원 사직서 제출은 언제나 유효)에는 적용되지 않는다.
② 강행규정에 위반하여 계약을 체결한 경우, 비진의표시의 법리가 적용될 여지는 없다(즉, 상대방이 선의이며 무과실이라 하여 유효가 될 수 없다).

3 대표 기출문제

제25회 출제

01 비진의표시에 관한 설명으로 틀린 것은? (다툼이 있으면 판례에 의함)

① 대출절차상 편의를 위하여 명의를 빌려준 자가 채무부담의 의사를 가졌더라도 그 의사표시는 비진의표시이다.

② 비진의표시에 관한 규정은 원칙적으로 상대방 있는 단독행위에 적용된다.

③ 매매계약에서 비진의표시는 상대방이 선의이며 과실이 없는 경우에 한하여 유효하다.

④ 사직의사 없는 사기업의 근로자가 사용자의 지시로 어쩔수 없이 일괄사직서를 제출하는 형태의 의사표시는 비진의표시이다.

⑤ 상대방이 표의자의 진의 아님을 알았다는 것은 무효를 주장하는 자가 증명하여야 한다.

> **해설**
>
> ① 법률상 또는 사실상의 장애로 자기명의로 대출받을 수 없는 자(甲)를 위해 대출금채무자로서의 명의를 빌려준 乙이 자기명의로 대출을 받아 그 자금을 甲이 사용하도록 한 경우 특별한 사정이 없는 한 乙의 의사는 채무부담의 의사가 없는 것이라고 할 수 없으므로 진의 아닌 의사표시가 아니다[97다8403].
>
> 답 ①

제27회 출제

02 진의 아닌 의사표시에 관한 설명으로 틀린 것은? (다툼이 있으면 판례에 따름)

① 진의란 특정한 내용의 의사표시를 하고자 하는 표의자의 생각을 말하는 것이지 표의자가 진정으로 마음속에서 바라는 사항을 뜻하는 것은 아니다.

② 상대방이 표의자의 진의 아님을 알았을 경우, 표의자는 진의 아닌 의사표시를 취소할 수 있다.

③ 대리행위에 있어서 진의 아닌 의사표시인지 여부는 대리인을 표준으로 결정한다.

④ 진의 아닌 의사표시의 효력이 없는 경우, 법률행위의 당사자는 진의 아닌 의사표시를 기초로 새로운 이해관계를 맺은 선의의 제3자에게 대항하지 못한다.

⑤ 진의 아닌 의사표시는 상대방과 통정이 없다는 점에서 통정허위표시와 구별된다.

> **해설**
>
> ② 상대방이 표의자의 진의 아님을 알았거나 알 수 있었을 경우에는 진의 아닌 의사표시를 취소하는 것이 아니라 무효로 한다(제107조 제1항 단서).
>
> 답 ②

4 출제 예상문제

01 진의 아닌 의사 표시에 대한 다음 설명 중 <u>틀린</u> 것은? (다툼이 있으면 판례에 따름)

① 비진의의사표시에 있어서의 '진의'란 특정한 내용의 의사표시를 하고자 하는 표의자의 생각을 말한다.

② 대리인이 오직 자기 이익을 꾀할 목적으로 대리권을 남용한 경우, 비진의표시에 관한 규정이 유추적용될 수 있다.

③ 전체공무원이 일괄사표를 제출함에 따라 공무원 甲도 함께 사직서를 제출한 경우, 甲의 내심의 의사는 사직할 뜻이 아니었으므로 사직서의 제출은 무효이다.

④ 상대방이 표의자의 진의 아님을 알았다는 것은 무효를 주장하는 자가 증명하여야 한다.

⑤ 당시의 상황에서는 그것을 최선이라고 판단하여 그 의사표시를 하였을 경우, 표의자가 의사표시의 내용을 진정으로 마음속에서 바라지 않았다 하더라도 비진의표시가 아니다.

해설 ✦ ③ 진의 아닌 의사표시에 관한 민법 제107조는 성질상 공무원의 사직의 의사표시와 같은 사인의 공법행위에 준용되지 아니하므로 비록 사직원 제출자의 내심의 의사가 사직할 뜻이 아니었다고 하더라도 그 의사가 외부에 표시된 이상 표시된 대로 효력이 발생한다(대판 97누13962).

정답 ✦ ③

02 진의 아닌 의사표시에 관한 설명으로 옳은 것을 모두 고른 것은? (다툼이 있으면 판례에 따름)

22. 주택사

> ㄱ. 진의는 표의자가 진정으로 마음속에서 바라는 사항을 말한다.
> ㄴ. 진의와 표시가 일치하지 않음을 표의자가 과실로 알지 못하고 한 의사표시는 진의 아닌 의사표시에 해당하지 않는다.
> ㄷ. 어떠한 의사표시가 진의 아닌 의사표시로서 무효라고 주장하는 경우에 그 증명책임은 그 주장자에게 있다.

① ㄱ   ② ㄴ   ③ ㄱ, ㄷ   ④ ㄴ, ㄷ   ⑤ ㄱ, ㄴ, ㄷ

해설 ✦ ㄱ. '진의'는 특정한 내용의 의사표시를 하고자 하는 표의자의 생각을 의미하는 것이지, 표의자가 진정으로 마음속에서 바라는 사항을 의미하는 것은 아니다.
　　ㄴ. 진의와 표시가 일치하지 않음을 표의자가 과실로 알지 못하고 한 의사표시는 진의 아닌 의사표시가 아닌 착오에 해당한다. 따라서 옳은 지문이다.
　　ㄷ. 옳은 지문이다.

정답 ✦ ④

07 통정 허위표시

1 출제예상과 학습포인트

✦ 기출횟수

제26회(제3자) 제27회 제29회 제30회 제31회(제3자) 제32회 제33회 제34회(제3자)

✦ 제35회 출제예상

비정상적 의사표시 중 가장 많이 출제되는 부분이므로 철저히 이해하고 숙지하여야 한다. 제35회에는 출제가능성이 약 80%정도이다.

✦ 제35회 대비 중요도

★★★

✦ 학습방법

시험은 주로 통정허위표시를 한 경우의 법률관계를 사례형태로 출제하거나 통정허위표시에 관한 이론적인 부분을 출제하는데 통정허위표시에서 보호되는 제3자를 특히 잘 정리해 두어야 한다. 따라서 평소 공부하실 때 甲, 乙, 丙 사이의 법률관계를 생각하면서 그림을 통해 정리해 두는 것이 좋겠다.

✦ 핵심쟁점

❶ 통정허위 표시 당사자 간의 법률관계

❷ 제3자의 개념 파악

❸ 제3자가 권리를 취득할 수 있는지 여부

❹ 통정허위표시(가장행위)와 은닉행위

2 핵심 내용

❶ 의의

1. 허위표시란 표의자가 상대방과 서로 짜고서(합의, 양해) 의사와 표시가 불일치한 법률행위를 하는 것으로, 가장행위(假裝行爲)라고도 한다.

2. 동일인 대출한도를 회피하기 위하여 금융기관의 양해하에 형식상 제3자 명의를 빌려 체결된 대출약정은 허위표시에 해당하여 무효이다(금융기관의 양해가 없으면 허위표시 아님).

❷ 통정허위표시의 효과

1. 당사자 사이의 효과

① 당사자 간에는 언제나 무효이다.

② 따라서 이미 이행한 후에는 허위표시 자체가 반사회질서행위(불법)은 아니므로 당사자는 부당이득 반환청구권 또는 소유권에 기한 반환청구권을 행사할 수 있다. 제22회

③ 당사자 간에 서로 통모하여 한 허위행위도 채권자취소권(제406조)의 대상이 된다. 제30회

2. 제3자에 대한 효과

① 허위표시의 무효는 선의의 제3자에게 대항하지 못한다(제108조 제2항). 제30회

② 보호되는 제3자는 선의이기만 하면 되고 무과실은 요건이 아니다. 제27회

③ 제3자의 선의는 추정되므로 허위표시의 무효를 주장하는 측에서 제3자가 악의라는 사실을 주장·입증해야 한다.

▶ 제3자에 해당여부

제3자에 해당하는 경우	제3자에 해당하지 않는 경우
① 가장매매의 매수인으로부터 그 목적물을 다시 매수한 자, 가압류한 자(가압류채권자)	① 가장매매의 양수인으로부터 그 지위를 상속 받은 자
② 가장채권을 가압류한 자 제26회 제31회	② 대리인이 허위표시를 한 경우 본인 제26회
③ 가장매매의 매수인으로 부터 그 부동산에 저당권을 설정받은 자 제26회 제31회 또는 가등기를 취득한 자	③ 가장행위로서 제3자를 위한 계약에 있어서의 제3자 (수익자) 제23회 제26회
④ 가장채무를 보증하고 그 보증채무를 이행한 보증인 제31회 제34회	④ 채권의 가장양도에 있어서의 채무자 제31회
⑤ 파산자가 상대방과 통정한 허위의 가장채권을 보유하고 있는 경우의 파산관재인(다만, 선의, 악의는 총 파산채권자를 기준으로 판단하여 파산채권자 모두가 악의로 되지 않는 한 파산관재인은 선의의 제3자이다) 제30회 제31회 제32회 제34회	⑤ 허위표시의 당사자로부터 계약상 지위를 이전받은 자 제34회
	⑥ 저당권등 제한물권이 가장포기된 경우 후순위 제한물권자
	⑦ 가장양수인의 일반채권자

❸ 은닉행위 제29회 제30회

1. 甲은 자신의 X토지를 乙에게 증여하면서, 세금을 아끼기 위해 이를 매매로 가장하여 乙명의로 소유권이전 등기를 마친 경우에 증여행위를 은닉행위라 한다.

2. 매매는 가장행위로 무효지만, 은닉행위인 증여는 유효이다.

3. 따라서 乙은 적법하게 X토지의 소유권을 취득하고, 乙이 다시 丙에게 매도하고 소유권이전등기를 경료해 주었다면 丙은 선·악 불문하고 소유권을 취득하므로 甲이나 乙은 丙에게 X토지의 소유권이전등기말소를 청구할 수 없다.

3 대표 기출문제

제27회 출제

01 甲은 자신의 부동산에 관하여 乙과 통정한 허위의 매매계약에 따라 소유권이전등기를 乙에게 해주었다. 그 후 乙은 이러한 사정을 모르는 丙과 위 부동산에 대한 매매계약을 체결하고 그에게 소유권이전등기를 해주었다. 다음 설명 중 틀린 것은? (다툼이 있으면 판례에 따름)

① 甲과 乙은 매매계약에 따른 채무를 이행할 필요가 없다.

② 甲은 丙을 상대로 이전등기의 말소를 청구할 수 없다.

③ 丙이 부동산의 소유권을 취득한다.

④ 甲이 자신의 소유권을 주장하려면 丙의 악의를 증명해야 한다.

⑤ 丙이 선의이더라도 과실이 있으면 소유권을 취득하지 못한다.

해설

⑤ 제3자는 선의이기만 하면 되고 무과실은 요건이 아니므로(2003다70041), 선의 丙은 과실이 있더라도 소유권을 취득한다.

① 甲과 乙 사이의 매매계약은 통정허위표시로 무효이므로 매매계약에 따른 채무가 발생하지 않는다.

②③ 허위표시의 무효는 선의의 제3자에게 대항하지 못하므로(제108조 제2항). 甲은 선의인 丙명의 등기의 말소를 청구할 수 없다. 따라서 丙은 부동산의 소유권을 취득한다.

④ 제3자의 선의는 추정되므로 허위표시의 무효를 주장하는 측에서 제3자가 악의라는 사실을 주장·입증해야 한다 (2002다1321).

답 ⑤

제30회 출제

02 통정허위표시에 관한 설명으로 틀린 것은? (다툼이 있으면 판례에 따름)

① 통정허위표시가 성립하기 위해서는 진의와 표시의 불일치에 관하여 상대방과 합의가 있어야 한다.

② 통정허위표시로서 무효인 법률행위라도 채권자취소권의 대상이 될 수 있다.

③ 당사자가 통정하여 증여를 매매로 가장한 경우, 증여와 매매 모두 무효이다.

④ 통정허위표시의 무효로 대항할 수 없는 제3자의 범위는 통정허위표시를 기초로 새로운 법률상 이해관계를 맺었는지 여부에 따라 실질적으로 파악해야 한다.

⑤ 통정허위표시의 무효로 대항할 수 없는 제3자에 해당하는지의 여부를 판단할 때, 파산관재인은 파산채권자 모두가 악의로 되지 않는 한 선의로 다루어진다.

해설

③ 당사자가 통정하여 증여를 매매로 가장한 경우, 매매는 허위표시로 무효이나 증여는 은닉행위로서 증여로서의 요건을 갖추었다면 증여계약은 유효하다.

① 통정허위표시가 성립하기 위해서는 진의와 표시의 불일치에 관하여상대방이 알고 있는 것만으로는 부족하며 그에 관하여 상대방과의 사이에 의사의 합치(상대방의 양해)가 있어야 한다.

② 허위표시가 채권자를 해할 목적으로 행하여진 경우에는, 채권자 A는 사해행위를 이유로 채권자취소권(제406조)을 행사할 수 있다는 것이 판례이다[97다50985].

④ 통정허위표시의 무효로 대항할 수 없는 제3자는 허위표시의 당사자와 포괄승계인 이외의 자로서 그 허위표시에 의하여 외형상 형성된 법률관계를 토대로 실질적으로 새로운 법률상 이해관계를 맺은 자를 말한다.

⑤ 통정허위표시의 무효로 대항할 수 없는 제3자에 해당하는지의 여부를 판단할 때, 파산관재인은 제3자에 해당하나, 그 선의·악의는 파산관재인 개인의 선의·악의를 기준으로 할 수는 없고 총파산채권자를 기준으로 하여 파산채권자 모두가 악의로 되지 않는 한 파산관재인은 선의의 제3자라고 할 수밖에 없다[2004다10299].

답 ③

제34회 출제

03 통정허위표시를 기초로 새로운 법률상 이해관계를 맺은 제3자에 해당하는 자를 모두 고른 것은? (다툼이 있으면 판례에 따름)

> ㄱ. 파산선고를 받은 가장 채권자의 파산관재인
> ㄴ. 가장채무를 보증하고 그 보증채무를 이행하여 구상권을 취득한 보증인
> ㄷ. 차주와 통정하여 가장 소비대차계약을 체결한 금융기관으로부터 그 계약을 인수한 자

① ㄱ   ② ㄷ   ③ ㄱ, ㄴ   ④ ㄴ, ㄷ   ⑤ ㄱ, ㄴ, ㄷ

해설

ㄷ. 차주와 통정하여 가장 소비대차계약을 체결한 금융기관으로부터 그 계약 자체를 인수한 자는 통정허위표시를 기초로 새로운 법률상 이해관계를 맺은 제3자에 해당하지 않는다.

답③

4 출제 예상문제

01 甲이 乙에게 자신의 X부동산을 허위표시로 매도하고 이전등기를 해 주었다. 이에 관한 설명으로 틀린 것은? (다툼이 있으면 판례에 따름)

① 甲은 乙을 상대로 매매대금의 지급을 청구할 수 없다.

② 甲은 乙을 상대로 X부동산의 반환을 청구할 수 있다.

③ 만약 乙명의로 등기된 X부동산을 가압류한 丙이 허위표시에 대해 선의이지만 과실이 있는 경우, 甲은 丙에 대하여 가압류의 무효를 주장할 수 없다.

④ 乙로부터 X부동산을 상속받은 자는 매매계약이 허위표시임을 몰랐던 경우에도 그 소유권을 취득할 수 없다.

⑤ 만약 X부동산이 乙로부터 丙, 丙으로부터 丁에게 전매되어 이전등기까지 된 경우, 허위표시에 대해 丙이 선의라도 丁이 악의라면 甲은 丁명의의 등기의 말소를 구할 수 있다.

해설 ✦ ⑤ 제3자(丙)가 선의라면 제3자(丙)는 소유권을 취득하게 되므로, 선의의 제3자로부터 전득한 자(丁)이 악의라하여도 甲은 丁명의의 등기의 말소를 구할 수 없다.

① 甲과 乙의 매매계약은 무효이므로 甲은 乙을 상대로 매매대금의 지급을 청구할 수 없다.

② 허위표시 자체가 반사회질서의 법률행위는 아니므로 불법원인급여에 해당하지 않고 당사자는 부당이득반환청구권 또는 소유권에 기한 반환청구권을 행사할 수 있다.

③ 허위표시에서 보호받는 제3자는 그 선의 여부가 문제이지 과실유무는 상관없다. 따라서 乙명의로 등기된 X부동산을 가압류한 丙이 허위표시에 대해 선의라면 과실이 있더라도 丙의 가압류는 말소되지 않는다.

④ 乙로부터 X부동산을 상속받은 자는 허위표시에서 보호되는 제3자에 해당하지 않으므로 선의라 하여도 소유권을 취득할 수 없다.

정답 ✦ ⑤

02 甲은 자신의 X토지를 乙에게 증여하고, 세금을 아끼기 위해 이를 매매로 가장하여 乙명의로 소유권이전 등기를 마쳤다. 그 후 乙은 X토지를 丙에게 매도하고 소유권이전등기를 마쳤다. 다음 설명 중 옳은 것을 모두 고른 것은? (다툼이 있으면 판례에 따름)

> ㉠ 甲과 乙 사이의 매매계약은 무효이다.
> ㉡ 甲과 乙 사이의 증여계약은 무효이다.
> ㉢ 甲은 丙에게 X토지의 소유권 이전등기말소를 청구할 수 없다.
> ㉣ 丙이 甲과 乙 사이에 매매계약이 무효라는 사실을 알았다면 丙은 소유권을 취득하지 못한다.

① ㉠   ② ㉠, ㉢   ③ ㉡, ㉣

④ ㉡, ㉢, ㉣   ⑤ ㉠, ㉡, ㉢, ㉣

해설 ✦ ㉡ 甲과 乙 사이의 증여계약은 유효이다.

㉣ 甲과 乙 사이에 매매계약은 허위표시로 무효이더라도 증여계약은 유효이므로 丙이 매매계약이 무효라는 사실을 알았더라도 丙은 소유권을 취득한다.

정답 ✦ ②

테마 08 착오로 인한 의사표시

1 출제예상과 학습포인트

✦ 기출횟수
제25회 제26회 제28회 제31회

✦ 제35회 출제예상
통상 2년에 한번 정도씩 출제되고 있지만, 출제될 내용들이 많아서 제35회에 출제가능성은 약 90%이다.

✦ 제35회 대비 중요도
★★★

✦ 학습방법
착오의 종류를 구별하고, 착오에 의해 의사표시를 한 자와 그 상대방을 고려하여 착오에 의한 표의자는 어떤 요건을 갖추었을 때 취소할 수 있는지, 상대방은 그에 따라 취소를 저지하는 방법은 무엇인지를 생각하면서 공부하면 된다.

✦ 핵심쟁점
❶ 착오의 개념 ❷ 동기의 착오 ❸ 중요부분 착오에 해당 여부
❹ 증명책임 ❺ 다른 제도와의 관계

2 핵심 내용

> **제109조 【착오로 인한 의사표시】** ① 의사표시는 법률행위의 내용의 중요부분에 착오가 있는 때에는 취소할 수 있다. 그러나 그 착오가 표의자의 중대한 과실로 인한 때에는 취소하지 못한다.
> ② 착오로 인한 의사표시의 취소는 선의의 제3자에게 대항하지 못한다.

❶ 의의

1. 표의자가 자신의 의사와 표시가 일치하지 않는 것을 모르고 하는 의사표시를 말한다.

2. 착오가 미필적인 장래의 불확실한 사실에 관한 것(장래 부과될 양도소득세의 세액)이라도 착오에 해당된다.

3. 그러나 표의자가 행위를 할 당시에 장래에 있을 어떤 사항의 발생이 미필적임을 알아 그 발생을 예기(예상된 기대)한데 지나지 않는 경우는, 착오로 다룰 수는 없다.

❷ 착오의 유형

1. 동기(이유)의 착오(예 개발될 것이라고 잘못 알고 투자목적으로 토지를 고가로 매수한 경우)

① 원칙 : 동기는 의사표시의 착오가 아니므로 취소할 수 없다.

② 예외 : 착오에 포함되어 취소할 수 있는 경우

　　㉠ 동기가 표시된 경우(의사표시의 내용으로 삼기로 하는 합의까지는 불필요)

　　㉡ 상대방에 의해 유발(제공)된 동기의 착오는 동기가 표시되지 않았더라도 취소가능 제28회

　　　(담당공무원의 법령오해로 기부채납의무가 없는 토지를 시에 증여한 경우 제25회)

2. 법률의 착오

① 의의 : 법률의 존재 또는 효과에 대하여 인식을 잘못한 경우이다. 법률의 착오는 동기의 착오가 될 수도 있고 중요부분의 착오가 될 수도 있다. 제25회

② 착오에 관한 민법규정은 법률의 착오에도 적용된다. 즉, 법률에 관한 착오가 법률행위 내용의 중요부분에 관한 것이라면 착오를 이유로 취소할 수 있다.

3. 표시상의 착오(잘못 기재한 경우)

신원보증서류에 서명날인(署名捺印)한다는 착각에 빠진 상태로 연대보증의 서면에 서명날인한 경우, 이른바 기명(서명)날인의 착오로서 표시상의 착오에 해당한다. 제28회

❷ 취소의 요건

1. 중요부분의 착오가 있을 것

① 중요부분의 판단기준 : 주관적 요건(표의자 입장) + 객관적 요건(일반인 입장)

② 중요부분 해당여부

중요부분에 해당○(취소○)	중요부분에 해당×(취소×)
① 토지의 현황, 경계에 관한 착오 　(토지 1,300평을 전부 경작이 가능한 농지로 알고 매수하였으나 그 중 600평이 하천부지인 경우) 제25회 ② 근저당권설정계약에 있어서 채무자의 동일성에 관한 착오 ③ 양도소득세 착오 ④ 재건축조합이 재건축아파트 설계용역계약을 체결함에 있어서 상대방의 건축사 자격 유무에 관한 착오	① 지분이 근소(미미)하게 부족한 경우 제28회 ② 시가에 관한 착오(토지가 시세보다 비싸다는 사실을 모른 채 매입한 경우) ③ 매매계약서에 표시된 지적이 실제 면적보다 작은 경우 ④ 착오로 인해 표의자가 경제적인 불이익을 입은 것이 아닌 경우 제26회 　(가압류등기가 없다고 믿고 보증하였더라도 가압류가 원인무효인 것으로 밝혀진 경우 제23회)

2. 중대한 과실(보통 요구되는 주의를 현저히 결한 것)이 없을 것

① 중과실 인정(취소 불가)
　㉠ 공장을 경영하는 자가 공장을 설립할 목적으로 토지를 매수함에 있어 그 토지상에 공장을 건축할 수 있는 지 여부를 관할관청에 알아보지 아니한 경우
　㉡ 공인중개사를 통하지 않고 토지거래를 하는 경우, 토지대장 등을 확인하지 않은 경우 제23회
② 중과실 부정
　㉠ 부동산중개업자가 다른 점포를 매매목적물로 잘못 소개하여 매매목적물에 착오를 일으킨 경우
　㉡ 토지매매에 있어서 특별한 사정이 없는 한, 매수인이 측량을 통하여 매매목적물이 지적도상의 그것과 일치하는지 여부를 확인하지 않은 경우라도 중대한 과실이 인정되지 않는다.(매수인에게 측량을 하거나 지적도와 대조하는 등의 방법으로 매매목적물이 지적도상의 그것과 정확히 일치하는지 여부를 미리 확인하여야 할 주의의무가 있다고 볼 수 없다)

3. 입증책임

① 착오가 중요부분이라는 점은 착오를 이유로 의사표시를 취소하는 자(표의자, 의사표시의 효력을 부인하는 자)가 증명하여야 한다.
② 표의자에게 중대한 과실이 있다는 사실은 취소를 저지하려는 자(상대방, 법률행위의 유효를 주장하는 자)가 증명하여야 한다. 제26회

❹ 효과

1. 중요부분의 착오이고 그 착오에 중대한 과실이 없는 경우에는 그 의사표시를 취소 할 수 있고, 취소로써 선의의 제3자에게 대항하지 못한다.
2. 착오에 관한 규정은 임의규정이므로 표의자의 취소권을 배제하는 약정은 유효하다. 제28회
3. 표의자가 중대한 과실이 있어도 상대방이 알면서 이용한 경우에는 취소할 수 있다. 제26회 제31회
4. 상대방이 착오자의 진의에 동의를 하였다면 착오에 의한 의사표시를 취소할 수 없다. 제25회
5. 표의자가 경과실이 있는 경우에는 착오를 이유로 취소할 수 있는데, 표의자가 착오를 이유로 의사표시를 취소하여 상대방이 손해를 입은 경우라도 상대방은 불법행위를 이유로 손해배상을 청구할 수 없다. 제26회 제31회

❺ 착오와 다른 제도와의 관계

1. **해제와 취소** : 매도인이 매매계약을 적법하게 해제한 후라도 매수인은 착오를 이유로 그 매매계약을 취소할 수 있다.제26회 제31회

2. **착오와 담보책임** : 매매계약 내용의 중요 부분에 착오가 있는 경우 매수인은 매도인의 하자담보책임이 성립하는지와 상관없이 착오를 이유로 매매계약을 취소할 수 있다. 제31회

3 대표 기출문제

제26회 출제

01 착오에 관한 설명으로 옳은 것은? (다툼이 있으면 판례에 따름)

① 매도인이 계약을 적법하게 해제한 후에도 매수인은 계약해제에 따른 불이익을 면하기 위하여 중요부분의 착오를 이유로 취소권을 행사하여 계약 전체를 무효로 할 수 있다.

② 표의자가 착오를 이유로 의사표시를 취소한 경우, 취소된 의사표시로 인해 손해를 입은 상대방은 불법행위를 이유로 손해배상을 청구할 수 있다.

③ 착오에 의한 의사표시로 표의자가 경제적 불이익을 입지 않더라도 착오를 이유로 그 의사표시를 취소할 수 있다.

④ 착오가 표의자의 중대한 과실로 인한 경우에는 상대방이 표의자의 착오를 알고 이용하더라도 표의자는 의사표시를 취소할 수 없다.

⑤ 표의자의 중대한 과실 유무는 착오에 의한 의사표시의 효력을 부인하는 자가 증명하여야 한다.

해설

② 표의자가 착오를 이유로 의사표시를 취소하여 상대방이 손해를 입은 경우라도 상대방은 불법행위를 이유로 손해배상을 청구할 수 없다.

③ 착오에 의한 의사표시로 표의자가 경제적 불이익을 입은 것이 아니라면 이를 법률행위 내용의 중요부분의 착오라고 할 수 없다.

④ 표의자가 중대한 과실이 있어도 상대방이 알면서 이용한 경우에는 취소할 수 있다.

⑤ 표의자의 중대한 과실 유무에 대한 입증책임은 표의자의 취소를 막으려는 상대방에게 있다.

답①

02 착오에 관한 설명으로 옳은 것을 모두 고른 것은? (다툼이 있으면 판례에 따름)

> ㄱ. 매도인의 하자담보책임이 성립하더라도 착오를 이유로 한 매수인의 취소권은 배제되
> 지 않는다.
> ㄴ. 경과실로 인해 착오에 빠진 표의자가 착오를 이유로 의사표시를 취소한 경우, 상대방
> 에 대하여 불법행위로 인한 손해배상책임을 진다.
> ㄷ. 상대방이 표의자의 착오를 알고 이용한 경우, 표의자는 착오가 중대한 과실로 인한 것
> 이더라도 의사표시를 취소할 수 있다.
> ㄹ. 매도인이 매수인의 채무불이행을 이유로 계약을 적법하게 해제한 후에는 매수인은 착
> 오를 이유로 취소권을 행사할 수 없다.

① ㄱ, ㄴ   ② ㄱ, ㄷ   ③ ㄱ, ㄹ   ④ ㄴ, ㄷ   ⑤ ㄴ, ㄹ

해설

ㄱ. 착오로 인한 취소 제도와 매도인의 하자담보책임 제도는 취지가 서로 다르고, 요건과 효과도 구별된다. 따라서 매매계약 내용의 중요 부분에 착오가 있는 경우 매수인은 매도인의 하자담보책임이 성립하는지와 상관없이 착오를 이유로 매매계약을 취소할 수 있다[2015다78703]. 옳은 지문이다.

ㄷ. 옳은 지문이다[대판 4288민상321]

ㄴ. 착오를 이유로 의사표시를 취소하여 상대방이 손해를 입었더라도 착오에 빠진 것 자체가 위법하지는 않으므로 상대방은 불법행위를 이유로 손해배상을 청구할 수 없다[97다카13023]. 틀린 지문이다.

ㄹ. 매도인이 매매계약을 적법하게 해제한 후라도 매수인으로서는 불이익을 면하기 위하여 착오를 이유로 한 취소권을 행사하여 위 매매계약 전체를 무효로 돌리게 할 수 있다[91다11308]. 틀린 지문이다.

답 ②

4 출제 예상문제

01 착오에 관한 설명으로 **틀린** 것은? (다툼이 있으면 판례에 따름)

① 중요부분의 착오란 표의자는 물론 보통 일반인도 표의자의 처지에 섰더라면 그러한 의사표시를 하지 않았으리라고 생각될 정도로 중요한 것이어야 한다.

② 법률에 관한 착오라고 하더라도 그것이 법률행위 내용의 중요부분에 관한 것인 때에는 표의자는 그 의사표시를 취소할 수 있다.

③ 숨은 불합의의 경우에는 착오를 이유로 계약을 취소할 여지가 없다.

④ 부동산 매매에서 시가에 관한 착오는 원칙적으로 법률행위 내용의 중요부분에 관한 착오에 해당한다.

⑤ 착오가 상대방의 적극적 행위에 의하여 유발된 경우에는 그 착오가 표시되지 아니한 동기의 착오라도 이를 이유로 법률행위를 취소할 수 있다.

해설 ✦ ④ 물건의 수량, 가격(시가) 등에 관한 착오는 일반적으로 중요부분의 착오가 되지 않는다(대판 90다17927).

정답 ✦ ④

02 착오로 인한 의사표시에 관한 설명으로 **틀린** 것은? (다툼이 있으면 판례에 따름)

① 경과실로 인해 착오에 빠진 표의자가 착오를 이유로 의사표시를 취소한 경우, 상대방에 대하여 불법행위로 인한 손해배상책임을 진다.

② 장래의 미필적 사실의 발생에 대한 기대나 예상이 빗나간 것에 불과한 것은 착오라고 할 수 없다.

③ 동기의 착오를 이유로 법률행위를 취소하기 위해서 당사자 사이에 그 동기를 의사표시의 내용으로 삼기로 하는 합의까지 이루어질 필요는 없다.

④ 가압류등기가 없다고 믿고 보증하였더라도 그 가압류가 원인무효인 것으로 밝혀진 경우, 착오를 이유로 의사표시를 취소할 수 없다.

⑤ 상대방이 표의자의 진의에 동의한 경우, 표의자는 착오를 이유로 그 의사표시를 취소할 수 없다.

해설 ✦ ① 착오를 이유로 의사표시를 취소하여 상대방이 손해를 입었더라도 착오에 빠진 것 자체가 위법하지는 않으므로 상대방은 불법행위를 이유로 손해배상을 청구할 수 없다[97다카13023].

정답 ✦ ①

테마 09 사기·강박(하자)에 의한 의사표시

1 출제예상과 학습포인트

✦ 기출횟수

　　제25회 제27회

✦ 제35회 출제예상

　　출제된지 오래되어 제35회에는 출제가능성이 높다.

✦ 제35회 대비 중요도

　　★★★

✦ 학습방법

　　사기와 강박의 성립요건을 완벽히 숙지하여 어느 행위가 사기와 강박에 해당되는지 여부를 정리하고, 제3자의 사기·강박의 경우에 효과를 확인한다.

✦ 핵심쟁점

　❶ 사기, 강박 해당 여부
　❷ 제3자가 사기·강박을 한 경우의 효과
　❸ 대리인의 사기·강박
　❹ 다른 제도와의 관계

2 핵심 내용

❶ 사기에 의한 의사표시

1. 2단(2중)의 고의가 있을 것(→ 과실 있는 기망행위는 사기×)

2. 기망행위가 있을 것

① 설명의무·고지의무가 있는 경우에 단순한 침묵(부작위)도 기망행위가 될 수 있다.

② 아파트 분양자가 인근에 대규모의 공동묘지 또는 쓰레기매립장이 조성되어 있는 사실을 고지하지 않을 경우 부작위에 의한 기망행위가 성립한다. 제27회

③ 그러나 부동산 분양계약에 있어서 분양자가 수분양자의 전매이익에 영향을 미칠 사항들에 관하여 고지하지 아니한 것이 부작위에 의한 기망에 해당하지는 않는다.

3. 위법성이 있을 것

① 백화점의 변칙세일(종전판매가격을 실제보다 높게 표시하여 할인판매를 가장) : 위법성○
② 상품선전·광고에 다소의 과장이나 허위 : 위법성(사기)✕ 제27회
③ 교환계약 또는 매매계약을 체결하려는 일방당사자가 자기소유 목적물의 시가를 묵비하거나 허위로 고지하였다 하더라도 특별한 사정이 없는 한 기망행위가 아니다. 제21회 제25회

4. 인과관계가 있을 것 : 표의자의 주관적인 것으로도 족하다.

❷ 강박에 의한 의사표시

1. 강박행위(해악의 고지)가 있을 것

① 강박행위로 취소할 수 있으려면 의사결정의 자유를 제한하는 정도에 그친 경우이어야 하므로 의사 결정의 자유를 완전히 박탈한 경우에는 그 의사표시는 무효이다.제25회
② 단지 각서에 서명 날인할 것을 강력히 요구한 것만으로는 강박행위라 할 수 없다. 제28회

2. 위법성이 있을 것

① 해악의 고지로써 추구하는 이익이 정당하지 아니하거나 해악의 내용이 법질서에 위배된 경우 또는 해악의 고지로써 추구하는 이익의 달성을 위한 수단으로 부적당한 경우 등은 위법성이 인정된다.
② 따라서 고소·고발이 부정한 이익의 취득을 목적으로 하거나 행위나 수단이 부당한 때에는 강박행 위가 될 수 있다.

❸ 효과

1. 상대방의 사기·강박의 경우 : 항상 취소할 수 있다. 단, 공법상 행위, 소송법상 행위 등에는 적용되지 않으므로 사기나 강박에 의한 소송행위는 원칙적으로 취소할 수 없다.

2. 제3자의 사기·강박의 경우

① 상대방이 알았거나 알 수 있었을 경우에 한하여 취소할 수 있다.제27회 따라서 상대방이 선의·무과 실인 경우에는 취소할 수 없다.
② 대리인의 사기·강박은 제3자의 사기·강박에 해당되지 않는다. 따라서 대리인이 상대방에게 사기· 강박을 한 경우 본인이 알든 모르든 계약을 취소할 수 있다. 제25회 제27회
③ 그러나 상대방의 피용자의 사기나 강박은 제3자의 사기·강박에 해당하여 상대방이 피용자의 사기· 강박을 알았거나 알 수 있었을 경우에 한하여 취소할 수 있다.

④ 상대방 없는 의사표시의 경우에 제3자의 사기·강박이 있는 때에는 항상 취소할 수 있다.

3. 선의의 제3자 보호(선의 제3자에게 대항×)

여기서 제3자는 이해관계를 맺은 법률관계가 취소 이전에 있었던가 이후에 있었던가는 가릴 필요 없이 선의라면 보호된다.

❹ 다른 제도와의 관계

1. 사기와 착오와의 관계(경합)

① 타인의 기망행위에 의해 중요부분에 착오가 발생한 때에는 표의자는 사기 또는 착오를 선택적으로 주장할 수 있다.
② 다만, 제3자의 기망행위로 신원보증서류에 서명날인(署名捺印)한다는 착각에 빠진 상태로 연대보증 서면에 서명날인한 경우(표시상의 착오)에는 착오만을 적용한다(사기×).

2. 불법행위로 인한 손해배상책임와의 관계

① 사기·강박이 불법행위의 요건을 갖춘 경우에는 취소와 아울러 불법행위에 기한 손해배상청구권을 행사할 수 있다. 다만, 불법행위를 이유로 손해배상을 청구하기 위하여 반드시 그 의사표시를 취소하여야 하는 것은 아니다. 제25회 제27회
② 의사표시를 취소한 경우 부당이득반환청구권과 불법행위로 인한 손해배상청구권은 모두 인정되지만, 그 행사는 선택적으로 하여야 하지 중첩적으로 할 수 없다.

3 대표 기출문제

제27회 출제

01 사기에 의한 의사표시에 관한 설명으로 틀린 것은? (다툼이 있으면 판례에 따름)

① 아파트분양자가 아파트단지 인근에 공동묘지가 조성되어 있다는 사실을 분양계약자에게 고지하지 않은 경우에는 기망행위에 해당한다.

② 아파트분양자에게 기망행위가 인정된다면, 분양계약자는 기망을 이유로 분양계약을 취소하거나 취소를 원하지 않을 경우 손해배상만을 청구할 수 있다.

③ 분양회사가 상가를 분양하면서 그 곳에 첨단 오락타운을 조성하여 수익을 보장한다는 다소 과장된 선전광고를 하는 것은 기망행위에 해당한다.

④ 제3자의 사기에 의해 의사표시를 한 표의자는 상대방이 그 사실을 알았거나 알 수 있었을 경우에 그 의사표시를 취소할 수 있다.

⑤ 대리인의 기망행위에 의해 계약이 체결된 경우, 계약의 상대방은 본인이 선의이더라도 계약을 취소할 수 있다.

> **해설**
>
> ③ 상품의 선전, 상가의 광고에 있어 다소의 과장이나 허위가 수반되는 것은 그것이 일반 상거래의 관행과 신의칙에 비추어 시인될 수 있는 한 기망성이 결여된다[92다52665]. 따라서 틀린 지문으로 정답이다.
>
> 답 ③

02 강박에 의한 의사표시에 관한 설명으로 틀린 것은? (다툼이 있으면 판례에 의함)

① 강박에 의해 증여의 의사표시를 하였다고 하여 증여의 내심의 효과의사가 결여된 것이라고 할 수 없다.

② 법률행위의 성립과정에 강박이라는 불법적 방법이 사용된 것에 불과한 때에는 반사회질서의 법률행위라고 할 수 없다.

③ 제3자의 강박에 의해 의사표시를 한 경우, 상대방이 그 사실을 알았다면 표의자는 자신의 의사표시를 취소할 수 있다.

④ 강박에 의해 자유로운 의사결정의 여지가 완전히 박탈되어 그 외형만 있는 법률행위는 무효이다.

⑤ 강박행위의 위법성은 어떤 해악의 고지가 거래관념상 그 해악의 고지로써 추구하는 이익 달성을 위한 수단으로 부적당한 경우에는 인정되지 않는다.

해설

⑤ 강박행위가 위법하다고 하기 위하여는 당시의 거래관념과 제반사정에 비추어 해악의 고지로써 추구하는 이익이 정당하지 않거나 강박의 수단으로 상대방에게 고지하는 해악의 내용이 법질서에 위배된 경우 또는 어떤 해악의 고지가 거래관념상 그 해악의 고지로써 추구하는 이익의 달성을 위한 수단으로 부적당한 경우 등에 해당하여야 할 것이다[99다64049]. 따라서 어떤 해악의 고지가 거래관념상 그 해악의 고지로써 추구하는 이익 달성을 위한 수단으로 부적당한 경우, 강박행위의 위법성은 인정된다.

정답 ⑤

4 출제 예상문제

01 사기에 의한 의사표시에 관한 설명으로 틀린 것은?

① 아파트분양자가 아파트단지 인근에 공동묘지가 조성되어 있다는 사실을 분양계약자에게 고지하지 않은 경우에는 기망행위에 해당한다.

② 분양회사가 상가를 분양하면서 그 곳에 첨단 오락타운을 조성하여 수익을 보장한다는 다소 과장된 선전광고를 하는 것은 기망행위에 해당하지 않는다.

③ 교환계약의 당사자 일방이 상대방에게 그가 소유하는 목적물의 시가를 허위로 고지한 경우, 원칙적으로 사기를 이유로 취소할 수 있다.

④ 제3자의 사기에 의하여 계약을 체결한 경우, 그 계약을 취소하지 않고 제3자에 대하여 불법행위로 인한 손해배상을 청구할 수 있다.

⑤ 재산상의 손해를 입히려고 하는 의사가 기망행위를 하는 자에게 있을 것을 요하지 않는다.

해설 ✦ ③ 교환계약을 체결하려는 일방당사자가 자기가 소유하는 목적물의 시가를 묵비하여 상대방에게 고지하지 아니하거나 혹은 허위로 시가보다 높은 가액을 시가라고 고지하였다 하더라도 이는 기망행위라고 할 수 없으므로 사기를 이유로 취소할 수 없다(2000다54406·54413).

정답 ✦ ③

02 사기·강박에 의한 의사표시에 관한 설명으로 옳은 것은? (다툼이 있으면 판례에 따름)

① 부정한 이익의 취득을 목적으로 하더라도 정당한 권리행사로서의 고소, 고발은 위법성이 부정되어 강박행위에 해당하지 않는다.

② 상대방 또는 제3자의 불법적 해악의 고지로 표의자가 공포를 느껴 의사표시의 자유가 제한되는 상태에서 한 의사표시는 무효이다.

③ 상대방의 사기에 속아 신원보증서류에 서명날인한다는 착각에 빠진 상태로 연대보증서류에 서명날인 한 경우, 착오 이외에 사기를 이유로도 연대보증계약을 취소할 수 있다.

④ 상대방의 대리인이 사기를 행하여 계약을 체결한 경우 그 대리인은 '제3자에 의한 사기'에서 '제3자'에 해당하지 않는다.

⑤ 사기에 의한 취소로써 대항하지 못하는 선의의 제3자란 취소 전부터 취소를 주장하는 자와 양립되지 않는 법률관계를 가졌던 제3자에 한한다.

해설 ✦ ④ 상대방의 대리인은 상대방과 동일시할 수 있는 자이므로 대리인의 사기나 강박은 제3자의 사기강박에 해당되지 아니한다[98다60828]. 따라서 대리인의 사기에 의하여 상대방이 의사표시를 하였을 경우에 상대방은 본인이 그 사실을 알든, 모르든 기망에 인한 의사표시를 취소할 수 있다.

① 일반적으로 부정행위에 대한 고소, 고발은 정당한 권리행사가 되어 위법하다고 할 수 없으나 부정한 이익을 취득할 목적으로 하는 경우에는 위법한 강박행위가 되는 경우가 있다(92다 25120).

② 강박이 의사결정의 자유를 완전히 박탈하는 정도에 이르지 아니하고 이를 제한하는 정도에 그친 경우에는 그 의사표시는 취소할 수 있음에 그치고 무효라고까지 볼 수 없다.

③ 제3자의 기망행위에 의하여 신원보증서류에 서명날인(署名捺印)한다는 착각에 빠진 상태로 연대보증의 서면에 서명날인한 경우에는 사기에 관한 민법 제110조 제2항의 규정을 적용할 것이 아니라, 착오에 의한 의사표시에 관한 법리만을 적용하여 취소권 행사의 가부를 가려야 한다.

⑤ 사기에 의한 법률행위의 의사표시를 취소하면 취소를 주장하는 자와 양립되지 아니하는 법률관계를 가졌던 것이 취소 이전에 있었던가 이후에 있었던가는 가릴 필요없이 선의의 제3자에 대하여는 그 의사표시의 취소를 대항하지 못한다고 보아야 할 것이다[75다533].

정답 ✦ ④

www.

1 출제예상과 학습포인트

✦ 기출횟수

제24회 제27회 제30회

✦ 제35회 출제예상

통상 3년에 한번 정도씩 출제되고 있다. 최근 4년간 출제되지 않았으므로 제35회에는 출제될 가능성이 높다.

✦ 제35회 대비 중요도

★★

✦ 학습방법

계약법의 청약과 승낙과도 관련되어 있는 부분이다. 의사표시의 효력발생시점으로 도달주의와 발송주의를 택하고 있는 경우를 구분하고, 도달의 개념과 등기우편이나 내용증명우편으로 의사표시를 한 경우와 보통우편으로 의사표시를 한 경우를 구분한다.

✦ 핵심쟁점

❶ 도달주의에서 도달로 인정되는 경우와 인정되지 않는 경우

❷ 의사표시 발송 후에 표의자의 사망이나 제한능력자가 된 경우의 효력

❸ 발신주의를 택하고 있는 경우

❹ 의사표시의 수령능력

2 핵심 내용

❶ 의사표시의 효력발생시기

1. 도달주의 원칙(상대방 있는 의사표시) 제24회

① 도달로 인정되는 경우

㉠ 상대방이 수령을 거절하더라도 그가 통지의 내용을 알 수 있는 객관적 상태에 놓인 때에 의사표시의 효력이 생기는 것으로 보아야 한다. 제27회

㉡ 내용증명이나 등기우편으로 발송한 경우에는 반송 등의 특별한 사정이 없는 한 도달된 것으로 추정한다. 제27회 제30회

② 도달로 인정되지 않는 경우
  ㉠ 보통우편의 방법으로 발송되었다는 사실만으로는 도달하였다고 추정할 수 없다. 제24회
  ㉡ 아파트 경비원이 집배원으로부터 우편물을 수령한 후 이를 우편함에 넣어 둔 사실만으로 수취인이 그 우편물을 수취하였다고 추단할 수는 없다.
③ 의사표시를 발송한 후 도달 전에 표의자가 사망하거나 제한 능력자가 되어도 의사표시의 효력에 영향을 미치지 아니한다. 제24회 제27회 제30회
④ 표의자는 의사표시의 효력이 발생한 후(도달 후)에는 철회할 수 없다(도달 전에는 철회 가능). 제28회 제30회

2. 발신주의를 취하고 있는 경우

① 격지자 간의 승낙의 효력발생시기(계약의 성립시기)
② 무권대리인의 상대방 최고에 대한 본인의 확답
  참고 상대방 없는 의사표시는 원칙적으로 표시행위가 완료된 때에 효력을 발생한다.

② 의사표시의 수령능력

1. 의사표시의 상대방이 제한능력자인 경우에는 그 의사표시로서 대항하지 못한다. 다만, 그 상대방의 법정대리인이 그 도달을 안 후에는 의사표시의 효력을 주장할 수 있다.
2. 그러나 제한능력자 측에서 유효한 도달을 주장할 수 있다.

③ 의사표시의 공시송달(公示送達)

1. 표의자가 과실없이 상대방을 알지 못하거나 상대방의 소재를 알지 못하는 경우에는 의사표시는 민사소송법 공시송달의 규정에 의하여 송달할 수 있다. 제24회
2. 공시송달에 의한 의사표시는 그 사유를 게시한 날부터 2주일이 지나면 그 효력이 생긴다.

3 대표 기출문제

제27회 출제

01 **의사표시의 효력발생에 관한 설명으로 틀린 것은?** (다툼이 있으면 판례에 따름)

① 표의자가 매매의 청약을 발송한 후 사망하여도 그 청약의 효력에 영향을 미치지 아니한다.

② 상대방이 정당한 사유 없이 통지의 수령을 거절한 경우에도 그가 통지의 내용을 알 수 있는 객관적 상태에 놓인 때에 의사표시의 효력이 생긴다.

③ 의사표시가 기재된 내용증명우편이 발송되고 달리 반송되지 않았다면 특별한 사정이 없는 한 그 의사표시는 도달된 것으로 본다.

④ 표의자가 그 통지를 발송한 후 제한능력자가 된 경우, 그 법정대리인이 통지 사실을 알기 전에는 의사표시의 효력이 없다

⑤ 매매계약을 해제하겠다는 내용증명우편이 상대방에게 도착하였으나, 상대방이 정당한 사유 없이 그 우편물의 수취를 거절한 경우에 해제의 의사표시가 도달한 것으로 볼 수 있다.

> **해설**
>
> ④ 의사표시자가 그 통지를 발송한 후 사망하거나 제한능력자가 되어도 의사표시의 효력에 영향을 미치지 아니한다 (제111조 제2항).
>
> 目 ④

4 출제 예상문제

01 의사표시의 효력발생에 관한 설명으로 틀린 것은?

① 상대방 없는 의사표시는 원칙적으로 표시행위가 완료된 때에 효력을 발생한다.

② 내용증명 우편물이 반송되지 않았다면 특별한 사정이 없는 한 그 무렵에 송달되었다고 보아야 한다.

③ 의사표시자가 과실 없이 상대방을 알지 못하는 경우, 의사표시는 「민사소송법」의 공시송달 규정에 의하여 송달할 수 있다.

④ 격지자 사이의 취소의 의사표시는 발신한 때에 그 효력이 발생한다.

⑤ 의사표시의 상대방이 의사표시를 받은 때에 제한능력자인 경우에는 의사표시자는 그 의사표시로써 대항할 수 없다.

해설 ✦ ④ 취소의 의사표시는 상대방 있는 의사표시로서 도달한 때에 효력이 발생한다.

정답 ✦ ④

02 의사표시의 효력발생에 관한 설명으로 틀린 것은? (다툼이 있으면 판례에 의함)

① 의사표시자가 그 통지를 발송한 후 사망하거나 제한능력자가 되어도 의사표시의 효력에 영향을 미치지 아니한다.

② 상대방이 정당한 사유 없이 통지의 수령을 거절한 경우에도 그가 통지의 내용을 알 수 있는 객관적 상태에 놓인 때에 의사표시의 효력이 생긴다.

③ 의사표시자는 의사표시가 도달하기 전에는 그 의사표시를 철회할 수 있다.

④ 우편물이 등기우편의 방법으로 발송되었다는 사실만으로는 상당기간 내에 도달하였다고 추정할 수 없다.

⑤ 보통우편의 방법으로 발송되었다는 사실만으로는 상당한 기간 내에 도달하였다고 추정할 수 없다.

해설 ✦ ④ 의사표시의 효력발생 시기에 대하여 민법은 도달주의를 원칙으로 한다(제111조). 의사표시를 우편으로 발송한 경우 등기우편이나 내용증명 우편물이 발송되고 반송되지 않았다면 특단의 사정이 없는 한 그 무렵에 송달되었다고 볼 것이다[96다38322].

정답 ✦ ④

1 출제예상과 학습포인트

✦ **기출횟수**

제25회 제27회 제29회 제28회 제30회 제31회 제33회

✦ **제35 출제예상**

거의 매년 출제되고 있다. 제35회 출제가능성은 90% 이상이다.

✦ **제35회 대비 중요도**

★★★

✦ **학습방법**

본인과 대리인 사이의 대리권, 대리인과 상대방 사이의 대리행위, 본인과 상대방 사이의 대리효과로 나누어 각각의 중요 부분을 중심으로 학습하여야 한다.

✦ **핵심쟁점**

❶ 임의대리권의 범위
❷ 자기계약·쌍방대리
❸ 대리권남용
❹ 대리권 소멸사유
❺ 대리행위의 하자

2 핵심 내용

❶ 대리권

1. 임의대리권의 발생원인 : 수권행위

(1) 수권행위는 불요식의 행위로서 묵시적인 의사표시에 의하여 할 수도 있다. 제33회

(2) 어떤 사람이 대리인의 외양을 가지고 행위하는 것을 본인이 알면서도 이의를 하지 아니하고 방임하는 등 사실상의 용태에 의하여 대리권의 수여가 추단되는 경우도 있다.

2. 대리권의 범위(임의대리권의 범위)

(1) 수권행위에서 정함(수권행위의 해석으로 판단)

대리권에 포함 ○	대리권에 포함 ×
① 임의대리권에는 수동대리권 포함 ② 부동산매매계약을 체결할 대리권에 대금을 수령할 권한 포함(대리인이 대금을 수령하고, 본인에게 전달하지 않아도 상대방의 대금의무는 소멸) 제24회 제25회 제27회 제29회 제30회 제31회 제33회 ③ 포괄적인 대리권은 매매대금지급기일을 연기하여 줄 권한도 포함 제29회	① 계약체결의 대리인은 그 계약을 해제할 권한× 제27회 제31회 ② 계약체결의 대리인은 체결된 계약의 해제 등 일체의 처분권과 상대방의 의사를 수령할 권한× ③ 대여금의 영수권한만을 위임받은 대리권은 대여금 채무의 일부 면제해줄 권한× ④ 예금계약의 체결의 대리권에 당연히 그 예금을 담보로 대출을 받거나 이를 처분할 수 있는 대리권×

(2) 대리권의 범위를 정하지 않은 경우(제118조)

① 보존행위 : 현상유지행위(소멸시효의 중단, 미등기부동산의 보존등기 제28회 등) 제27회 제29회 제31회
② 이용·개량행위 : 성질이 변하지 않는 범위에서만 가능하다. 제24회
   ㉠ 가능 : 물건 임대, 금전의 이자부 대여
   ㉡ 불가능 : 예금을 주식으로 바꾸는 행위, 은행예금을 개인에게 빌려주는 행위

3. 대리권의 제한

(1) 자기계약·쌍방대리 금지

① 원칙적 금지 : 본인의 이익을 해칠 우려가 있기 때문에 원칙적으로 금지된다.
   ㉠ 이를 위반하면 무권대리가 되어 무효이나 본인이 추인하여 유효가 될 수 있다. 제28회
   ㉡ 부동산 입찰절차에서 동일물건에 관하여 이해관계가 다른 2인 이상의 대리인이 된 경우에는 그 대리인이 한 입찰은 원칙적으로 무효이다.
② 예외적 허용 : '본인의 허락'이 있는 경우제30회 제33회 와 '채무이행'의 경우에는 허용된다.
   ㉠ 쌍방을 대리한 등기신청
   ㉡ 기한 도래한 대리인에 대한 본인의 채무를 대리인은 자신에게 변제 가능 제27회

(2) 각자대리 원칙 제27회

① 대리인이 수인인 때에는 각자대리가 원칙이다. 제24회 제25회 제29회 제31회 제33회
② 예외적으로 법률 또는 수권행위에서 정한 때에는 공동으로 대리하여야 한다.

4. 대리권의 남용

(1) 의의

대리인의 자기나 제3자의 이익을 위한 배임적 행위를 한 경우(예컨대 대리인이 매각대금을 수령하여 자기가 전부 소비한 경우)를 말한다.

(2) 효과(비진의표시 유추적용)

① 원칙적으로 유효이다. 따라서 본인은 대리인의 행위에 대하여 책임을 진다.

② 다만, 상대방이 알았거나 알 수 있었을 경우 무효이므로 본인은 책임을 지지 않는다. 제25회 제28회

5. 대리권의 소멸

(1) 법정·임의대리에 공통된 소멸사유

① 본인의 사망

② 대리인의 사망, 제33회 성년후견개시, 파산 제24회 제25회

✦ 본인의 성년후견개시나 본인의 파산, 대리인의 한정후견개시는 소멸사유× 제30회

(2) 임의대리의 특유한 소멸사유

① 원인된 법률관계의 종료

② 수권행위의 철회 제30회 제31회 제33회

② 대리행위

1. 현명주의(대리의사의 표시)

(1) 대리의사(본인을 위한 것임)의 표시

① 현명의 방식에는 제한이 없으며 주위의 사정으로부터 본인을 위한 것임이 인정되면 충분하다. 제24회

② 수동대리의 경우에는 상대방 쪽에서 본인에 대한 의사표시임을 표시하여야 한다.

(2) 현명하지 않은 경우

① 대리인 자기를 위한 것으로 본다. 제24회

② 다만, 상대방이 알았거나 알 수 있었을 때에는 본인에게 효력이 있다.

2. 대리행위의 하자(의사와 표시의 불일치, 사기·강박, 선의·악의 등) 판단

(1) 원칙 : 대리인 표준

① 비진의표시·허위표시 및 착오, 사기·강박 또는 어느 사정을 알았거나 과실로 알지 못한 것 등의 유무는 대리인을 표준하여 결정한다(제116조 제1항).

② 그러나 대리행위 하자에서 생기는 효과(취소권, 해제권 등)는 본인에게 귀속한다. 제33회

③ 본인에게 착오가 있다고 하더라도 대리인에게 착오가 없으면 취소할 수 없다.

④ 상대방으로부터 대리인이 사기·강박을 당했다면 본인은 그 사실을 알든, 모르든 의사표시를 취소할 수 있다. 제24회 제31회

⑤ 대리인이 매도인의 배임행위에 적극 가담하여 이중매매계약을 체결한 경우에 본인이 이를 몰랐더라도 반사회질서행위가 인정된다. 제26회 제30회

(2) 예외(본인 기준)

① 특정한 법률행위를 위임한 경우에 대리인이 본인의 지시에 좇아 그 행위를 한 때에는 본인은 자기가 안 사정 또는 과실로 인하여 알지 못한 사정에 관하여 대리인의 부지를 주장하지 못한다.

② 불공정법률행위에서 경솔·무경험은 대리인을 기준으로 판단, 궁박은 본인 기준으로 판단한다. 제31회

3. 대리인의 능력

(1) 대리인은 행위능력자임을 요하지 않는다. 따라서 대리인이 제한능력자라도 본인은 제한능력을 이유로 취소할 수 없다. 제24회 제29회 제31회

(2) 다만, 의사능력은 있어야 한다(의사능력 없는 대리인의 대리행위는 무효)

❸ 대리효과

대리행위로 인한 이행청구권·취소권·해제권·부당이득반환·원상회복 등의 법률효과는 본인에게 귀속한다. 제29회

3 대표 기출문제

제27회 출제

01 대리권의 범위와 제한에 관한 설명으로 틀린 것은? (다툼이 있으면 판례에 따름)

① 대리인에 대한 본인의 금전채무가 기한이 도래한 경우 대리인은 본인의 허락 없이 그 채무를 변제하지 못한다.

② 금전소비대차계약과 그 담보를 위한 담보권설정계약을 체결할 권한이 있는 임의대리인은 특별한 사정이 없는 한 계약을 해제할 권한까지 갖는 것은 아니다.

③ 매매계약체결의 대리권을 수여받은 대리인은 특별한 사정이 없는 한 중도금과 잔금을 수령할 권한이 있다.

④ 대리인이 수인인 때에는 각자가 본인을 대리하지만, 법률 또는 수권행위에서 달리 정할 수 있다.

⑤ 권한을 정하지 않은 대리인은 보존행위를 할 수 있다.

해설

① 대리인은 원칙적으로 자기계약과 쌍방대리가 금지되지만, 예외적으로 '본인의 허락'이 있는 경우와 '채무이행'의 경우에는 허용된다(제124조). 따라서 본인이 대리인에게 채무를 진 경우 대리인은 본인의 허락이 없더라도 그 채무를 자신에게 변제 할 수 있다. 따라서 틀린 지문으로 정답이다.

답 ①

제33회 출제

02 甲은 그 소유의 X건물을 매도하기 위하여 乙에게 대리권을 수여하였다. 이에 관한 설명으로 틀린 것은? (다툼이 있으면 판례에 따름)

① 乙이 사망하면 특별한 사정이 없는 한 乙의 상속인에게 그 대리권이 승계된다.

② 乙은 특별한 사정이 없는 한 X건물의 매매계약에서 약정한 중도금이나 잔금을 수령할 수 있다.

③ 甲의 수권행위는 묵시적인 의사표시에 의하여도 할 수 있다.

④ 乙이 대리행위를 하기 전에 甲이 그 수권행위를 철회한 경우, 특별한 사정이 없는 한 乙의 대리권은 소멸한다.

⑤ 乙은 甲의 허락이 있으면 甲을 대리하여 자신을 X건물의 매수인으로 하는 계약을 체결할 수 있다.

> **해설**
>
> ① 대리인이 사망하면 대리권은 소멸하는 것이지 상속인에게 승계되지 않는다.
>
> 답 ①

제34회 출제

03 甲으로부터 甲 소유 X토지의 매도 대리권을 수여받은 乙은 甲을 대리하여 丙과 X토지에 대한 매매계약을 체결하였다. 다음 설명 중 틀린 것은? (다툼이 있으면 판례에 따름)

① 乙은 특별한 사정이 없는 한 매매잔금의 수령 권한을 가진다.

② 丙의 채무불이행이 있는 경우, 특별한 사정이 없는 한 乙은 매매계약을 해제할 수 없다.

③ 매매계약의 해제로 인한 원상회복의무는 甲과 丙이 부담한다.

④ 丙이 매매계약을 해제한 경우, 丙은 乙에게 채무불이행으로 인한 손해배상을 청구할 수 없다.

⑤ 乙이 자기의 이익을 위하여 배임적 대리행위를 하였고 丙도 이를 안 경우, 乙의 대리행위는 甲에게 효력을 미친다.

> **해설**
>
> ⑤ 대리권 남용으로 대리인의 배임행위를 상대방이 알았거나 알 수 있었을 경우에는 비진의의사표시에 관한 민법 제107조 제1항 단서를 유추적용하여 그 대리행위는 무효가 되어 본인에게 효력이 미치지 않는다.
>
> 답 ⑤

4 출제 예상문제

01 대리에 관한 설명으로 틀린 것은?

① 복수의 대리인이 있는 경우에 법률의 규정이나 수권행위에서 특별히 정하고 있지 않은 한 각자 본인을 대리한다.

② 권한을 정하지 아니한 대리인은 보존행위, 대리의 목적이나 권리의 성질을 변하지 아니하는 범위에서 그 이용 또는 개량하는 행위만을 할 수 있다.

③ 대리인으로서 대리행위를 하는 데는 대리인이 행위능력자임을 요하지 아니한다.

④ 대리인의 대리권 남용을 상대방이 알았던 경우, 무권대리가 된다.

⑤ 수권행위의 철회는 임의대리권의 소멸원인이다.

해설 ✦ ④ 대리인의 대리행위가 자기 또는 제3자의 이익을 위한 배임적인 것(대리권 남용)임을 그 상대방이 알았던 경우에는 본인에게 효력이 없어 본인이 책임을 지지 않는 것이지 무권대리가 되는 것이 아니다.

정답 ✦ ④

02 甲의 임의대리인 乙은 甲 소유의 부동산을 丙에게 매도하기로 약정하였다. 다음 설명 중 틀린 것은? (다툼이 있으면 판례에 의함)

① 乙은 특별한 사정이 없으면 丙으로부터 계약금을 수령할 권한이 있다.

② 만약 甲이 매매계약의 체결과 이행에 관하여 포괄적 대리권을 수여한 경우, 乙은 특별한 사정이 없는 한 약정 된 매매대금 지급기일을 연기해 줄 권한도 가진다.

③ 乙이 매매계약서에 甲의 이름을 기재하고 甲의 인장을 날인한 때에도 유효한 대리행위가 될 수 있다.

④ 乙의 대리권은 특별한 사정이 없는 한 丙과의 계약해제 등 처분권과 의사표시의 수령권한을 포함한다.

⑤ 乙이 파산선고를 받은 경우, 특별한 사정이 없는 한 乙의 대리권은 소멸한다.

해설 ✦ ④ 어떠한 계약의 체결에 관한 대리권을 수여받은 대리인이 수권된 법률행위를 하게 되면 그것으로 대리권의 원인된 법률관계는 원칙적으로 목적을 달성하여 종료하는 것이고, 그 계약을 대리하여 체결하였던 대리인이 체결된 계약의 해제 등 일체의 처분권과 상대방의 의사를 수령할 권한까지 가지고 있다고 볼 수는 없다(대판 2008.6.12. 2008다11276).

정답 ✦ ④

03 대리에 관한 설명으로 틀린 것은?

① 매매위임장을 제시하고 자기의 이름으로 매매계약을 체결하는 자는 특별한 사정이 없는 한 본인을 대리하여 매매행위를 하는 것으로 보아야 한다.

② 대리인이 본인을 위한 것임을 표시하지 않았더라도 상대방이 대리인으로서 한 것임을 알 수 있었을 경우에는 직접 본인에 대하여 효력이 생긴다.

③ 대리인이 매도인의 배임행위에 적극 가담하여 이중매매계약을 체결한 경우에 본인이 이를 몰랐다면 반사회질서행위가 인정되지 않는다.

④ 대리행위에 있어서 진의 아닌 의사표시인지 여부는 대리인을 표준으로 결정한다.

⑤ 대리인으로서 대리행위를 하는 데는 대리인이 행위능력자임을 요하지 아니한다.

해설 ✦ ③ 대리인이 매도인의 배임행위에 적극 가담하여 이중매매계약을 체결한 경우에 본인이 이를 몰랐더라도 반사회질 서행위가 인정된다.

정답 ✦ ③

1 출제예상과 학습포인트

✦ 기출횟수
   제29회 제30회 제32회 제33회(정답지문) 제34회

✦ 제35회 출제예상
   복대리 단독으로 출제되든지, 대리문제의 지문으로 출제되든지 꾸준히 출제되는 파트이므로 제35회에도 출제될 가능
   성이 높다.

✦ 제35회 대비 중요도
   ★★★

✦ 학습방법
   '복대리인'의 개념과 법적 지위를 완벽하게 이해하여야 하고, 법정대리인과 임의대리인의 복대리인 선임권과 그에
   따른 책임을 정리하여야 한다.

✦ 핵심쟁점
   ❶ 복대리인의 개념
   ❷ 법정대리인의 복대리인 선임권과 그 책임
   ❸ 임의대리인의 복대리인 선임권과 그 책임
   ❹ 복대리인의 법률상 지위와 복대리권의 소멸사유

2 핵심 내용

❶ 의의

1. '복대리인'이란 대리인이 '대리인 자신의 이름'으로 선임한 '본인의 대리인'을 말한다. 제21회 제29회
   제30회 제31회 제32회 제33회

2. 대리인의 복대리인 선임행위(복임행위)는 대리행위가 아니라 수권행위이다.

3. 복대리인을 선임했어도 대리인의 대리권은 소멸하지 않는다.

❷ 대리인의 복임권과 책임

1. 법정대리인

① 법정대리인은 그 책임으로 복대리인을 선임할 수 있다.제30회 제33회 제34회 즉, 법정대리인은 언제나 복임권을 가진다. 따라서 법정대리인은 원칙적으로 본인에 대하여 전 책임을 진다.
② 다만, 부득이한 사유로 복대리인을 선임한 경우에는 선임·감독에 관한 책임만 진다.제21회

2. 임의대리인

① 임의대리인은 원칙적으로 복임권이 없다. 제29회
② 다만, '본인의 승낙'이 있거나 '부득이한 사유'가 있는 때에는 복대리인을 선임할 수 있다. 제31회
③ 본인의 승낙은 묵시적으로도 가능한데 대리의 목적인 법률행위의 성질상 대리인 자신에 의한 처리가 필요하지 않은 경우에는 본인이 복대리 금지의 의사를 명시하지 않는 한 복대리인의 선임에 관해 묵시적인 승낙이 있는 것으로 보는 것이 타당하다. 제32회
④ 그러나 그 성질상 수임인의 성질에 따라 그 사업의 성공여부가 결정되는 사무(부동산 분양업무 등)는 본인의 명시적인 승낙 없이는 복대리인의 선임이 허용되지 않는다. 제34회
⑤ '본인의 승낙'이 있거나 '부득이한 사유'로 복대리인을 선임한 경우 임의대리인은 본인에 대하여 그 선임·감독에 관한 책임을 진다. 제23회 제30회 제32회
⑥ 다만, 임의대리인이 본인의 지명에 의하여 복대리인을 선임한 경우에는 그 부적임 또는 불성실함을 알고 본인에게 대한 통지나 그 해임을 태만한 때가 아니면 책임이 없다.

❸ 복대리인의 지위

1. 복대리인은 본인의 대리인이므로 복대리인은 대리행위를 할 때 본인을 위한 것임을 표시하면 되고 대리인의 이름을 표시할 필요가 없다. 제24회
2. 복대리인은 언제나 임의대리인이다.
3. 복대리인의 권한은 대리인의 대리권에 의존한다. 따라서 대리인의 권한을 초과할 수 없고, 대리인의 대리권이 소멸하면 복대리인의 복대리권도 소멸한다. 제32회
4. 복대리인은 본인과 제3자에 대하여 대리인과 동일한 권리·의무를 가진다. 제34회
5. 복대리인은 임의대리인이므로 임의대리와 동일한 조건으로(본인의 승낙이나 부득이한 경우) 다시 복대리인을 선임할 수 있다.

④ 복대리권의 소멸

1. 대리인의 대리권 소멸(본인의 사망, 대리인의 사망[제30회], 성년후견개시, 파산)

2. 복대리권 소멸(복대리인 사망, 성년후견개시, 파산, 복대리 수권행위 철회, 원인된 법률행위의 종료)

3 대표 기출문제

제30회 출제

01 복대리에 관한 설명으로 틀린 것은? (다툼이 있으면 판례에 따름)

① 복대리인은 본인의 대리인이다.

② 임의대리인이 본인의 승낙을 얻어서 복대리인을 선임한 경우, 본인에 대하여 그 선임감독에 관한 책임이 없다.

③ 대리인이 복대리인을 선임한 후 사망한 경우, 특별한 사정이 없는 한 그 복대리권도 소멸한다.

④ 복대리인의 대리행위에 대하여도 표현대리에 관한 규정이 적용될 수 있다.

⑤ 법정대리인은 부득이한 사유가 없더라도 복대리인을 선임할 수 있다.

> **해설**
>
> ② 임의대리인이 '본인의 승낙'이 있거나 '부득이한 사유'로 복대리인을 선임한 경우에 임의대리인은 본인에 대하여 그 선임·감독의 과실 책임을 진다(제121조 제1항).
>
> 답 ②

제34회 출제

02 복대리에 관한 설명으로 틀린 것은? (특별한 사정은 없으며, 다툼이 있으면 판례에 따름)

① 복대리인은 행위능력자임을 요하지 않는다.

② 복대리인은 본인에 대하여 대리인과 동일한 권리의무가 있다.

③ 법정대리인은 그 책임으로 복대리인을 선임할 수 있다.

④ 대리인의 능력에 따라 사업의 성공여부가 결정되는 사무에 대해 대리권을 수여받은 자는 본인의 묵시적 승낙으로도 복대리인을 선임할 수 있다.

⑤ 대리인이 대리권 소멸 후 선임한 복대리인과 상대방 사이의 법률행위에도 민법 제129조의 표현대리가 성립할 수 있다.

> **해설**
>
> ④ 임의대리인은 '본인의 승낙'이 있는 경우에 복대리인을 선임할 수 있는데 본인의 승낙은 묵시적으로도 가능하지만, 그 성질상 수임인의 성질에 따라 그 사업의 성공여부가 결정되는 사무(부동산 분양업무)는 본인의 명시적인 승낙 없이는 복대리인의 선임이 허용되지 않는다[94다30690]
>
> 답 ④

4 출제 예상문제

01 복대리에 관한 설명 중 옳은 것은?

① 복대리인과 본인 사이에는 아무런 권리·의무가 발생하지 않는다.

② 법정대리인은 본인의 승낙이 있거나 부득이한 사유가 있는 때가 아니면 복대리인을 선임하지 못한다.

③ 법정대리인이 부득이한 사유로 복대리인을 선임한 경우에는 본인에 대하여 선임·감독상의 책임만 있다.

④ 복대리인은 그 권한 내에서 대리인의 이름으로 법률행위를 한다.

⑤ 대리인의 복대리인의 선임행위는 대리행위이다.

해설 ✦ ③ 법정대리인은 그 책임으로 복대리인을 선임할 수 있으나, 부득이한 사유로 인한 때에는 그 선임감독에 관한 책임만이 있다(제122조 단서).
　　　① 복대리인은 본인이나 제3자에 대하여 대리인과 동일한 권리·의무가 있다(제123조 제2항).
　　　② 법정대리인은 원칙적으로 그 책임으로 복대리인을 자유롭게 선임할 수 있다.
　　　④ 복대리인은 본인의 대리인이다(제123조 제1항). 따라서 복대리인은 대리행위를 할 때 본인을 위한 것임을 표시하면 되고 대리인의 이름을 표시할 필요가 없다.
　　　⑤ 복대리인은 대리인 자신 이름으로 선임하므로, 대리인의 복대리인 선임행위는 대리행위가 아니다.

정답 ✦ ③

01 복대리에 관한 설명으로 틀린 것은? (다툼이 있으면 판례에 의함)

① 복대리인은 그 권한 내에서 대리인을 대리한다.

② 복대리인은 제3자에 대하여 대리인과 동일한 권리의무가 있다.

③ 임의대리인은 본인의 승낙이 있으면 복대리인을 선임할 수 있다.

④ 부득이한 사유로 복대리인을 선임한 법정대리인은 그 선임·감독에 관해서만 책임이 있다.

⑤ 법정대리인은 자신의 책임으로 복대리인을 선임할 수 있다.

해설 ✦ ① 복대리인은 대리인의 대리인이 아니라 본인의 대리인이다.

정답 ✦ ①

1 출제예상과 학습포인트

✦ 기출횟수

제25회 제26회 제27회 제28회 제30회 제31회 제32회 제33회 제34회

✦ 제35회 출제예상

거의 매년 출제되는 부분으로 제35회에도 출제될 가능성이 90% 이상이다.

✦ 제35회 대비 중요도

★★★

✦ 학습방법

무권대리행위가 있을 때에도 대리의 3면관계에 따라 내용을 정리하면 된다. 우선, 본인에 대한 효과(유동적 무효, 추인권과 추인거절권)에 대하여 숙지하고, 상대방에 대한 효과(최고권, 철회권)와 무권대리인의 상대방에 대한 책임을 정리한다.

✦ 핵심쟁점

❶ 본인의 추인권
❷ 무권대리인이 본인을 상속한 경우 추인거절여부
❸ 상대방이 악의인 경우 최고, 철회여부
❹ 무권대리인의 상대방에 대한 책임

2 핵심 내용

❶ 본인에 대한 효과

1. 유동적 무효

본인이 이를 추인하지 아니하면 본인에 대하여 효력이 없다.

2. 본인의 추인권

① 추인의 성질 : 유동적 무효인 무권대리행위를 확정적으로 유효로 하는 단독행위

② 추인의 상대방

    ㉠ 계약의 상대방 제29회, 상대방의 승계인, 무권대리인에 대해서도 할 수 있다.

    ㉡ 추인을 상대방에게 하지 않은 경우에 상대방이 그 사실을 알 수 없는 때에는 본인은 상대방에 대해 추인의 효과를 주장하지 못한다. 제26회 따라서 본인이 무권대리인에게 추인했으나 미처 이를 알지 못한 선의의 상대방은 철회할 수 있고,제33회 상대방은 추인이 있었음을 주장 할 수도 있다.제33회

③ 추인의 방법

    ㉠ 특별한 방식이 요구되지 않고 명시적·묵시적 방법으로 가능하다. 제30회

묵시적 추인 인정	묵시적 추인 부정
ⓐ 무권대리인에 의한 매매대금을 본인이 수령한 경우 ⓑ 본인이 무권대리인이 차용한 금원의 변제기일 기한의 유예를 요청한 경우	ⓐ 본인이 무권대리행위를 알면서도 오랜기간 이의를 제기하지 않은 경우 ⓑ 무권대리사실을 알고도 장기간 형사고소를 하지 않은 경우

    ㉡ 추인은 의사표시 전부에 대해 행해져야 하고 그 일부에 대해 추인하거나 그 내용을 변경하여 추인한 경우에는 상대방의 동의를 얻지 못하는 한 무효이다. 제26회 제30회

④ 추인의 효과

    ㉠ 추인은 다른 의사표시가 없는 때에는 계약시에 소급하여 그 효력이 생긴다.제26회 제27회 제30회 제33회 다만, 제3자의 권리를 해하지 못한다. 제34회

    ㉡ 추인은 사후의 대리권수여가 아니므로 추인했다고 하여 무권대리가 유권대리로 되는 것은 아니다.

참고 **무권리자 처분행위의 추인** 제31회

무권리자가 타인의 권리를 처분한 경우에는 무효이나 권리자가 무권리자의 처분을 추인하면 무권대리의 추인규정을 유추적용하여 원칙적으로 계약의 효과가 계약을 체결했을 때에 소급하여 권리자에게 귀속된다.

---

3. 추인거절권

① 추인을 거절하면 무권대리행위는 확정적으로 무효가 된다.

② 추인거절의 상대방과 방법은 추인권과 같다.

③ 무권대리인이 본인을 상속한 경우 무권대리인은 본인의 지위에서 추인을 거절하는 것은 신의성실의 원칙에 반하여 허용될 수 없으므로,제29회 제31회 제32회 제34회 이미 경료해준 이전등기의 말소를 청구할 수 없고, 상대방에 대하여 부당이득반환을 청구할 수도 없다. 제25회(문제)

❷ 상대방에 대한 효과

1. 최고권

① '최고'란 상대방이 본인에 대하여 무권대리행위를 추인할 것인지 여부를 독촉하는 것을 말한다. 의사표시가 아닌 의사의 통지(준법률행위)이다.
② 상대방의 선의·악의를 불문하고 인정되고, 제30회 최고의 상대방은 본인이다.
③ 본인이 상당기간 내 확답을 발하지 않으면 추인을 거절한 것으로 본다. 제27회 제31회 제33회

2. 철회권

① 선의의 상대방만이 본인이 추인하기 전에 철회 할 수 있고,제32회 악의의 상대방에게는 철회권이 인정되지 않는다. 제26회 제27회 제29회 제34회
② 상대방이 대리인에게 대리권이 없다는 점에 대한 주장·입증책임은 철회의 효과를 다투는 본인에게 있다.제32회
③ 철회하면 무권대리행위는 확정적으로 무효가 되고, 본인은 추인할 수 없다. 제32회

❸ 무권대리인의 상대방에 대한 책임

1. 책임발생요건

① 본인의 추인이 없고, 대리권존재를 증명하지 못할 것
② 무권대리인이 제한능력자가 아닐 것제29회 제34회
③ 상대방은 선의·무과실일 것(상대방이 알았거나 알 수 있었다는 증명책임은 무권대리인에게 있다).제27회

2. 책임의 내용 및 성질

① 무권대리인은 상대방의 선택에 좇아 계약의 이행 또는 손해배상의 책임이 있다. 제33회
② 무권대리인의 책임은 무과실 책임이다. 따라서 무권대리인이 과실없이 제3자의 기망 등 위법행위로 야기된 경우에도, 무권대리인은 상대방에게 책임을 진다.제26회

3 대표 기출문제

제29회 출제

01 대리권 없는 乙이 甲을 대리하여 丙에게 甲소유의 토지를 매도하였다. 다음 설명 중 틀린 것은?
(다툼이 있으면 판례에 따름)

① 乙이 甲을 단독상속한 경우, 乙은 본인의 지위에서 추인거절권을 행사할 수 없다.

② 乙과 계약을 체결한 丙은 甲의 추인의 상대방이 될 수 없다.

③ 甲의 추인은 그 무권대리행위가 있음을 알고 이를 추인하여야 그 행위의 효과가 甲에게 귀속된다.

④ 甲이 乙에게 추인한 경우에 丙이 추인이 있었던 사실을 알지 못한 때에는 甲은 丙에게 추인의 효과를 주장하지 못한다.

⑤ 만약 乙이 미성년자라면, 甲이 乙의 대리행위에 대해 추인을 거절하였더라도 丙은 乙에 대해 계약의 이행이나 손해배상을 청구할 수 없다.

> **해설**
>
> ② 본인(甲)은 무권대리행위를 추인할 수 있는데, 추인의 의사표시는 계약의 직접의 상대방(丙)이나 그 무권대리행위로 인한 권리 또는 법률관계의 승계인, 무권대리인(乙)에게 할 수 있다.
>
> 답 ②

제34회 출제

02 무권대리인 乙이 甲을 대리하여 甲 소유의 X토지를 丙에게 매도하는 계약을 체결하였다. 다음 설명 중 옳은 것은? (다툼이 있으면 판례에 따름)

① 위 매매계약이 체결된 후에 甲이 X토지를 丁에게 매도하고 소유권이전등기를 마쳤다면, 甲이 乙의 대리행위를 추인하더라도 丁은 유효하게 그 소유권을 취득한다.

② 乙이 甲을 단독상속한 경우, 특별한 사정이 없는 한 乙은 본인의 지위에서 추인을 거절할 수 있다.

③ 甲의 단독상속인 戊는 丙에 대해 위 매매계약을 추인할 수 없다.

④ 丙은 乙과 매매계약을 체결할 당시 乙에게 대리권이 없음을 안 경우에도 甲의 추인이 있을 때까지 그 매매계약을 철회할 수 있다.

⑤ 甲이 乙의 대리행위에 대하여 추인을 거절하면, 乙이 미성년자라도 丙은 乙에 대해 손해배상을 청구할 수 있다.

해설

① 본인(甲)이 무권대리행위를 추인하면 다른 의사표시가 없는 때에는 계약시에 소급하여 효력이 생기나, 제3자의 권리를 해하지 못한다(제133조 단서). 따라서 乙의 무권대리행위 후 본인(甲)으로부터 X토지를 매수하여 소유권이전등기를 마친 丁은 본인(甲)의 무권대리행위에 대한 추인이 있더라도 그 소유권을 취득한다.
② 무권대리인 乙이 甲을 단독상속한 경우, 특별한 사정이 없는 한 乙은 본인의 지위에서 추인을 거절할 수 없다.
③ 그러나 무권대리인이 아닌 戊가 甲의 단독상속한 경우에는 甲의 모든 법적 지위를 상속하는 것이므로 丙에 대해 위 매매계약을 추인할 수 있다.
④ 丙은 乙과 매매계약을 체결할 당시 乙에게 대리권이 없음을 안 경우에는 그 매매계약을 철회할 수 없다.
⑤ 무권대리인 乙이 미성년자라면 甲이 乙의 대리행위에 대하여 추인을 거절하더라도 丙에 대하여 책임을 지지 않으므로 丙은 乙에 대해 손해배상을 청구할 수 없다.

답 ①

4 출제 예상문제

01 협의의 무권대리에 관한 다음 설명 중 옳은 것은? (다툼이 있으면 판례에 의함)

① 무권대리행위를 추인한 경우 원칙적으로 계약한 때로 소급하여 유권대리와 마찬가지의 효력이 생긴다.

② 본인의 추인은 묵시적으로도 가능하므로 본인이 단순히 무권대리행위를 알고서 이의를 제기하지 않고 장시간 방치한 것만으로도 추인이 된다.

③ 무권대리인의 계약상대방은 계약 당시 대리권 없음을 안 경우에도 본인에 대해 계약을 철회할 수 있다.

④ 무권대리행위의 추인이나 추인거절의 의사표시는 무권대리인에 대해서는 할 수 없다.

⑤ 무권대리인이 상대방에 대하여 책임을 부담하는 경우, 그 책임의 내용은 계약의 이행 또는 손해배상이 있는데, 이에 대해서는 무권대리인이 선택권을 가진다.

해설 ✦ ② 추인은 특별한 방식이 요구되지 않고 명시적·묵시적으로 할 수 있지만, 단순히 무권대리행위를 알고서 이의를 제기하지 않고 장시간 방치한 것만으로는 추인이 되지 않는다(88다카181).
③ 무권대리인의 계약상대방이 계약 당시 대리권 없음을 안 경우에는 계약을 철회할 수 없다.
④ 무권대리인도 추인의 상대방이 될 수 있지만, 계약의 상대방이 추인 있었음을 알지 못하였다면 그에 대하여 추인의 효과를 주장하지 못한다.
⑤ 상대방이 선택권을 가진다.

정답 ✦ ①

02 대리권 없는 乙이 甲을 대리하여 丙에게 甲소유의 X토지를 매도하였다. 다음 설명 중 **틀린** 것은? (다툼이 있으면 판례에 의함)

① 만일 乙이 丙에게 X토지의 소유권이전등기를 경료해 준 후에 乙이 甲을 단독상속한 경우, 乙은 무권대리를 이유로 丙에게 등기의 말소를 청구할 수 없다.

② 甲이 乙에게 추인의 의사표시를 한 경우, 丙이 그 사실을 모르는 경우에는 선의의 丙은 매매계약을 철회할 수 있다.

③ 甲의 추인도 없고, 乙이 대리권을 증명하지 못하는 경우, 乙의 무권대리행위가 제3자 丁의 기망 등 위법행위로 야기되었다면 丙은 乙을 상대로 계약의 이행이나 손해배상을 청구할 수 없다.

④ 乙이 대리권을 증명하지 못한 경우, 丙의 선택에 따라 丙에게 계약을 이행하거나 손해를 배상할 책임을 진다.

⑤ 乙이 위 계약 당시 제한능력자인 경우, 乙은 丙에게 계약의 이행 또는 손해배상 책임을 지지 않는다.

해설 ✦ ③ 무권대리인의 책임은 무과실 책임이다. 따라서 무권대리인이 과실없이 제3자의 기망 등 위법행위로 야기된 경우에도, 무권대리인은 상대방에게 책임을 지므로 丙은 乙을 상대로 계약의 이행이나 손해배상을 청구할 수 있다.

정답 ✦ ③

테마 14 표현대리

1 출제예상과 학습포인트

✦ 기출횟수
  제26회 제29회 제31회(정답지문) 제32회 제33회

✦ 제35회 출제예상
  2년에 1번 정도로 출제되는 부분이다. 제34회에는 출제되지 않았으므로 제35회에는 출제 가능성이 높다.

✦ 제35회 대비 중요도
  ★★

✦ 학습방법
  표현대리의 성질과 취지를 이해하고, 표현대리의 종류별 성립요건을 숙지한다.

✦ 핵심쟁점
  ❶ 표현대리의 성질
  ❷ 표현대리의 제도적 취지
  ❸ 제125조(대리권 수여 표시에 의한 표현대리)의 성립요건
  ❹ 제126조(권한을 넘은 표현대리)의 성립요건

2 핵심 내용

❶ 서설

1. 의의

표현대리란 대리인에게 대리권이 없음에도 마치 대리권이 있는 것과 같은 외관이 있고 그러한 외관의 발생에 관하여 본인이 원인을 주고 있는 경우에 그러한 외관을 믿은 선의·무과실의 제3자를 보호하기 위해 본인이 책임을 지게 하는 제도이다.

2. 성질 : 무권대리

① 본인은 추인을 할 수 있고, 상대방은 최고나 철회를 할 수 있다.
② 유권대리에 관한 주장 속에 무권대리에 속하는 표현대리의 주장이 포함되어 있다고 볼 수 없다
  제31회 제26회 제31회 제32회(상대방이 유권대리를 주장하는 경우, 법원은 표현대리 성립여부까지 판단할 필요×).

3. 취지 및 효과 : 외관을 신뢰한 상대방 보호

① 표현대리인과 거래한 상대방이 선의·무과실이어야 표현대리가 성립한다.

② 표현대리인과 거래한 직접 상대방만이 주장할 수 있다.제29회

③ 표현대리가 성립하면 본인이 전적인 책임을 져야 하고, 상대방에게 과실이 있는 경우라도 이를 이유로 본인의 책임을 감경할 수 없다.(과실상계법리 적용×)제29회 제32회

❷ 대리권수여표시에 의한 표현대리(제125조)

1. 의의

본인이 제3자에 대하여 타인에게 대리권을 수여하였음을 표시하였으나, 실제로는 대리권을 수여하지 않은 경우에 성립하는 표현대리를 말하며 임의대리에만 적용된다.

2. 성립요건

① 대리권 수여의 표시가 있을 것

ㄱ 대리권 수여 표시방법은 제한이 없다.

ㄴ 따라서 반드시 대리권 또는 대리인이라는 표현을 사용할 필요가 없고, 본인이 타인에게 사회통념상 대리권을 추단할 수 있는 직함이나 명칭 등(판매점, 총대리점 등)의 사용을 승낙 또는 묵인한 경우에도 대리권 수여의 표시가 있는 것으로 볼 수 있다. 제26회

ㄷ 대리권 수여표시에 의한 표현대리가 성립하기 위해서 본인과 표현대리인 사이에 유효한 기본적 법률관계가 있어야 하는 것은 아니다. 제23회

② 표시의 통지를 받은 상대방과 표시된 대리권 범위 내에서 행위를 할 것제32회

❸ 권한을 넘은 표현대리(126조)

1. 의의

① 대리인이 기본대리권의 범위를 넘어서 대리행위를 한 경우에 제3자가 그 권한이 있다고 믿을만한 정당한 이유가 있는 때에는 본인은 그 행위에 대하여 책임이 있는 경우를 말한다.

② 예컨대, 甲은 乙에게 토지를 담보로 은행대출을 하고 저당권설정의 대리권을 주었는데, 乙이 그 토지를 丙에게 매각하는 대리행위를 한 경우이다.

2. 기본대리권이 있을 것

① 기본대리권은 임의대리권, 법정대리권,제33회 부부간 일상가사대리권, 복대리권,제26회 제30회 제33회 공법상 대리권(등기신청행위 대리권)인 경우도 권한을 넘은 표현대리가 성립될 수 있다.

② 표현대리권도 기본대리권이 될 수 있다. 대리권수여표시에 의한 표현대리(제125조)나 대리권소멸
후의 표현대리(제129조)에 의한 표현대리인이 권한을 넘어 대리행위를 하는 경우에도 권한을 넘은
표현대리가 성립할 수 있다(표현대리 중첩적용). 제26회 제32회

3. 기본대리권한 밖의 대리행위를 하였을 것

① 권한 밖의 행위가 기본대리권과 반드시 동종·유사일 것을 요하지 않는다.제26회 제31회

② 따라서 등기신청 대리권(공법상 대리권) 있는 자가 대물변제(사법상 행위)한 경우도 표현대리가 성립한다.

4. 정당한 이유(상대방의 선의·무과실)가 있을 것 : 대리행위시 기준으로 판단 제33회

5. 성립(적용)되지 않는 경우

① 기본적인 대리권이 없는 자에 대하여는 표현대리관계가 성립할 수 없다.제33회

② 기본대리권은 법률행위에 한정되고 사실행위는 기본대리권에 포함되지 않는다.

③ 대리행위(현명)가 아닌 경우에는 표현대리가 성립하지 않는다. 제29회
　　㉠ 대리행위의 표시를 하지 않고 본인의 성명을 모용(본인사칭)하여 법률행위한 경우
　　㉡ 부동산의 담보권설정의 대리권만 수여받은 대리인이 그 부동산을 자기 앞으로 소유권이전등기
　　　를 하고 이를 제3자에게 처분한 경우

④ 대리행위가 무효인 경우에는 표현대리가 적용되지 않는다.
　　㉠ 대리행위가 강행법규위반,제28회 제32회 제33회 토지거래허가위반 등으로 무효인 경우제29회
　　㉡ 사원총회의 결의를 거쳐야 처분할 수 있는 비법인사단의 총유재산을 대표자가 임의로 처분한
　　　경우에는 무효이므로 권한을 넘은 표현대리에 관한 규정이 준용될 수 없다. 제22회

④ 대리권 소멸 후의 표현대리(제129조)

1. 의의

대리인에게 주어진 대리권이 소멸하여 이제 대리인이 아닌 자가 대리행위를 한 경우에 현재도 대리권
이 있다고 믿고 그와 거래한 선의·무과실의 상대방을 보호하기 위하여 인정되는 표현대리이다.

2. 성립여부

① 대리인이 대리권 소멸 후에 복대리인을 선임하여 복대리인이 대리행위를 한 경우도 성립할 수 있다.
제23회

② 대리인이 계약을 체결하기 전에 이미 파산한 경우에 상대방이 선의·무과실인 때에는 대리권 소멸
후의 표현대리 성립한다.

③ 임의대리·법정대리 모두 적용된다.

3 대표 기출문제

제29회 출제

01 **甲은 乙에게 자신의 X토지에 대한 담보권설정의 대리권만을 수여하였으나, 乙은 X토지를 丙에게 매도하는 계약을 체결하였다. 다음 설명 중 옳은 것은?** (다툼이 있으면 판례에 따름)

① 乙은 표현대리의 성립을 주장할 수 있다.

② 표현대리가 성립한 경우, 丙에게 과실이 있으면 과실상계하여 甲의 책임을 경감할 수 있다.

③ 丙은 계약체결 당시 乙에게 그 계약을 체결할 대리권이 없음을 알았더라도 계약을 철회할 수 있다.

④ X토지가 토지거래허가구역 내에 있는 경우, 토지거래허가를 받지 못해 계약이 확정적 무효가 되더라도 표현대리가 성립할 수 있다.

⑤ 乙이 X토지에 대한 매매계약을 甲명의가 아니라 자신의 명의로 丙과 체결한 경우, 丙이 선의·무과실이더라도 표현대리가 성립할 여지가 없다.

> **해설**
>
> ⑤ 대리인 乙이 자신의 명의로 丙과 계약을 체결하고 현명을 하지 않았으므로 대리행위가 아니므로 표현대리도 성립할 여지가 없다.
>
> 답 ⑤

제32회 출제

02 **표현대리에 관한 설명으로 옳은 것은?** (다툼이 있으면 판례에 따름)

① 본인이 타인에게 대리권을 수여하지 않았지만 수여하였다고 상대방에게 통보한 경우, 그 타인이 통보받은 상대방 외의 자와 본인을 대리하여 행위를 한 때는 민법 제125조의 표현대리가 적용된다.

② 표현대리가 성립하는 경우, 과실상계의 법리를 유추적용하여 본인의 책임을 경감할 수 있다.

③ 민법 제129조의 표현대리를 기본대리권으로 하는 민법 제126조의 표현대리는 성립될 수 없다.

④ 대리행위가 강행법규에 위반하여 무효인 경우에는 표현대리의 법리가 적용되지 않는다.

⑤ 유권대리의 주장 속에는 표현대리의 주장이 포함되어 있다.

> **해설**
>
> ④ 표현대리는 무권대리인의 대리행위에 대하여 본인이 책임을 지는 제도이므로 대리행위가 유효하여야 한다. 따라서 대리행위가 강행법규에 위반하여 무효인 경우에는 표현대리의 법리가 적용되지 않는다.
> ① 민법 제125조의 표현대리(대리권 수여표시에 의한 표현대리)가 성립되기 위해서는 대리행위의 상대방은 대리권 수여의 표시(통지)를 받은 자이어야 한다.
> ② 표현대리가 성립하는 경우, 과실상계의 법리를 유추적용하여 본인의 책임을 경감할 수 없다.
> ③ 민법 제129조의 표현대리(대리권 소멸 후의 표현대리)를 기본대리권으로 하는 민법 제126조의 표현대리(권한을 넘은 표현대리)도 성립될 수 있다.
> ⑤ 유권대리에 관한 주장 속에 무권대리에 속하는 표현대리의 주장이 포함되어 있다고 볼 수 없다[83다카1489전합].
>
> 	답 ④

4 출제 예상문제

01 표현대리에 관한 설명으로 옳은 것은? (다툼이 있으면 판례에 의함)

① 유권대리의 주장 속에는 표현대리의 주장이 포함되어 있다.

② 법정대리권도 권한을 넘은 표현대리에서의 기본대리권으로 될 수 있다.

③ 표현대리가 성립하는 경우에 상대방에게 과실이 있다면, 과실상계의 법리가 적용된다.

④ 권한을 넘은 표현대리에서 기본대리권과 월권행위는 동종이 아니더라도 유사한 것이어야 한다.

⑤ 대리권수여표시에 의한 표현대리에서 대리권수여 표시는 대리권 또는 대리인이라는 표현을 사용한 경우에 한정된다.

해설 ✦ ② 법정대리권(예컨대, 일상가사대리권)도 권한을 넘은 표현대리에서의 기본대리권으로 될 수 있다.
  ① 상대방의 유권대리의 주장 속에 무권대리에 속하는 표현대리의 주장이 포함되어 있다고 볼 수 없다(판례).
  ③ 표현대리가 성립하는 경우에 본인은 전적인 계약상의 책임을 지며 상대방에게 또 다른 과실이 있다고 하여도 과실상계의 법리가 유추적용될 수는 없다(대판).
  ④ 권한을 넘은 표현대리에서 기본대리권과 월권행위는 동종, 유사할 필요는 없고, 다른 종류의 것이라도 무방하다(대판).
  ⑤ 대리권수여 표시에 의한 표현대리에서 대리권수여 표시는 반드시 대리인 또는 대리인이라는 말을 사용하는 것이 아니라 사회통념상 대리권을 추단할 수 있는 직함이나 명칭 등의 사용을 승낙 또는 묵인한 경우에도 대리권수여 표시가 있는 것으로 볼 수 있다(97다53762).

정답 ✦ ②

02 **권한을 넘은 표현대리에 관한 설명 중 틀린 것은?** (다툼이 있는 경우에는 판례에 의함)

① 표현대리가 성립하기 위해서는 대리인에게 기본대리권이 있어야 하는데, 기본대리권에는 복대리권도 포함된다.

② 부부의 일상가사대리권도 기본대리권이 될 수 있다.

③ 대리인의 권한유월이 범죄를 구성한다하더라도 권한을 넘은 표현대리의 법리를 적용할 수 있다.

④ 등기신청의 대리권을 수여받은 자가 그 권한을 유월하여 대물변제라는 사법행위를 한 경우에는 권한을 넘은 표현대리가 성립하지 않는다.

⑤ 대리인이 본인소유의 부동산에 대해 자기명의로 원인무효의 등기를 한 후 이를 제3자에게 매도한 경우에는 적용되지 않는다.

해설 ✦ ④ 대리행위의 내용은 기본대리권의 내용과 동종 또는 유사한 것일 필요가 없고, 다른 종류의 행위라도 상관없다. 따라서 기본대리권이 등기신청행위(공법상 행위)라 할지라도 표현대리인이 그 권한을 유월하여 대물변제(사법상 행위)를 한 경우에는 표현대리의 법리가 적용된다(78다282).

정답 ✦ ④

테마 15 법률행위의 무효

1 출제예상과 학습포인트

✦ **기출횟수**

제25회 제26회(허가) 제28회 제29회 제31회 제30회(허가) 제32회 제33회(허가) 제34회(2문제)

✦ **제35회 출제예상**

거의 매년 출제되고 있으며, 제34회에서는 2문제(유동적 무효, 추인)가 출제되었다. 제35회 역시 출제가능성 90% 이상이다.

✦ **제35회 대비 중요도**

★★★

✦ **학습방법**

앞에서 학습한 법률행위 무효사유와 종류를 정확하게 이해하면서 구별하고, 특히 무효행위의 추인과 유동적 무효를 확실하게 정리해 두어야 한다.

✦ **핵심쟁점**

❶ 절대적 무효와 상대적 무효 구분
❷ 무효행위의 추인 요건과 효과
❸ 유동적 무효

2 핵심 내용

❶ 무효의 일반적 효과

1. 법률행위가 불성립(부존재)한 경우에는 무효가 문제되지 않는다. 따라서 무효행위의 전환이나 무효행위의 추인 규정이 적용되지 않는다.

2. 무효인 법률행위에 따른 법률효과를 침해하는 것처럼 보이는 위법행위가 있다고 하여도 법률효과의 침해에 따른 손해는 없으므로 그 손해배상을 청구할 수는 없다.제24회

❷ 일부무효(제137조)

1. 법률행위 일부가 무효인 경우에는 원칙적으로 그 전부를 무효로 한다. 그러나 무효부분이 없더라도 법률행위를 하였을 것이라고 인정될 때에는 나머지 부분은 무효가 되지 아니한다.

2. 나머지 부분이 유효가 되려면 ① 법률행위의 내용이 분할 가능해야 하고, ② 나머지 부분만으로도 법률행위를 했을 것이라는 당사자의 의사(가정적 의사)제32회가 있어야 한다.

❸ 무효행위의 전환(제138조)

1. 무효인 법률행위가 다른 법률행위의 요건을 구비하고 당사자가 그 무효를 알았더라면 다른 법률행위를 하는 것을 의욕하였으리라고 인정될 때에는 다른 법률행위로서 효력을 가진다.

2. 판례는 "불공정한 법률행위에도 무효행위의 전환을 인정한다". 제24회 제29회

❹ 무효행위의 추인(제139조)

1. 무효인 법률행위는 추인하여도 그 효력이 생기지 아니한다. 그러나 당사자가 그 무효임을 알고 추인한 경우에는 새로운 법률행위로 본다.제28회

2. 강행법규위반제31회 제32회·반사회질서행위제24회·불공정행위제25회 등으로 무효인 경우에는 추인할 수 없으나, 비진의표시, 허위표시제29회로 무효인 경우에는 추인할 수 있다.

3. 무효인 법률행위를 추인하기 위하여는 무효원인이 소멸한 후에 당사자가 이전의 법률행위가 무효임을 알고 추인하여야 한다.제32회 제34회

4. 무효행위의 추인은 무효행위를 사후에 유효로 하는 것이 아니고, 추인한 때에 새로운 법률행위로서 효력이 있는 것으로 보므로 원칙적으로 소급효가 인정되지 않는다.제34회

5. 따라서 무효인 가등기를 유효한 등기로 전용키로 한 약정은 그 때부터 유효하다.제28회

6. 다만, 당사자 약정으로 제3자의 권리를 해하지 않는 범위 내에서 소급적 추인이 가능하다.

참고

1. 무권대리행위의 추인 : 계약시로 소급하여 효력
2. 무권리자의 처분행위의 추인 : 처분시로 소급하여 효력
3. 무효행위의 추인 : 추인한 때부터 새로운 법률행위로 간주

❺ 유동적 무효(토지거래허가구역 내에서 허가를 받지 않은 매매)

1. 유동적 무효상태(허가받기 전)에서의 법률문제

① 계약의 효력 : 유동적 무효

  ㉠ 어떠한 의무도 부담하지 아니하고 어떠한 이행청구도 할 수 없다.

  ㉡ 따라서 상대방의 채무불이행을 이유로 계약을 해제하거나 손해배상을 청구할 수도 없다.제26회
제30회

  ㉢ 매수인은 토지거래허가가 있을 것을 조건으로 하여 매도인을 상대로 소유권이전등기절차의 이
행을 청구할 수 없다.제26회

  ㉣ 소유권이전청구권을 피보전권리로 한 부동산처분금지가처분은 허용되지 않는다.

  ㉤ 매수인이 부동산을 전매하고 최초 매도인과 최종 매수인이 허가를 받아 직접 최종매수인명의로
이루어진 소유권이전등기는 무효이다.제30회

② 허가신청협력의무

  ㉠ 각 당사자는 서로 허가절차에 협력할 의무를 부담한다.제26회 따라서 협력하지 않는 당사자에
대하여 협력의무의 이행을 소로써 구(訴求)할 수 있다.제33회

  ㉡ 유동적 무효의 상태에 있는 거래계약의 당사자는 상대방이 협력할 의무를 이행하지 아니하였음
을 들어 일방적으로 계약 자체를 해제할 수 없으나 손해배상청구는 가능하다.

  ㉢ 매수인은 토지거래허가 신청절차 청구권(협력의무이행청구권)을 피보전권리로 하여 매매목적물
의 처분을 금하는 가처분을 구할 수 있다.

  ㉣ 매도인의 협력의무와 매수인의 대금지급의무는 동시이행관계에 있는 것은 아니므로, 매
도인으로서는 그러한 매매대금의 이행의 제공이 있을 때까지 협력의무의 이행을 거절할 수 없
다.제30회 제34회(=매수인은 매매대금의 이행제공 없이 협력의무의 이행을 청구할 수 있다)

③ 계약금

  ㉠ 계약금을 교부한 당사자는 미허가를 이유로 계약의 무효를 주장하여 계약금의 반환을 부당이득
으로 청구 할 수 없다.제26회

  ㉡ 따라서 유동적 무효상태에서도 계약금에 의한 계약해제(제565조)는 가능하다.제34회

④ 비진의 표시, 착오, 사기, 강박 이유로 무효나 취소를 주장할 수 있다.

2. 확정적 유효가 되는 경우

① 허가를 받은 경우 : 계약시에 소급하여 유효

② 허가구역지정이 해제된 경우제33회

③ 허가기간 만료 후에 재지정하지 않은 경우제30회

3. 확정적 무효가 되는 경우

① 불허가처분이 있는 경우.제29회 다만, 불허가처분을 유도할 의도로 사실과 다르게 또는 불성실하게 기재한 경우 등은 여전히 유동적 무효이다.

② 처음부터 허가를 배제·잠탈할 목적으로 계약체결한 경우(예컨대 토지거래허가를 받지 않고 매매된 토지에 관해 증여를 원인으로 소유권이전등기를 경료 한 경우 등)

③ 토지거래계약 허가구역 내 토지에 관하여 허가를 배제하거나 잠탈하는 내용으로 매매계약이 체결된 경우에는, 계약체결 후 허가구역 지정이 해제되거나 허가구역 지정기간 만료 이후 재지정을 하지 아니한 경우라 하더라도 이미 확정적으로 무효로 된 계약이 유효로 되는 것이 아니다.

④ 매도인의 채무가 이행불능임이 명백하고 매수인도 거래의 존속을 바라지 않는 경우제33회

⑤ 비진의 표시, 착오, 사기, 강박 이유로 무효나 취소 주장하는 경우

⑥ 다만, 매매계약 체결 당시 일정한 기간 안에 토지거래허가를 받기로 약정하였으나 그 약정된 기간 내에 토지거래허가를 받지 못할 경우, 특별한 사정이 없는 한 곧바로 매매계약이 확정적으로 무효가 된다고 할 수 없다.제34회

3 대표 기출문제

제29회 출제

01 법률행위의 무효에 관한 설명으로 틀린 것은? (다툼이 있으면 판례에 따름)

① 불공정한 법률행위로서 무효인 경우, 무효행위 전환의 법리가 적용될 수 있다.

② 토지거래허가구역 내의 토지매매계약은 관할관청의 불허가 처분이 있으면 확정적 무효이다.

③ 매도인이 통정한 허위의 매매를 추인한 경우, 다른 약정이 없으면 계약을 체결한 때로부터 유효로 된다.

④ 이미 매도된 부동산에 관하여, 매도인의 채권자가 매도인의 배임행위에 적극 가담하여 설정된 저당권은 무효이다.

⑤ 토지거래허가구역 내의 토지거래계약이 확정적으로 무효가 된 경우, 그 계약이 무효로 되는 데 책임있는 사유가 있는 자도 무효를 주장할 수 있다.

> **해설**
>
> ③ 무효인 법률행위를 추인하면 그때부터 새로운 법률행위를 한 것으로 본다(제139조).
>
> 답 ③

제34회 출제

02 甲은 허가받을 것을 전제로 토지거래허가구역 내 자신의 토지에 대해 乙과 매매계약을 체결하였다. 다음설명 중 옳은 것을 모두 고른 것은? (다툼이 있으면 판례에 따름)

> ㄱ. 甲은 특별한 사정이 없는 한 乙의 매매대금 이행제공이 있을 때까지 허가신청절차 협력의무의 이행을 거절할 수 있다.
>
> ㄴ. 乙이 계약금 전액을 지급한 후, 당사자의 일방이 이행에 착수하기 전이라면 특별한 사정이 없는 한 甲은 계약금의 배액을 상환하고 계약을 해제할 수 있다.
>
> ㄷ. 일정기간 내 허가를 받기로 약정한 경우, 특별한 사정이 없는 한 그 허가를 받지 못하고 약정기간이 경과하였다는 사정만으로도 매매계약은 확정적 무효가 된다.

① ㄱ   ② ㄴ   ③ ㄱ, ㄷ

④ ㄴ, ㄷ   ⑤ ㄱ, ㄴ, ㄷ

해설

ㄴ. 유동적 무효상태에서도 계약금에 의한 계약해제(제565조)는 가능하므로 옳은 지문이다.

ㄱ. 매도인의 협력의무와 매수인의 대금지급의무는 동시이행관계에 있는 것은 아니므로, 매도인으로서는 그러한 매매대금의 이행의 제공이 있을 때까지 협력의무의 이행을 거절할 수 없다.

ㄷ. 매매계약 체결 당시 일정한 기간 안에 토지거래허가를 받기로 약정하였으나 그 약정된 기간 내에 토지거래허가를 받지 못할 경우, 특별한 사정이 없는 한 곧바로 매매계약이 확정적으로 무효가 된다고 할 수 없다.

답 ②

4 출제 예상문제

01 법률행위의 무효에 관한 설명으로 **틀린** 것은?

① 무효인 계약의 성립에 기초하여 외견상 있는 것처럼 보이는 의무를 위반한 계약 당사자에 대하여 채무불이행을 이유로 하는 손해배상을 청구할 수 없다.

② 불공정한 법률행위로서 무효인 경우, 무효행위 전환의 법리가 적용될 수 있다.

③ 무효인 법률행위의 추인은 그 무효의 원인이 소멸한 후에 하여야 그 효력이 인정된다.

④ 무효인 법률행위를 사후에 적법하게 추인한 때에는 다른 정함이 없으면 새로운 법률행위를 한 것으로 보아야 한다.

⑤ 당사자가 이전의 법률행위가 존재함을 알고 그 유효함을 전제로 하여 이에 터 잡은 후속행위를 하였다면 원칙적으로 이전의 법률행위를 묵시적으로 추인하였다고 볼 수 있다.

해설 ✦ ⑤ 무효인 법률행위를 추인에 의하여 새로운 법률행위로 보기 위하여서는 당사자가 이전의 법률행위가 무효임을 알고 그 행위에 대하여 추인하여야 한다. 한편 추인은 묵시적으로도 가능하나, 당사자가 이전의 법률행위가 존재함을 알고 그 유효함을 전제로 하여 이에 터 잡은 후속행위를 하였다고 해서 그것만으로 이전의 법률행위를 묵시적으로 추인하였다고 단정할 수는 없고, 묵시적 추인을 인정하기 위해서는 이전의 법률행위가 무효임을 알거나 적어도 무효임을 의심하면서도 그 행위의 효과를 자기에게 귀속시키도록 하는 의사로 후속행위를 하였음이 인정되어야 할 것이다(2012다106607).

정답 ✦ ⑤

02 甲과 乙은 토지거래허가구역 내의 甲소유 토지에 대하여 허가 없이 매매계약을 체결하였다. 틀린 것은? (다툼이 있으면 판례에 의함)

① 허가를 배제하거나 잠탈하는 내용으로 매매계약이 체결된 경우에는, 계약체결 후 허가구역 지정이 해제된 경우라도 계약은 확정적 무효이다.

② 토지거래허가를 받기 전에 乙은 甲의 소유권이전등기의무 불이행을 이유로 계약을 해제할 수 없다.

③ 乙은 매매대금의 제공 없이도 甲에게 토지거래허가신청절차에 협력할 것을 청구할 수 있다.

④ 乙이 토지거래허가신청절차에 협력하지 않고 매매계약을 일방적으로 철회한 경우, 甲은 乙에 대하여 협력의무 불이행과 인과관계 있는 손해의 배상을 청구할 수 있다.

⑤ 계약이 유동적 무효인 상태이더라도 乙은 甲에게 이미 지급한 계약금을 부당이득으로 반환 청구할 수 있다.

해설 ✦ ⑤ 유동적 무효인 상태에서는 이미 지급한 계약금 등에 대해 무효를 이유로 부당이득반환청구를 할 수 없다(대판 1993.6.22., 91다21435).

정답 ✦ ⑤

03 법률행위의 무효에 관한 설명으로 틀린 것은? (다툼이 있으면 판례에 의함)

① 법률행위의 일부분이 무효인 경우, 다른 규정이 없으면 원칙적으로 법률행위 전부가 무효이다.

② 반사회적 법률행위는 당사자가 무효임을 알고 추인하여도 유효가 될 수 없다.

③ 토지거래허가구역 내의 토지를 매매한 당사자가 계약체결시부터 허가를 잠탈할 의도였더라도, 그 후 해당 토지에 대한 허가구역 지정이 해제되었다면 위 매매계약은 유효가 된다.

④ 토지거래허가구역 내의 토지거래계약이 확정적으로 무효가 된 경우, 그 계약이 무효로 되는 데 책임있는 사유가 있는 자도 무효를 주장할 수 있다.

⑤ 무효인 가등기를 유효한 등기로 전용하기로 약정하면 그 가등기는 그때부터 유효한 등기가 된다.

해설 ✦ ③ 토지거래계약 허가구역 내 토지에 관하여 허가를 배제하거나 잠탈하는 내용으로 매매계약이 체결된 경우에는, 계약체결 후 허가구역 지정이 해제되거나 허가구역 지정기간 만료 이후 재지정을 하지 아니한 경우라 하더라도 이미 확정적으로 무효로 된 계약이 유효로 되는 것이 아니다.

정답 ✦ ③

✦ 기출횟수

제25회 제26회 제27회 제28회 제29회 제30회 제31회 제32회 제33회

✦ 제35회 출제예상

제34회에서는 출제되지 않았으나 거의 매년 출제되고 있는 부분이다. 따라서 제35회에서는 출제가능성 90% 이상이다.

✦ 제35회 대비 중요도

★★★

✦ 학습방법

취소할 수 있는 법률행위를 취소하는 경우와 추인하는 경우로 구별하여 학습한다. 취소하는 경우는 누가(취소권자), 누구에게(취소의 상대방), 어느 방법으로 하여(취소의 방법), 그 효과(취소의 효과)는 무엇인지를 순차적으로 정리하고, 추인은 의사표시에 의한 추인과 법정추인으로 구별하여 정리한다.

✦ 핵심쟁점

❶ 취소권자, 취소의 상대방, 취소의 방법, 취소의 효과
❷ 취소권의 행사기간
❸ 추인의 요건
❹ 법정추인 사유와 요건

2 **핵심 내용**

❶ 취소의 의의

1. 취소란 일단 유효하게 성립한 법률행위의 효력을 성립상의 하자(제한능력, 착오, 사기, 강박)를 이유로 처음부터 소멸시키는 일방적 의사표시(단독행위)를 말하며,제24회 취소할 수 있는 권리인 취소권은 형성권이다.제32회

2. 법률행위의 취소사유가 없는 경우에는 당사자 쌍방이 각각 취소의 의사표시를 하였다 하여도 그 법률행위가 취소되는 것이 아니다.

3. 매매계약 체결시 토지의 일정부분을 매매대상에서 제외시키는 특약을 한 경우 그 특약만을 기망에 의한 법률행위로서 취소할 수는 없다.

❷ 취소하는 경우

1. 취소권자

① 취소권자는 제한능력자, 착오로 인하거나 사기·강박에 의하여 의사표시를 한 자, 그의 대리인 또는 승계인(포괄·특정승계인 모두 포함)이다.
② 제한능력자는 자신이 한 행위를 단독으로 취소할 수 있다.제29회 제33회
③ 대리인에는 법정대리인이나 임의대리인을 포함한다. 다만, 임의대리인이 취소를 하려면 취소권에 관한 본인의 수권이 필요하다.
④ 취소권자의 특정승계인은 취소권만의 승계는 인정되지 않는다.

2. 취소의 상대방

① 취소할 수 있는 법률행위의 상대방이 확정한 경우에는 그 취소는 그 상대방에 대한 의사표시로 하여야 한다(제142조).제32회
② 구체적으로 취소의 상대방은 법률행위의 직접 상대방 또는 그 포괄승계인이다.
③ 다만, 상대방의 특정승계인은 취소의 상대방에 해당하지 않는다. 예컨대 미성년자 甲이 乙에게 매도한 부동산이 丙에게 전매된 경우, 甲은 乙에게 취소하여야 하고 丙에게 취소하지 못한다.

3. 취소의 방법

① 취소는 취소권자의 일방적 의사표시에 의하고 특정한 방식이 요구되는 것이 아니다.
② 따라서 법률행위의 취소를 당연한 전제로 한 소송상의 이행청구(등기말소청구)에는 취소의 의사표시가 포함되어 있다고 볼 수 있다.
③ 하나의 법률행위의 일부분에만 취소사유가 있다 하더라도 그 법률행위가 가분적이고, 그 나머지 부분이라도 이를 유지하려는 당사자의 가정적 의사가 인정되는 경우 그 일부만의 취소도 가능하다.

4. 취소의 효과

① 법률행위를 취소하면 법률행위는 처음부터 무효인 것으로 본다.제29회 제32회 제33회 착오, 사기·강박을 이유로 하는 취소는 선의의 제3자에게 대항할 수 없으나, 제한능력자임을 이유로 하는 취소는 선의의 제3자에게 대항할 수 있다.제26회
② 이미 이행한 후라면 이행을 받은 자는 부당이득으로서 반환의무가 생긴다. 다만, 제한능력자는 선의·악의를 불문하고 받은 '이익이 현존하는 한도'에서 반환하면 된다.제26회 제27회 제33회

❸ 취소하지 않는 경우(취소할 수 있는 행위의 추인)

1. 의사표시에 의한 추인

① 취소할 수 있는 법률행위를 취소하지 않겠다는 의사표시를 말한다(취소권의 포기).

② 추인을 할 수 있는 자는 취소권자와 동일하다.

③ 추인은 취소원인이 소멸(종료)한 후에 하여야 한다. 즉, 제한능력자는 능력자가 된 후, 착오·사기·강박의 경우에는 그런 상태에서 벗어난 후에 추인할 수 있다.

④ 다만, 법정대리인은 취소원인이 소멸되기 전이라도 추인할 수 있다.제27회 제29회

⑤ 추인은 취소할 수 있는 행위임을 알고서 하여야 한다.

⑥ 추인을 하면 확정적으로 유효가 되어 더 이상 취소할 수 없게 된다(취소권은 소멸).제33회

⑦ 취소할 수 있는 법률행위가 일단 취소된 이상 그 이후에는 취소할 수 있는 법률행위의 추인에 의하여 다시 확정적으로 유효로 할 수 없고, 다만 무효인 법률행위의 추인의 요건과 효력으로서 추인할 수는 있다.제24회

2. 법정추인(당연 추인 간주) 제25회 제30회

① 취소할 수 있는 법률행위에 일정한 사유가 있으면 추인의 의사 유무나 취소권의 존재를 알고 있을 필요도 없이 법률의 규정에 의하여 당연히 추인한 것으로 보는 것을 말한다.제32회

② 법정추인 사유

  ㉠ 이행의 청구 : 취소권자가 상대방에게 청구한 경우에 한한다.제27회 제30회

  ㉡ 담보의 제공 : 상대방이 제공하는 담보를 취소권자가 받는 것도 포함한다.

  ㉢ 전부나 일부의 이행 : 상대방으로부터 취소권자가 이행을 수령하는 경우도 포함한다.

  ㉣ 취소할 수 있는 행위로 취득한 권리의 전부나 일부의 양도 : 취소권자가 양도한 경우에 한한다. 다만, 취소함으로써 발생할 장래의 채권의 양도는 취소를 예정한 행위이므로 법정추인에 해당되지 않는다.

  ㉤ 강제집행

  ㉥ 경개

③ 추인할 수 있는 후에 법정추인 사유가 있어야 하고, 이의를 보류하지 않아야 한다.

❹ 취소권의 행사기간

1. 취소권은 추인할 수 있는 날부터 3년 내, 법률행위를 한 날부터 10년 내에 행사해야 한다.제27회 제28회 제29회 제32회 제33회

2. 위 기간 중 어느 것이든 먼저 경과하면 취소권은 소멸한다.

3 대표 기출문제

제32회 출제

01 법률행위의 취소에 관한 설명으로 틀린 것은?

① 취소권은 추인할 수 있는 날로부터 3년 내에, 법률행위를 한 날로부터 10년 내에 행사해야 한다.

② 취소할 수 있는 법률행위에 관하여 법정추인이 되려면 취소권자가 취소권의 존재를 인식해야 한다.

③ 취소된 법률행위는 처음부터 무효인 것으로 본다.

④ 취소권의 법적성질은 형성권이다.

⑤ 취소할 수 있는 법률행위의 상대방이 확정된 경우, 그 취소는 그 상대방에 대한 의사표시로 하여야 한다.

해설

② 취소할 수 있는 법률행위에 관한 법정추인이란 취소할 수 있는 법률행위에 관해 취소의 원인이 종료(추인할 수 있는 후)한 후에 일정한 사유가 있으면 추인의 의사나 취소권의 존재를 알고 있을 필요도 없이 법률의 규정에 의하여 당연히 추인한 것으로 보는 것을 말한다. 따라서 법정추인이 되기 위해서 취소권자가 취소권의 존재를 인식할 필요는 없다.

답 ②

제30회 출제

02 법정추인이 인정되는 경우가 아닌 것은? (단, 취소권자는 추인할 수 있는 상태이며, 행위자가 취소할 수 있는 법률행위에 관하여 이의보류 없이 한 행위임을 전제함)

① 취소권자가 상대방에게 채무를 이행한 경우

② 취소권자가 상대방에게 담보를 제공한 경우

③ 상대방이 취소권자에게 이행을 청구한 경우

④ 취소할 수 있는 행위로 취득한 권리를 취소권자가 타인에게 양도한 경우

⑤ 취소권자가 상대방과 경개계약을 체결한 경우

해설

③ 법정추인 사유로서 이행의 청구는 취소권자(추인권자)가 상대방에게 이행을 청구한 경우에 한하여 법정추인이 되며, 취소권자가 상대방으로부터 이행의 청구를 받은 경우(취소권자의 상대방이 이행청구 경우)는 법정추인이 되지 않는다.

답 ③

4 출제 예상문제

01 법률행위의 취소에 관한 설명으로 틀린 것은?

① 제한능력자는 자신이 한 행위를 단독으로 취소할 수 있다.

② 甲이 乙의 강박에 의해 乙에게 부동산을 매도하고 乙이 丙에게 전매했다면, 甲은 乙에게 의사표시를 취소하여야 한다.

③ 제한능력을 이유로 법률행위가 취소된 경우 악의의 제한능력자도 그 행위로 인하여 받은 이익이 현존하는 한도에서 반환할 책임이 있다.

④ 법정대리인은 취소원인 종료 전에도 추인할 수 있다.

⑤ 법률행위를 취소한 이후에는 무효행위의 추인의 요건에 따라 다시 추인할 수 없다.

해설 ✦ ⑤ 취소할 수 있는 법률행위가 일단 취소된 이상 그 이후에는 취소할 수 있는 법률행위의 추인에 의하여 다시 확정적으로 유효로 할 수 없고, 다만 무효인 법률행위의 추인의 요건과 효력으로서 추인할 수는 있다.

정답 ✦ ⑤

02 법정추인에 해당하지 않는 경우는?

① 취소권자가 취소할 수 있는 법률행위로 인하여 발생한 채무의 이행을 상대방에게 청구한 경우

② 취소할 수 있는 법률행위로 인하여 발생한 채무를 소멸시키고 그 대신 다른 채무를 성립시키기로 계약한 경우

③ 취소권자가 상대방으로부터 담보를 제공받은 경우

④ 취소권자가 취소함으로써 발생할 장래의 부당이득반환채권을 양도한 경우

⑤ 취소권자가 취소할 수 있는 법률행위로 인하여 발생한 채무를 상대방에게 이행한 경우

해설 ✦ ④ 취소권자가 취소할 수 있는 행위로 취득한 권리의 전부나 일부의 양도는 법정추인사유에 해당하나, 취소함으로써 발생할 장래의 채권(장차 취소하게 되면 발생하게 될 부당이득반환채권이나 손해배상채권 등)의 양도는 취소를 예정한 행위이므로 법정추인에 해당되지 않는다.

정답 ✦ ④

테마 17 조건과 기한

1 출제예상과 학습포인트

✦ **기출횟수**

제25회 제28회 제29회 제30회 제31회 제32회 제33회 제34회

✦ **제35회 출제예상**

거의 매년 출제되고 있는 부분이다. 제35회 역시 출제가능성 90% 이상이다.

✦ **제35회 대비 중요도**

★★★

✦ **학습방법**

조건과 기한의 개념을 정확히 이해하여야 하고, 조건의 종류로서 정지조건과 해제조건을 정리한다. 또한 조건이 아니지만 조건과 비슷한 가장조건에 대해서 완벽하게 정리하고, 조건부 법률행위의 효력에 대하여 공부하여야 한다. 기한은 조건과 비교하면서 같은 점과 다른 점을 학습하여야 하고, 특히 조건과 불확정기한에 관한 판례들을 확실하게 이해, 숙지하여야 하며, 기한의 이익에 대하여 학습한다.

✦ **핵심쟁점**

❶ 조건과 기한의 개념
❷ 정지조건, 해제조건, 가장조건
❸ 조건 성취 전의 효력, 조건 성취 후의 효력
❹ 조건과 불확정기한의 구별
❺ 기한의 이익과 기한이익상실특약

2 핵심 내용

제1절 조건

❶ 의의

1. 조건은 법률행위의 효력의 발생 또는 소멸을 장래의 불확실한 사실의 성부에 의존케 하는 법률행위의 부관을 말한다.제32회

2. 조건이 되려면 조건의사와 그 표시가 필요하므로, 조건의사가 있더라도 그것이 외부에 표시되지 않으면 법률행위의 동기에 불과할 뿐이다.

3. 법률상 당연히 요구되는 법정조건은 조건이 아니다(법인설립에 있어서 주무관청의 허가).제32회

4. 단독행위(취소, 해제, 추인 등)에는 조건을 붙일 수 없다. 다만, 상대방의 동의가 있는 경우 또는 상대방에게 이익만을 주는 경우(채무의 면제제28회)에는 가능하다.제21회

5. 조건을 붙이는 것이 허용되지 아니하는 법률행위에 조건을 붙인 경우 그 조건만을 분리하여 무효로 할 수는 없고 그 법률행위 전부가 무효로 된다.제28회

② 정지조건과 해제조건

1. 정지조건

① 정지조건이란 조건이 성취한 때부터 법률행위의 효력이 발생하는 조건을 말한다(예 시험에 합격하면 1000만원을 주겠다).

② 정지조건부 법률행위의 경우 조건이 불성취로 확정되면 그 법률행위는 무효이다.제25회 제28회

③ 소유권유보부매매는 대금지급을 정지조건으로 소유권이 매수인에게 이전한다.제25회

④ 어떤 법률행위가 정지조건부 법률행위에 해당한다는 사실은 그 법률효과의 발생을 다투려는 자(표의자)가,제31회 조건이 성취되었다는 사실은 법률효과를 주장하는 자(권리를 취득하는 자)가 입증책임을 진다.제28회

2. 해제조건

① 해제조건이란 조건이 성취한 때부터 법률행위의 효력이 소멸하는 조건을 말한다(예 시험에 합격할 때까지 매월 100만원씩 생활비를 주겠다).

② 해제조건부 법률행위가 조건이 성취되지 않으면 법률행위의 효력은 소멸하지 않는다.

③ 건축허가를 필할 때 매매계약이 성립하고 건축허가신청이 불허되었을 때에는 이를 무효로 한다는 약정 아래 이루어진 매매계약은 해제조건부 계약이다.

③ 가장조건

1. 의의

가장조건이란 '외관상 조건처럼 보이지만, 실질적으로는 조건이 아닌 것'을 말한다.

2. 종류

① 불법조건 : 선량한 풍속 기타 사회질서에 위반하는 조건으로써 그 법률행위 전부가 무효이고 조건만 무효가 되어 조건 없는 법률행위가 되는 것이 아니다.제32회 제33회 제34회

② 기성조건 : 조건이 법률행위 당시 이미 성취한 것인 경우에는 그 조건이 정지조건이면 조건 없는 법률행위로 하고, 해제조건이면 무효로 한다.(기해무) 제28회 제29회 제31회 제34회

③ 불능조건 : 조건이 법률행위 당시 이미 성취할 수 없는 것인 경우에는 그 조건이 해제조건이면 조건 없는 법률행위로 하고, 정지조건이면 무효로 한다.(불정무) 제30회 제31회 제32회

❹ 조건부 법률행위의 효력

1. 조건성취 전의 효력

① 조건부권리의 침해금지 : 조건의 성부가 미정인 동안에 조건의 성취로 인하여 생길 상대방의 이익을 해하지 못한다. 따라서 조건부 권리를 침해당한 자는 상대방에 대하여 불법행위로 인한 손해배상을 청구할 수 있다.

② 조건부권리의 처분 등 : 조건의 성취가 미정인 권리의무는 일반규정에 의하여 처분, 상속, 보존 또는 담보로 할 수 있다.제25회 정지조건부청구권은 가등기할 수 있다.

2. 조건성취 후의 효력제32회

① 원칙적으로 소급효가 없다.제33회 즉, 정지조건 있는 법률행위는 조건이 성취한 때로부터 효력이 생기고,제25회 제29회 해제조건 있는 법률행위는 조건이 성취한 때로부터 그 효력을 잃는다.제30회

② 단, 당사자가 조건성취의 효력을 그 성취 전에 소급하게 할 의사를 표시한 때에는 그 의사표시에 의한다.제28회 제29회(기한은 당사자의 의사표시로도 소급효×)

3. 조건의 성취 또는 불성취에 대한 신의에 반하는 행위

① 조건의 성취로 불이익을 받을 당사자가 신의성실에 반하여 조건의 성취를 방해한 때에는 상대방은 그 조건이 성취한 것으로 주장할 수 있다. 그것이 고의에 의한 경우만이 아니라 과실에 의한 경우에라도 마찬가지이고, 이때 조건이 성취된 것으로 의제되는 시점은 이러한 신의성실에 반하는 행위가 없었더라면 조건이 성취되었으리라고 추산되는 시점이다.제33회

② 조건의 성취로 이익을 받을 당사자가 신의성실에 반하여 조건을 성취시킨 때에는 상대방은 그 조건이 성취하지 아니한 것으로 주장할 수 있다.

제2절   기한

❶ 의의

1. 기한이란 법률행위의 효력의 발생이나 소멸 또는 채무의 이행을 장래에 발생하는 것이 확실한 사실에 의존케 하는 부관을 말한다.

2. 시기(㉠ 내년 1월 1일부터) 있는 법률행위는 기한이 도래한 때로부터 그 효력이 생긴다.

3. 종기(㉠ 내년 12월 31일까지) 있는 법률행위는 기한이 도래한 때로부터 그 효력을 잃는다.제31회 제34회

❷ 확정기한·불확정기한

1. 의의

확정기한은 발생시기가 확정되어 있는 기한(내년 1월 1일부터, 네 생일날)을 말하고, 불확정기한은 그 도래시기가 불확정한 기한(甲이 사망한때, 눈이 오면)을 말한다.

2. 불확정기한과 정지조건의 구별

① 표시된 사실이 발생하지 않으면 채무를 이행하지 않아도 된다고 보는 것이 상당한 경우 이는 정지조건이다.

② 반면, 표시된 사실이 발생한 때는 물론이고 발생하지 않는 것이 확정된 때에도 그 채무를 이행하여야 한다고 보는 것이 상당한 경우 이는 불확정기한이다.제33회

③ 당사자가 불확정한 사실이 발생한 때를 '이행기한'으로 정한 경우에는 그 사실이 발생한 때는 물론 그 사실의 발생이 불가능하게 된 때에도 이행기한은 도래한 것으로 본다.제30회

④ 임대차계약 해지후 '타인에게 임대가 되면 임차보증금을 반환 하겠다'는 약정은 불확정기한이다.

❸ 기한부 법률행위의 효력

1. 기한도래 전의 효력

기한부 권리도 조건부 권리와 마찬가지로 기한도래 전이라도 침해가 금지 되며(제148조·제154조) 처분·상속·보존·담보의 목적으로 할 수 있다.제29회

2. 기한도래 후의 효력

기한도래에는 소급효가 없으며, 당사자의 약정으로도 소급하지 못한다.

❹ 기한의 이익

1. 기한의 이익이란 기한이 도래하지 않음으로 인하여 당사자가 받는 이익을 말한다.

2. 기한은 채무자의 이익을 위한 것으로 추정한다.제29회 제34회

3. 기한의 이익은 포기할 수 있다. 그러나 상대방의 이익을 해하지 못한다.

4. 기한이익 상실의 특약은 명백히 정지조건부 기한이익상실의 특약이라고 볼만한 특별한 사정이 없는 이상 형성권적 기한이익상실의 특약으로 추정한다.제30회 제31회

3 대표 기출문제

제30회 출제

O1 조건과 기한에 관한 설명으로 옳은 것은? (다툼이 있으면 판례에 따름)

① 해제조건 있는 법률행위는 조건이 성취한 때로부터 그 효력이 발생한다.

② 기한이익 상실특약은 특별한 사정이 없는 한 정지조건부 기한이익 상실특약으로 추정한다.

③ 조건이 법률행위 당시에 이미 성취할 수 없는 것인 경우, 그 조건이 정지조건이면 그 법률행위는 무효로 한다.

④ 불확정한 사실의 발생시기를 이행기한으로 정한 경우, 그 사실의 발생이 불가능하게 되었다고 하여 이행기한이 도래한 것으로 볼 수는 없다.

⑤ 상계의 의사표시에는 시기(始期)를 붙일 수 있다.

해설

③ 조건이 법률행위의 당시에 이미 성취할 수 없는 것(불능조건)인 경우, 그 조건이 정지조건이면 그 법률행위는 무효로 한다. 다만, 그 조건이 해제조건이면 조건없는 법률행위로 한다(제151조 제3항).

① 해제조건있는 법률행위는 조건이 성취한 때로부터 그 효력을 잃는다(제147조 제2항).

② 기한이익 상실특약은 정지조건부 기한이익 상실특약(일정한 사유가 발생하면 채권자의 청구 등을 요함이 없이 당연히 기한의 이익이 상실되어 이행기가 도래하는 것으로 하는 약정)과 형성권적 기한이익 상실특약(일정한 사유가 발생한 후 채권자의 통지나 청구 등 채권자의 의사행위를 기다려 비로소 이행기가 도래하는 것으로 하는 약정)이 있는데, 특별한 사정이 없는 이상 형성권적 기한이익상실의 특약으로 추정하는 것이 타당하다[2008다42416,42423].

④ 당사자가 불확정한 사실이 발생한 때를 이행기한으로 정한 경우, 그 사실이 발생한 때는 물론 그 사실의 발생이 불가능하게 된 때에도 그 이행기한은 도래한 것으로 보아야 한다[2005다67353].

⑤ 소급효 있는 법률행위에 시기를 붙이는 것은 무의미하므로 취소·상계 등에는 기한을 붙일 수 없다.

정답 ③

제32회 출제

02 법률행위의 조건과 기한에 관한 설명으로 틀린 것은?

① 법정조건은 법률행위의 부관으로서의 조건이 아니다.

② 조건이 선량한 풍속 기타 사회질서에 위반한 것이면 그 법률행위는 무효이다.

③ 조건부 법률행위는 조건이 성취되었을 때에 비로소 그 법률행위가 성립한다.

④ 조건부 법률행위에서 불능조건이 정지조건이면 그 법률행위는 무효이다.

⑤ 과거의 사실은 법률행위의 부관으로서의 조건으로 되지 못한다.

해설

③ 조건은 법률행위의 효력의 발생 또는 소멸을 장래의 불확실한 사실의 성부에 의존케 하는 법률행위의 부관을 말하는 것이지 법률행위 성립여부에 관한 것이 아니므로, 조건부 법률행위는 조건이 성취되었을 때에 그 법률행위가 성립하는 것이 아니고, 법률행위의 효력이 문제된다.

답 ③

제33회 출제

03 조건에 관한 설명으로 틀린 것은? (다툼이 있으면 판례에 따름)

① 조건성취의 효력은 특별한 사정이 없는 한 소급하지 않는다.

② 해제조건이 선량한 풍속 기타 사회질서에 위반한 것인 때에는 특별한 사정이 없는 한 조건 없는 법률행위로 된다.

③ 정지조건과 이행기로서의 불확정기한은 표시된 사실이 발생하지 않는 것으로 확정된 때에 채무를 이행하여야 하는지 여부로 구별될 수 있다.

④ 이행지체의 경우 채권자는 상당한 기간을 정한 최고 함께 그 기간 내에 이행이 없을 것을 정지조건으로 하여 계약을 해제할 수 있다.

⑤ 신의성실에 반하는 방해로 말미암아 조건이 성취된 것으로 의제 되는 경우, 성취의 의제시점은 그 방해가 없었더라면 조건이 성취되었으리라고 추산되는 시점이다.

해설

② 해제조건이 선량한 풍속 기타 사회질서에 위반한 것인 때(불법조건)에는 특별한 사정이 없는 한 그 법률행위 전부가 무효이다.

③ 부관에 표시된 사실이 정지조건인지 이행기로서의 불확정기한인지의 구별은 표시된 사실이 발생하지 않는 것으로 확정된 때에 채무를 이행하여야 하는지 여부로 구별될 수 있다. 따라서 표시된 사실이 발생하지 않으면 채무를 이행하지 않아도 된다고 보는 것이 상당한 경우 이는 정지조건이고, 표시된 사실이 발생한 때는 물론이고 발생하지 않는 것이 확정된 때에도 그 채무를 이행하여야 한다고 보는 것이 상당한 경우 이는 불확정기한이다.

답 ②

4 출제 예상문제

01 조건에 관한 설명으로 틀린 것은? (다툼이 있는 경우에는 판례에 의함)

① 법률행위 당시 이미 성취될 수 없는 조건을 해제조건으로 하는 법률행위는 조건 없는 법률행위이다.

② 조건부 권리는 조건의 성취가 미정인 동안에도 일반규정에 의하여 처분하거나 담보로 제공할 수 있다.

③ 해제조건부 법률행위가 조건이 성취되지 않으면 법률행위의 효력은 소멸하지 않는다.

④ 당사자가 조건성취의 효력을 그 성취 전에 소급하게 할 의사를 표시하더라도, 당사자 사이에서 법률행위는 조건이 성취한 때부터 효력이 생긴다.

⑤ 조건의 성취로 불이익을 받을 당사자가 신의성실에 반하여 조건의 성취를 방해 한 경우 상대방은 그 조건이 성취된 것으로 주장할 수 있다.

해설 ✦ ④ 조건성취의 효력은 원칙적으로 소급효가 없다. 다만, 당사자가 조건 성취의 효력을 그 성취 전에 소급하게 할 의사를 표시한다면 소급하여 효력이 생긴다(제147조 제3항).

정답 ✦ ④

02 조건과 기한에 관한 설명으로 옳은 것은? (다툼이 있으면 판례에 의함)

① 조건이 법률행위 당시 이미 성취된 경우, 그 조건이 정지조건이면 법률행위는 무효가 된다.

② 조건성취로 이익을 받을 당사자가 신의칙에 반하여 조건을 성취시킨 때에는 상대방은 그 법률행위를 취소 할 수 있다.

③ 부관이 붙은 법률행위에 있어서 부관에 표시된 사실이 발생하지 않으면 채무를 이행하지 않아도 된다고 보는 것이 상당한 경우에는 불확정기한으로 보아야 한다.

④ 불확정한 사실이 발생한 때를 이행기한으로 정한 경우, 그 사실의 발생이 불가능하게 된 때에도 기한이 도래한 것으로 본다.

⑤ 기한은 채권자의 이익을 위한 것으로 추정하며, 기한의 이익은 포기할 수 있다.

해설 ✦ ④ 당사자가 불확정한 사실이 발생한 때를 이행기한으로 정한 경우, 그 사실이 발생한 때는 물론 그 사실의 발생이 불가능하게 된 때에도 그 이행기한은 도래한 것으로 보아야 한다[2005다67353].

　① 조건이 법률행위의 당시 이미 성취한 것(기성조건)인 경우에는 그 조건이 정지조건이면 조건없는 법률행위로 하고 해제조건이면 그 법률행위는 무효로 한다(제151조 제2항).

　② 조건성취로 이익을 받을 당사자가 신의칙에 반하여 조건을 성취시킨 때에는 상대방은 그 법률행위를 취소 할 수 있는 것이 아니고, 그 조건이 성취하지 아니한 것으로 주장할 수 있다(제150조 제2항).

　③ 부관이 붙은 법률행위에 있어서 부관에 표시된 사실이 발생하지 않으면 채무를 이행하지 않아도 된다고 보는 것이 상당한 경우에는 조건으로 보아야 한다.

　⑤ 기한은 채무자의 이익을 위한 것으로 추정하며, 기한의 이익은 포기할 수 있다.

정답 ✦ ④

PART 2
물권법(物權法)

1 출제예상과 학습포인트

✦ 기출횟수

제27회 제29회 제30회 제31회 제32회 제33회 제34회

✦ 제35회 출제예상

물권의 기본적이면서 중요한 효력이므로 정확한 학습이 필요한 부분이다. 제35회에도 어떤 형태로든 출제될 가능성이 있다.

✦ 제35회 대비 중요도

★★★

✦ 학습방법

일반적인 물권적 청구권의 발생원인, 종류와 물권적 청구권의 성질로서 물권과의 관계를 정확히 이해하고, 구체적으로 점유권에 기한 물권적 청구권(점유보호청구권)과 소유권에 기한 물권적 청구권을 비교하며 정리한다.

✦ 핵심쟁점

❶ 물권적 청구권의 종류 및 성질(물권에 의존)

❷ 물권적 청구권 발생사유 및 손해배상청구권과의 관계

❸ 점유물반환청구권(점유회수청구)의 사유(침탈), 주체, 상대방, 행사기간

❹ 소유물반환청구권의 사유, 주체, 상대방

❺ 소유권에 기한 방해배제청구권에서 '방해'의 개념과 '방해배제'의 의미

2 핵심 내용

❶ 물권적 청구권 일반

1. 물권적 청구권의 의의 및 종류

① 물권의 행사가 방해당하거나 방해당할 염려가 있는 경우에 물건의 반환이나 방해의 제거·예방을 청구할 수 있는 권리이다.

② 물권적 청구권은 그 방해모습에 따라 물권적 반환청구권, 물권적 방해제거청구권, 물권적 방해예방 청구권이 있다.

2. 민법의 규정

① 민법은 점유권에 기한 물권적 청구권과 소유권에 기한 물권적 청구권을 규정하고, 소유권에 기한 물권적 청구권의 규정을 다른 제한물권에 준용한다.

② 그러나 유치권에 기한 물권적 청구권은 인정되지 않는다.

③ 또한 지역권과 저당권에는 점유를 요소로 하지 않으므로 반환청구권은 인정되지 않고제31회 제34회 방해제거 및 방해예방청구권만이 인정된다.

④ 점유를 본질로 하는 본권(소유권, 지상권, 전세권)을 가진 자는 본권에 기한 물권적 청구권과 점유권에 기한 물권적 청구권을 동시에 갖는다.

3. 성질 → 물권에 의존

① 물권의 이전·소멸이 있으면, 그에 따라 이전·소멸한다.

② 따라서 물권과 물권적 청구권은 서로 분리하여 양도하지 못한다.제32회

③ 물권적 청구권은 물권과 독립하여 소멸시효에 걸리지 않는다.제30회 제31회 제32회

4. 발생

① 물권실현을 방해하거나 방해할 염려가 있어야 한다.

② 방해자의 고의 또는 과실은 요구되지 않는다.제30회 제32회

③ 청구권자는 현재의 물권자이다.

5. 비용부담의 문제

① 물권적 청구권은 상대방에게 그 침해를 제거해 줄 것을 적극적으로 청구하는 권리이므로 상대방이 비용을 부담하여야 한다.

② 그러나 소유자가 소유물방해제거, 방해예방청구권(민법 제214조)에 기하여 방해배제 비용 또는 방해예방 비용을 청구할 수는 없다.제29회 제34회

6. 불법행위로 인한 손해배상청구권과의 관계

물권적 청구권의 상대방에 대해서 언제나 불법행위를 이유로 한 손해배상청구권을 행사할 수 있는 것이 아니지만, 방해자에게 고의·과실이 있는 경우에 물권적 청구권과 불법행위로 인한 손해배상청구권이 동시에 발생하여 병존할 수 있다.

② 점유보호청구권(점유권에 기한 물권적 청구권)

1. 점유물반환(점유의 회수)청구권

① 점유자가 점유의 침탈을 당한 때에는 그 물건의 반환 및 손해의 배상을 청구할 수 있다.

② 점유의 '침탈'이란 점유자가 그의 의사에 의하지 않고서 점유를 빼앗기는 것을 말한다. 절취·강도를 당한 것, 위법한 강제집행에 의하여 물건의 인도를 받은 것은 점유의 침탈에 해당한다. 그러나 사기(기망)제32회, 유실의 경우 등은 점유의 침탈에 해당하지 않으므로 점유물반환청구권을 행사할 수 없다.

③ 또한 간접점유관계가 있는 경우 점유의 침탈여부의 판단기준이 되는 자는 직접점유자이다. 따라서 직접점유자가 임의로 점유를 타인에게 양도한 경우에 간접점유자의 점유가 침탈된 경우에 해당하지 않으므로 점유회수를 청구할 수 없다.

④ 청구권자

　㉠ 선의·악의점유 불문하고 직접점유자·간접점유자도 행사할 수 있다.

　㉡ 그러나 점유보조자는 점유자가 아니므로 행사할 수 없다.

⑤ 청구의 상대방

　㉠ 침탈자 및 그의 포괄승계인, 악의의 특별승계인(선의의 특별승계인에게는 행사×)

　㉡ 직접점유자, 간접점유자 모두 상대방이 되지만, 점유보조자는 상대방이 될 수 없다.

⑥ 제척기간 : 침탈을 당한 날로부터 1년 내에 행사하여야 하는데, 이 기간은 반드시 그 기간 내에 소를 제기하여야 하는 이른바 출소기간으로 본다. 다만, 이 규정은 본권 침해로 발생한 손해배상청구권의 행사에는 적용되지 않으므로 점유를 침탈당한 자가 본권(유치권) 소멸에 따른 손해배상청구권을 행사하는 때에는 침탈당한 날부터 1년 내에 행사할 것을 요하지 않는다.

2. 점유물방해제거청구권(점유의 보유)

① 점유자가 점유의 방해를 받은 때에는 그 방해제거 및 손해의 배상을 청구할 수 있다.

② 손해배상청구권은 방해가 종료한 날로부터 1년 내에 행사하여야 한다.

③ 공사로 인하여 점유의 방해를 받은 경우에는 공사착수 후 1년을 경과하거나 그 공사가 완성한 때에는 방해의 제거를 청구하지 못한다.

3. 점유물방해예방청구권(점유의 보전)

점유자가 점유의 방해를 받을 염려가 있는 때에는 그 방해의 예방 또는 손해배상의 담보를 청구할 수 있다.

❸ 소유권에 기한 물권적 청구권 제27회 제29회 제30회 제31회 제33회

1. 종류

① 소유물반환청구권

  ㉠ 소유자는 그 소유에 속한 물건을 (법률상 정당한 원인없이) 점유한 자에 대하여 반환을 청구할
     수 있다.

  ㉡ 소유물반환청구의 원인은 불문(침탈, 기망, 유실 등)하고, 행사기간의 제한이 없다.

▶ 점유물반환청구권과 소유물반환청구권 비교

구분	점유물반환(회수)청구권	소유물반환청구권
발생사유	점유침탈	사유불문
행사기간	1년 내	제한 없음
상대방	침탈자, 악의 특별승계인 (선의의 특별승계인×)	현재 부당하게 점유하고 있는 자

② 소유물방해제거청구권

  ㉠ 소유자는 소유권을 방해하는 자에 대하여 방해의 제거를 청구할 수 있다.

  ㉡ 진정명의 회복을 원인으로 한 소유권이전등기청구권의 법적 성질은 소유권에 기한 방해배제청
     구권이다. 제34회

  ㉢ 여기서 '방해'라 함은 현재에도 지속되고 있는 침해를 의미하므로 소유권에 기한 방해배제청구
     권은 방해'결과'의 제거를 내용으로 하는 것이 되어서는 아니 되며(이는 손해배상의 영역에 해당한
     다 할 것이다) 현재 계속되고 있는 방해의 '원인'을 제거하는 것을 내용으로 한다. 제29회 제30회
     제32회 제34회

③ 소유물방해예방청구권 : 소유자는 소유권을 방해할 염려있는 행위를 하는 자에 대하여 그 예방이나
   손해배상의 담보를 청구할 수 있다. 제33회

2. 청구권자(법적 소유자)

① 유효한 명의신탁의 경우 대외적으로 수탁자가 소유자이므로 명의수탁자가 물권적 청구권을 행사하
   고 명의신탁자는 명의수탁자를 대위하여 권리행사 할 수 있다.

② 미등기건물의 매수인은 직접 자신의 소유권 등에 기하여 명도를 청구할 수 없다. 제34회 다만, 매도인
   을 대위하여 건물의 명도를 청구할 수 있다.

③ 소유자가 소유권에 기한 방해배제소송을 제기한 후 방해배제소송의 계속 중에 소유권을 양도한
   전 소유자는 소유물방해배제청구권을 상실한다. 제32회 제33회

④ 임차권은 채권이므로 임차권 자체에 물권적 청구권을 인정할 수 없으나, 임차인은 임대인의 소유권
   에 기한 물권적 청구권을 대위행사할 수 있다. 제30회

PART 2 물권법(物權法)

3. 청구권의 상대방(현재 부당하게 점유 또는 방해하는 자)

① 불법건물을 매수하여 이를 인도받아 점유하고 있는 매수인은 점유 중인 건물에 대하여 법률상·사실상 이를 처분할 권리가 있으므로 물권적 청구권의 상대방이 된다.제29회 제31회

② 甲소유의 건물에 乙명의의 저당권설정등기가 불법으로 경료된 후 丙에게 저당권이전등기가 경료되었다면, 甲은 丙을 상대로 저당권설정등기의 말소를 청구할 수 있다.

③ 乙이 소유자 甲으로부터 토지를 매수하고 인도 받았으나 등기를 갖추지 않고 이를 다시 丙에게 전매하고 인도한 경우, 甲은 丙에게 소유물반환청구를 할 수 없다.제26회

④ 등기부상 진실한 소유자의 소유권에 방해가 되는 부실등기가 존재하는 경우에 그 등기명의인이 허무인인 때에는 소유자는 실제 등기행위를 한 자에 대하여 소유권에 기한 방해배제로서 허무인 명의등기의 말소를 구할 수 있다.제31회

4. 토지에 무단으로 건물이 축조된 경우 제27회

① 건물철거 및 토지인도, 손해배상청구 상대방 : 건물의 소유자(단, 건물소유자에게 '퇴거' 청구는 불가)

② 건물을 제3자에게 임대차한 경우 : 건물 임차인(대항력 불문)에게는 건물철거를 청구할 수 없지만, 건물에서 '퇴거'할 것을 청구할 수는 있다.

---

3 대표 기출문제

제32회 출제

01 물권적 청구권에 관한 설명으로 옳은 것은? (다툼이 있으면 판례에 따름)

① 소유권을 양도한 전소유자가 물권적 청구권만을 분리, 유보하여 불법점유자에 대해 그 물권적 청구권에 의한 방해배제를 할 수 있다.

② 물권적 청구권을 행사하기 위해서는 그 상대방에게 귀책사유가 있어야 한다.

③ 소유권에 기한 방해배제청구권에 있어서 방해에는 과거에 이미 종결된 손해가 포함된다.

④ 소유권에 기한 물권적 청구권은 그 소유권과 분리하여 별도의 소멸시효의 대상이 된다.

⑤ 소유권에 기한 물권적 청구권은 그 소유자가 소유권을 상실하면 더 이상 인정되지 않는다.

> **해설**
>
> ⑤ 물권적 청구권은 물권에 의존하므로 소유자가 소유권을 상실하면 소유권에 기한 물권적 청구권은 더 이상 인정되지 않는다.
> ① 소유권을 양도한 전소유자가 물권적 청구권만을 분리, 유보하여 불법점유자에 대해 그 물권적 청구권에 의한 방해배제를 할 수 없다
> ② 물권적 청구권은 물권실현을 방해하거나 방해할 염려가 있을 때에 행사할 수 있는 권리이고, 그 상대방에게 귀책사유가 있을 필요는 없다.
> ③ 소유권에 기한 방해배제청구권에 있어서 '방해'라 함은 현재에도 지속되고 있는 침해를 의미하고, 법익 침해가 과거에 일어나서 이미 종결된 경우에 해당하는 '손해'의 개념과는 다르다.
> ④ 소유권에 기한 물권적 청구권은 그 소유권과 분리하여 별도의 소멸시효의 대상이 될 수 없다.
>
> 답 ⑤

제34회 출제

02 물권적 청구권에 관한 설명으로 틀린 것은? (다툼이 있으면 판례에 따름)

① 저당권자는 목적물에서 임의로 분리, 반출된 물건을 자신에게 반환할 것을 청구할 수 있다.
② 진정명의 회복을 원인으로 한 소유권이전등기청구권의 법적 성질은 소유권에 기한 방해배제청구권이다.
③ 소유자는 소유권을 방해하는 자에 대해 민법 제214조에 기해 방해배제비용을 청구할 수 없다.
④ 미등기 무허가건물의 양수인은 소유권에 기한 방해배제청구권을 행사할 수 없다.
⑤ 소유권에 기한 방해배제청구권은 현재 계속되고 있는 방해원인의 제거를 내용으로 한다.

> **해설**
>
> ① 저당권은 점유를 요소로 하지 않으므로 저당권자는 저당권에 기하여 반환청구권을 행사할 수 없다.
>
> 답 ①

4 출제 예상문제

01 물권적 청구권에 관한 설명으로 틀린 것은? (다툼이 있으면 판례에 의함)

① 지역권 및 저당권에서는 목적물반환청구권이 인정되지 않는다.

② 소유물의 점유를 침탈당한 소유자는 본권을 이유로 반환청구하거나 점유회수를 청구할 수 있다.

③ 소유자는 물권적 청구권에 의하여 방해제거비용 또는 방해예방비용을 청구할 수 없다.

④ 소유권에 기한 방해제거청구권은 방해결과의 제거를 내용으로 한다.

⑤ 직접점유자가 자기 의사에 기하여 점유물을 제3자에게 인도한 경우, 간접점유자는 제3자에게 점유회수를 청구할 수 없다.

해설 ✦ ④ 소유권에 기한 방해배제청구권은 방해결과의 제거를 내용으로 하는 것이 되어서는 안 되며(이는 손해배상의 영역에 해당한다 할 것이다) 현재 계속되고 있는 방해의 원인을 제거하는 것을 내용으로 한다[2003다5917].

정답 ✦ ④

02 물권적 청구권에 관한 설명으로 틀린 것은? (다툼이 있으면 판례에 의함)

① 유실물을 우연히 습득한 자에 대해서는 점유물반환청구권을 행사할 수 없다.

② 사기에 의해 물건을 인도한 자는 점유회수의 소를 제기할 수 없다.

③ 미등기건물의 매수인은 건물의 매매대금을 전부 지급한 경우에는 건물의 불법점유자에 대해 직접 소유물반환청구를 할 수 있다.

④ 타인 토지에 무단으로 신축된 미등기건물을 매수하여 대금을 지급하고 점유하는 자는 건물 철거청구의 상대방이 될 수 있다.

⑤ 진정한 등기명의의 회복을 위한 이전등기청구권의 법적 성질은 소유권에 기한 방해배제청구권이다.

해설 ✦ ③ 미등기 건물을 매수하였으나 소유권이전등기를 하지 못한 매수인은 현재 소유자가 아니므로 그 건물의 불법점유자에 대하여 직접 자신의 소유권에 기하여 건물의 반환을 청구할 수 없다.

정답 ✦ ③

03 점유물반환청구권에 관한 설명으로 <u>틀린</u> 것은?

① 乙의 점유보조자 甲은 원칙적으로 점유물반환청구권을 행사할 수 없다.

② 乙이 甲을 기망하여 甲으로부터 점유물을 인도받은 경우, 甲은 乙에게 점유물반환청구권을 행사할 수 있다.

③ 甲이 점유하는 물건을 乙이 침탈한 경우, 甲은 침탈당한 날로부터 1년 내에 점유물의 반환을 청구하여야 한다.

④ 직접점유자 乙이 간접점유자 甲의 의사에 반하여 점유물을 丙에게 인도한 경우, 甲은 丙에게 점유물반환청구권을 행사할 수 없다.

⑤ 甲이 점유하는 물건을 乙이 침탈한 후 乙이 이를 선의의 丙에게 임대하여 인도한 경우, 甲은 丙에게 점유물반환청구권을 행사할 수 없다.

해설 ✦ ② 점유의 침탈이란 점유자가 그의 의사에 의하지 않고서 점유를 빼앗기는 것을 말하므로 사기, 물건의 분실, 직접점유자가 임의로 점유를 타인에게 양도한 경우 등은 점유의 침탈에 해당하지 않으므로 점유물반환청구권이 생기지 않는다.

정답 ✦ ②

부동산물권변동의 모습

1 출제예상과 학습포인트

✦ 기출횟수

제25회 제27회 제28회 제30회 제31회 제34회

✦ 제35회 출제예상

물권법의 기본인 내용으로 3년에 2회 정도로 출제되는 부분이다. 제32회와 제33회에는 다른 문제에서 지문으로 출제되었고 제34회에는 단독으로 출제되었다. 따라서 어떤 형태로든 출제될 수 있는 아주 기본적인 부분이므로 철저한 학습이 필요하다.

✦ 제35회 대비 중요도

★★★

✦ 학습방법

부동산 물권변동의 두 모습인 '법률행위'로 인한 부동산 물권변동과 '법률규정'에 의한 부동산 물권변동을 정확하게 구별하고 부동산물권변동의 시점을 완벽히 숙지한다.

✦ 핵심쟁점

❶ 등기를 하여야 효력이 발생하는 부동산물권변동의 종류
❷ 등기없이 효력이 발생하는 부동산물권변동의 종류
❸ 형성판결과 이행판결

2 핵심 내용

> **제186조 【부동산물권변동의 효력】** 부동산에 관한 법률행위로 인한 물권의 득실변경은 등기하여야 그 효력이 생긴다.
>
> **제187조 【등기를 요하지 아니하는 부동산물권취득】** 상속, 공용징수, 판결, 경매 기타 법률의 규정에 의한 부동산에 관한 물권의 취득은 등기를 요하지 아니한다. 그러나 등기를 하지 아니하면 이를 처분하지 못한다.

1. 법률행위에 의한 부동산물권변동 : 등기하여야 효력발생

① 매매예약완결권 행사에 의한 부동산 소유권취득제21회

② 현물분할의 합의에 의하여 공유토지에 대한 단독소유권을 취득하는 경우제25회

③ 공유물분할청구소송에서 현물분할의 협의가 성립하여 조정이 된 때 공유자들의 소유권 취득제27회

④ 권리(지분)의 포기에 따른 물권변동 제33회

⑤ 이행판결(법률행위를 원인으로 하여 소유권이전등기를 명하는 판결)제26회, 부동산소유권이전을 내용으로 하는 화해조서제34회, 확인판결

⑥ 부동산점유취득시효는 법률규정이지만 등기하여야 소유권취득제24회

2. 법률규정에 의한 부동산물권변동 : 등기 없이도 효력 발생. 처분시 등기필요

① 상속제22회 제24회 제25회 제34회(포괄유증), 공용징수, 경매(경락대금완납시에 물권변동)제27회 제33회 제34회

② 판결 : 형성판결(공유물분할판결)을 의미제30회 제34회, 판결확정시에 물권변동 효력 제31회

③ 건물신축에 의한 소유권취득제22회 제24회 제25회 제31회 제34회, 부동산 멸실에 의한 물권의 소멸

④ 법정지상권제27회, 관습법상의 법정지상권, 법정저당권제24회, 분묘기지권의 취득제22회 제24회 제27회

⑤ 혼동에 의한 물권의 소멸 제21회 제22회

⑥ 용익물권의 존속기간 만료로 인한 소멸 제21회

⑦ 피담보채권의 소멸에 의한 저당권의 소멸 제22회 제26회

⑧ 법률행위의 무효, 취소, 해제, 합의해제, 해제조건의 성취에 의한 물권의 복귀(원인행위실효에 의한 물권의 복귀)

⑨ 집합건물의 구분소유권을 취득하는 자의 공용부분에 대한 지분 취득 제21회

---

3 대표 기출문제

제27회 출제

01 **등기가 있어야 물권이 변동되는 경우는?** (다툼이 있으면 판례에 따름)

① 공유물분할청구소송에서 현물분할의 협의가 성립하여 조정이 된 때 공유자들의 소유권 취득

② 건물 소유자의 법정지상권 취득

③ 분묘기지권의 시효취득

④ 저당권실행에 의한 경매에서의 소유권 취득

⑤ 법정갱신된 경우의 전세권 취득

> **해설**
>
> ① 공유물분할 판결은 형성판결이므로 등기없이 물권이 변동하지만, 공유물분할의 소송절차에서 공유자 사이에 현물 분할의 협의가 성립하여 조정이 성립하였다고 하더라도, 공유자들이 협의한 바에 따라 토지의 분필절차를 마친 후 각 단독소유로 하기로 한 부분에 관하여 다른 공유자의 공유지분을 이전받아 등기를 마침으로써 비로소 그 부분에 대한 대세적 권리로서의 소유권을 취득하게 된다고 보아야 한다(2011두1917).
>
> 답 ①

제31회 출제

02 **법률행위에 의하지 않은 부동산물권의 변동에 관한 설명으로 틀린 것은?** (다툼이 있으면 판례에 따름)

① 관습상 법정지상권은 설정등기 없이 취득한다.

② 이행판결에 기한 부동산물권의 변동시기는 확정판결시기이다.

③ 상속인은 등기 없이 상속받은 부동산의 소유권을 취득한다.

④ 경매로 인한 부동산소유권의 취득시기는 매각대금을 완납한 때이다.

⑤ 건물의 신축에 의한 소유권취득은 소유권보존등기를 필요로 하지 않는다.

> **해설**
>
> ② 등기를 요하지 않는 물권취득의 원인인 판결이란 형성판결을 의미한다. 따라서 이행판결에 기한 부동산물권의 변동은 등기를 요하고, 이행판결에 기한 부동산물권의 변동시기는 등기를 한 때이다.
>
> 답 ②

4 출제 예상문제

01 등기를 해야 물권변동이 일어나는 경우를 모두 고른 것은?

> ㉠ 혼동에 의한 저당권의 소멸
> ㉡ 교환을 원인으로 한 소유권 취득
> ㉢ 존속기간 만료에 의한 지상권의 소멸
> ㉣ 매매예약완결권 행사에 의한 부동산소유권 취득
> ㉤ 집합건물의 구분소유권을 취득하는 자의 공용부분에 대한 지분 취득

① ㉠, ㉡   ② ㉡, ㉣   ③ ㉢, ㉤   ④ ㉣, ㉤   ⑤ ㉠, ㉢

해설 ✦ ㉡㉣ 교환에 의한 부동산 소유권취득, 매매예약완결권 행사에 의한 부동산 소유권취득은 법률행위에 의한 물권변동이기 때문에 등기를 요하는 물권변동원인이다.

정답 ✦ ②

02 부동산물권변동에 관한 설명 중 옳은 것은? (다툼이 있는 경우 판례에 의함)

① 경매에 의한 소유권취득에는 등기를 필요로 한다.
② 증여를 원인으로 한 소유권이전등기를 명하는 판결이 확정되면 등기 없이도 소유권을 취득한다.
③ 매매계약이 해제되면 그 계약의 이행으로 이전되었던 부동산소유권은 등기 없이도 매도인에게 당연히 복귀한다.
④ 공유토지분할판결이 확정된 때에는 분할등기하여야 물권변동이 일어난다.
⑤ 부동산에 관한 점유취득시효가 완성되면 등기 없이도 소유권을 취득한다.

해설 ✦ ③ 계약이 해제되면 그 계약의 이행으로 변동이 생겼던 물권은 당연히 그 계약이 없었던 원상태로 복귀한다(대판 1977.5.24, 75다1394).
　　① 상속, 공용징수, 판결, 경매 기타 법률의 규정에 의한 부동산에 관한 물권의 취득은 등기를 요하지 아니한다. 그러나 등기를 하지 아니하면 이를 처분하지 못한다(제187조).
　　② 증여를 원인으로 한 소유권이전등기를 명하는 판결은 이행판결이므로 그 등기가 된 때에 비로소 물권변동의 효력이 생긴다.
　　④ 공유물분할판결은 형성판결이므로 공유토지 분할판결이 확정된 때에는 분할등기 전이라도 물권변동이 일어난다.
　　⑤ 점유취득시효요건을 갖춘 자는 등기함으로써 그 소유권을 취득한다(제245조 제1항).

정답 ✦ ③

1 출제예상과 학습포인트

✦ 기출횟수

　제25회 제26회 제29회 제30회 제31회 제32회 제34회

✦ 제35회 출제예상

　부동산등기는 부동산 물권의 공시방법으로 물권과는 밀접한 관계에 있는 제도이다. 따라서 물권법의 문제에 어느
　형태로든 출제되는 부분으로 제35회 출제 가능성은 90% 이상이다.

✦ 제35회 대비 중요도

　★★★

✦ 학습방법

　부동산등기에 관한 내용은 너무 방대하므로 기출된 부분 중심으로 학습하면 된다.

✦ 핵심쟁점

　❶ 등기청구권의 성질
　❷ 중간생략등기
　❸ 등기의 추정력

2 핵심 내용

❶ 등기청구권제30회 제32회 제34회

1. 의의

'등기청구권'이란 등기권리자가 등기의무자에 대해 등기신청에 협력해 줄 것을 청구할 수 있는 실체법
상·사법상의 권리를 말한다.

2. 성질

(1) 채권적 청구권인 경우

　① 법률행위로 인한 등기청구권

　　㉠ 법률행위로 인한 등기청구권(매수인의 소유권이전등기청구권 등)은 채권적 청구권으로서 원

칙적으로 소멸시효의 대상이지만, 매수인이 목적 부동산을 인도받아 계속 점유하는 경우에는 그 소유권이전등기청구권의 소멸시효가 진행하지 않는다.

ⓛ 더 나아가 부동산의 매수인이 그 부동산을 인도받은 후에 다른 사람에게 그 부동산을 처분하고 그 점유를 승계하여 준 경우에도 이전등기청구권의 소멸시효는 진행되지 않는다.

ⓒ 매수인의 소유권이전등기청구권은 그 이행과정에 신뢰가 따르므로 특별한 사정이 없는 이상 그 권리의 성질상 양도가 제한되고 그 양도에 채무자의 승낙이나 동의를 요한다고 할 것이므로 양도인의 채무자에 대한 통지만으로는 채무자에 대한 대항력이 생기지 않는다.

② 취득시효완성으로 인한 등기청구권

ⓐ 부동산의 점유취득시효에 따른 소유권이전등기청구권은 채권적 청구권이지만, 시효완성자가 점유를 계속하고 있는 동안에는 소멸시효는 진행되지 않는다.

ⓑ 그러나 취득시효가 완성된 점유자가 그 점유를 상실한 때로부터 소멸시효가 진행하여 10년간 행사하지 않으면 소멸시효가 완성한다.

ⓒ 취득시효완성으로 인한 소유권이전등기청구권은 채권자와 채무자 사이에 아무런 신뢰관계가 없으므로 취득시효완성으로 인한 소유권이전등기청구권의 양도는 통상의 채권양도의 방법(채무자에 대한 통지나 승낙)에 의해 양도가 가능하다.

(2) 물권적 청구권인 경우

실체관계와 등기가 일치하지 않는 경우(위조등기, 계약의 무효·취소·해제 등)에 진정한 권리자가 행사하는 '말소등기청구권'이나 '진정명의회복을 원인으로 하는 소유권이전등기청구권', '법정지상권'이 성립한 경우에 지상권자가 행사하는 '설정등기청구권' 등은 물권적 청구권이다.

❷ 중간생략등기 제31회

1. 의의

예컨대, 부동산물권이 甲 ⇨ 乙 ⇨ 丙으로 순차적으로 이전되어야 할 경우 중간취득자 乙의 등기를 생략하고 최초의 양도인 甲으로부터 직접 최후의 양수인 丙에게 하는 등기이다.

2. 최종매수인의 직접 등기청구 여부

① 당사자 전원의 합의가 있는 경우에는 최종양수인은 최초양도인에게 직접 자기로의 이전등기를 청구할 수 있으나, 합의가 없을 때에는 중간자의 등기청구권을 대위 행사할 수 있을 뿐이다.

② 최종양수인이 중간자로부터 소유권이전등기청구권을 양도받았다 하더라도 최초양도인이 그 양도에 대해 동의하지 않고 있다면 그에 대한 통지만으로는 최종양수인은 최초양도인에 대해 소유권이전등기절차이행을 청구할 수 없다.

3. 중간생략등기 합의의 효력

① 중간생략등기의 합의가 있다고 하여 최초매도인과 최종매수인 사이에 매매계약이 성립하는 것은 아니며, 당사자 간의 각 계약은 그대로 유효하다. 따라서 중간생략등기의 합의는 적법한 등기원인이 될 수 없다.

② 따라서 중간생략등기의 합의가 있었다 하여 중간매수인의 소유권이전등기청구권이 소멸된다거나 첫 매도인의 그 매수인에 대한 소유권이전등기의무가 소멸되는 것은 아니다.

③ 또한 중간생략등기의 합의가 있은 후에 최초 매도인과 중간매수인 간에 매매대금을 인상하는 약정이 체결된 경우, 최초매도인은 인상된 매매대금이 지급되지 않았음을 이유로 최종매수인명의로의 소유권이전등기의무의 이행을 거절할 수 있다.

④ 어느 당사자 사이의 계약이 무효이거나 취소·해제되면 중간생략등기의 합의도 효력을 상실하므로 최초양도인은 최종양수인 명의로의 소유권이전등기의무의 이행을 거절할 수 있다.

4. 중간생략등기의 유효여부

① 판례는 합의가 없더라도 이미 중간생략등기가 성립되어 있는 때에는 합의가 없었음을 이유로 무효를 주장할 수 없고 따라서 말소를 청구하지 못한다고 한다.

② 또한 중간생략등기를 금지하는 「부동산등기 특별조치법」은 단속규정으로 이에 위반한 중간생략등기합의에 관한 사법상의 효력까지 무효로 되는 것은 아니다.

③ 다만, 토지거래허가구역 내의 중간생략등기는 무효이다.

❸ 등기의 추정력

1. 의의 및 효과

① 등기의 추정력이란 부동산등기가 있으면 그에 상응하는 실체적 권리가 존재하는 것으로 추정하는 것을 말한다.

② 등기의 추정은 반대증거에 의해 깨어지며, 이 경우의 입증책임은 등기와 반대사실을 주장하는 자에게 있다.

③ 따라서 등기원인행위의 태양이나 과정을 다소 다르게 주장하더라도 그 주장만으로 등기의 추정력이 깨어진다고 할 수 없다.

④ 「부동산 소유권이전등기 등에 관한 특별조치법」 등에 의한 등기는 그 보증서 및 확인서가 허위 또는 위조되었다는 것까지 입증해야 추정력이 깨진다.(강한 추정력)

2. 추정력이 미치는 범위

① 등기된 권리가 등기명의인에게 적법하게 귀속하는 것으로 추정(권리적법 추정)되며, 저당권설정등기의 경우에는 저당권의 존재 자체뿐만 아니라 이에 상응하는 피담보채권의 존재도 추정된다.

② 등기가 있는 경우에는 적법한 절차에 의하여 이루어진 등기라고 추정된다. 따라서 부동산을 매수한 등기명의인이 상대방의 대리인과 매매계약을 체결했다고 주장하는 경우 대리권의 존재도 추정된다.

③ 등기원인의 적법도 추정된다.

3. 추정력이 부정되는 경우

① 권리등기가 아닌 부동산표시의 등기에는 추정력이 인정되지 않는다.

② 소유권이전등기청구권보전을 위한 가등기가 있다고 하여 소유권이전등기를 청구할 어떤 법률관계가 있다고 추정되지 않는다.

③ 허무인(실재 존재하지 않는 사람) 또는 사망자로부터 이어받은 소유권이전등기는 원인무효이므로 등기의 추정력을 인정할 여지가 없다.

④ 근저당권등기가 되어 있다는 사실만으로 그 피담보채권을 성립시키는 기본계약까지 추정하지는 않는다.

⑤ 원인 없이 부적법 말소된 등기에는 권리소멸의 추정력이 인정되지 않는다. 즉, 불법 말소된 등기의 최종명의인은 그 회복등기가 경료되기 전이라도 적법한 권리자로 추정된다.

4. 권리변동 당사자 사이에 추정력 인정여부

① 등기부상 물권변동의 당사자 사이에도 등기추정력을 원용할 수 있다. 즉, 소유권이전등기의 경우 제3자에 대해서 뿐만 아니라 그 전 소유자에 대해서도 추정력이 인정된다.(소유권이전등기의 무효는 전소유자가 주장 및 입증책임)

② 소유권보존등기는 원시취득의 사실만이 추정되고, 권리이전의 사실은 추정되지 않는다. 따라서 보존등기명의자가 원시취득한 것이 아니라는 것이 밝혀진 경우, 보존등기명의자가 보존등기 전의 소유자로부터 소유권을 양도받았다고 주장하고 전소유자가 보존등기명의자에의 양도사실을 부인하는 경우에는 그 추정력이 깨어진다.

❹ 기타 문제되는 경우

1. 등기가 불법말소된 경우 물권의 효력

등기는 물권의 효력발생요건이지 효력존속요건은 아니므로, 물권에 관한 등기가 원인 없이 말소된 경우에도 그 물권의 효력에는 아무런 영향이 없다.

2. 무효등기의 유용

① '무효등기의 유용'이란 무효인 등기를 말소하지 않고 그 등기를 유효한 등기로 그대로 이용(유용)하는 것을 말한다.

② 권리등기(저당권등기, 가등기 등)의 유용은 유용합의 이전에 등기부상 이해관계인이 없는 경우에 한하여 유효하다. 그러나 멸실된 건물의 보존등기를 신축한 건물의 보존등기로는 유용하는 표제부등기의 유용은 할 수 없다.

3. 이중보존등기(중복등기)

① 등기명의인이 동일인인 경우 : 동일부동산에 관하여 동일인 명의로 중복보존등기가 경료된 경우에는 뒤에 된 등기가 무효이고 이 무효인 등기에 터잡아 타인명의로 소유권이전등기가 경료되었다고 하더라도 실체관계에 부합하는 여부를 가릴 것 없이 이 등기 역시 무효이다.

② 등기명의인이 동일인이 아닌 경우 : 동일부동산에 관해 등기명의인을 달리하여 중복된 소유권보존등기가 경료된 경우에는 먼저 이루어진 소유권보존등기가 원인무효가 되지 않는 한 뒤에 한 소유권보존등기가 무효이다.

3 대표 기출문제

제34회 출제

01 부동산 소유권이전등기청구권에 관한 설명으로 옳은 것은? (다툼이 있으면 판례에 따름)

① 교환으로 인한 이전등기청구권은 물권적 청구권이다.

② 점유취득시효 완성으로 인한 이전등기청구권의 양도는 특별한 사정이 없는 한 양도인의 채무자에 대한 통지만 으로는 대항력이 생기지 않는다.

③ 매수인이 부동산을 인도받아 사용·수익하고 있는 이상 매수인의 이전등기청구권은 시효로 소멸하지 않는다.

④ 점유취득시효 완성으로 인한 이전등기청구권은 점유가 계속되더라도 시효로 소멸한다.

⑤ 매매로 인한 이전등기청구권의 양도는 특별한 사정이 없는 한 양도인의 채무자에 대한 통지만으로 대항력이 생긴다.

해설

① 교환으로 인한 이전등기청구권은 채권적 청구권이다.

② 점유취득시효 완성으로 인한 이전등기청구권의 양도는 특별한 사정이 없는 한 통상의 채권양도의 방법인 채무자에 대한 통지만으로 대항력이 생긴다.

④ 점유취득시효 완성으로 인한 이전등기청구권은 채권적 청구권이지만, 시효완성자의 점유가 계속되는 경우에는 시효로 소멸하지 않는다.

⑤ 매수인의 소유권이전등기청구권은 그 이행과정에 신뢰가 따르므로 특별한 사정이 없는 한 그 권리의 성질상 양도가 제한되므로 양도인의 채무자에 대한 통지만으로는 채무자에 대한 대항력이 생기지 않고 그 양도에 채무자의 승낙이나 동의를 요한다.

답 ③

제31회 출제

02 X토지는 甲→乙→丙으로 순차 매도되고, 3자간에 중간생략등기의 합의를 하였다. 이에 대한 설명으로 <u>틀린</u> 것은? (다툼이 있으면 판례에 따름)

① 丙은 甲에게 직접 소유권이전등기를 청구할 수 있다.

② 乙의 甲에 대한 소유권이전등기청구권은 소멸하지 않는다.

③ 甲의 乙에 대한 매매대금채권의 행사는 제한받지 않는다.

④ 만약 X토지가 토지거래허가구역에 소재한다면, 丙은 직접 甲에게 허가신청절차의 협력을 구할 수 없다.

⑤ 만약 중간생략등기의 합의가 없다면, 丙은 甲의 동의나 승낙 없이 乙의 소유권이전등기청구권을 양도받아 甲에게 소유권이전등기를 청구할 수 있다.

해설

⑤ 최종양수인이 중간자로부터 소유권이전등기청구권을 양도받았다 하더라도 최초양도인이 그 양도에 대해 동의하지 않고 있다면 최종양수인은 최초양도인에 대해 채권양도를 원인으로 하여 소유권이전등기절차이행을 청구할 수 없다[95다15575].

답 ⑤

제30회 출제

03 등기의 추정력에 관한 설명으로 옳은 것을 모두 고른 것은? (다툼이 있으면 판례에 따름)

> ㄱ. 사망자 명의로 신청하여 이루어진 이전등기에는 특별한 사정이 없는 한 추정력이 인정
> 되지 않는다.
> ㄴ. 대리에 의한 매매계약을 원인으로 소유권이전 등기가 이루어진 경우, 대리권의 존재는
> 추정된다.
> ㄷ. 근저당권등기가 행해지면 피담보채권뿐만 아니라 그 피담보채권을 성립시키는 기본계
> 약의 존재도 추정된다.
> ㄹ. 건물 소유권보존등기 명의자가 전(前)소유자로부터 그 건물을 양수하였다고 주장하는
> 경우, 전(前)소유자가 양도사실을 부인하더라도 그 보존등기의 추정력은 깨어지지 않
> 는다.

① ㄱ, ㄴ   ② ㄱ, ㄷ   ③ ㄴ, ㄷ   ④ ㄴ, ㄹ   ⑤ ㄷ, ㄹ

해설

ㄷ. 담보물권등기의 경우 피담보채권도 존재한다고 추정되지만, 근저당권등기가 되어 있다는 사실만으로 그 피담보
채권을 성립시키는 기본계약까지 추정하지는 않는다[2009다72070].

ㄹ. 소유권보존등기는 그 등기명의인에게 소유권이 진실하게 보존되어 있다는 사실(원시취득)에 관하여만 추정력이
있고, 권리변동사실은 추정되지 않으므로 건물 소유권보존등기 명의자가 전(前)소유자로부터 그 건물을 양수하였
다고 주장하는 경우, 전(前)소유자가 양도사실을 부인하면 그 보존등기의 추정력은 깨어진다[79다1200].

답 ①

4 출제 예상문제

01 등기청구권에 관한 설명으로 **틀린** 것은? (다툼이 있으면 판례에 따름)

① 매매계약의 취소로 인한 매도인의 매수인에 대한 등기청구권은 물권적 청구권이다.

② 부동산 매수인이 그 목적물을 인도받아 이를 사용·수익하고 있는 이상 그 매수인의 등기청구권은 시효로 소멸하지 않는다.

③ 부동산의 매수인이 그 부동산을 인도받아 이를 사용·수익하다가 다른 사람에게 이를 처분하고 그 점유를 승계하여 준 경우에는 그때부터 이전등기청구권의 소멸시효가 진행한다.

④ 청구권 보전을 위한 가등기에 기한 본등기청구권은 채권적 청구권이다.

⑤ 점유취득시효의 완성으로 점유자가 소유자에 대해 갖는 소유권이전등기청구권은 통상의 채권양도 법리에 따라 양도될 수 있다.

해설✦ ③ 부동산의 매수인이 그 부동산을 인도받은 이상 이를 사용·수익하다가 그 부동산에 대한 보다 적극적인 권리행사의 일환으로 다른 사람에게 그 부동산을 처분하고 그 점유를 승계하여 준 경우에도 이전등기청구권의 소멸시효는 진행되지 않는다.

정답✦ ③

02 乙은 甲소유의 건물을 매수하여 다시 이를 丙에게 매도하였으며, 甲·乙·丙은 甲에게서 丙으로 소유권이전등기를 해주기로 합의하였다. 다음 중 **틀린** 것은? (다툼이 있으면 판례에 의함)

① 丙은 직접 甲에 대하여 소유권이전등기청구권을 행사할 수 있다.

② 乙의 甲에 대한 소유권이전등기청구권은 소멸하는 것이 아니다.

③ 甲과 乙이 매매계약을 합의해제한 경우, 甲은 丙 명의로의 소유권이전등기의무의 이행을 거절할 수 있다.

④ 만약 甲과 乙 사이에 매매대금을 인상하는 약정을 체결한 경우, 甲은 인상분의 미지급을 이유로 丙의 소유권이전등기청구를 거절할 수 없다.

⑤ 만약 乙이 丙에게 소유권이전등기청구권을 양도하고 그 사실을 甲에게 통지한 경우, 그 사실만으로는 丙은 직접 甲에 대하여 이전등기를 청구할 수 없다.

PART 2 물권법(物權法)

해설 ✦ ④ 최초매도인과 중간매수인, 중간매수인과 최종매수인 사이에 순차로 매매계약이 체결되고 이들 간에 중간생략등
기의 합의가 있은 후에 최초매도인과 중간매수인 간에 매매대금을 인상하는 약정이 체결된 경우, 최초매도인
(甲)은 인상된 매매대금이 지급되지 않았음을 이유로 최종매수인(丙) 명의로의 소유권이전등기의무의 이행을
거절할 수 있다(대판 2005.4.29., 2003다66431).

정답 ✦ ④

03 등기의 추정력에 관한 설명 중 <u>틀린</u> 것은? (다툼이 있는 경우 판례에 의함)

① 소유권이전청구권 보전을 위한 가등기가 있다 하여, 소유권이전등기를 청구할 어떤 법률관
계가 있다고 추정되지 아니한다.

② 소유권이전등기가 원인 없이 말소된 경우에는 그 회복등기가 경료되기 전이라 하더라도 말
소된 등기의 최종명의인은 적법한 권리자로 추정된다.

③ 소유권이전등기가 경료되어 있는 경우에는 그 등기명의자는 제3자에 대하여서 뿐만 아니라
그 전 소유자에 대하여도 적법한 등기원인에 의하여 소유권을 취득한 것으로 추정된다.

④ 보존등기명의자가 보존등기 전의 소유자로부터 소유권을 양도받았다고 주장하고 전소유자
가 보존등기명의자에의 양도사실을 부인하는 경우에도 보존등기의 추정력은 인정된다.

⑤ 대리에 의한 매매계약을 원인으로 소유권이전등기가 이루어진 경우, 대리권의 존재는 추정
된다.

해설 ✦ ④ 보존등기명의자가 보존등기 전의 소유자로부터 소유권을 양도받았다고 주장하고 전소유자가 보존등기명의자에
의 양도사실을 부인하는 경우에는 그 추정력이 깨어진다[79다1200].

정답 ✦ ④

테마 21 혼동(물권의 소멸사유)

1 출제예상과 학습포인트

✦ **기출횟수**

제24회

✦ **제35회 출제예상**

물권의 소멸사유 중 하나로 지문으로 종종 출제된다. 제35회 출제가능성은 약 50%이다.

✦ **제35회 대비 중요도**

★

✦ **학습방법**

혼동의 개념을 정확히 이해하고, 소유권과 제한물권이 혼동되는 경우에 제한물권이 소멸되는 경우와 소멸되지 않는 경우를 정확히 정리한다.

✦ **핵심쟁점**

❶ 소유권과 제한물권이 혼동되는 경우 제한물권이 소멸되지 않는 경우

❷ 혼동으로 인한 물권소멸의 효과

2 핵심 내용

❶ 의의

혼동이란 서로 대립하는 두 개의 권리가 동일인에게 귀속하는 것을 말하며, 혼동의 경우 어느 한 권리가 다른 한 권리에 흡수되어 소멸한다.

❷ 소유권과 제한물권의 혼동

1. 원칙 : 제한물권이 소멸

① 소유권과 다른 물권(제한물권)이 동일한 사람에게 귀속한 때에는 다른 물권(제한물권)은 소멸한다.

② 예컨대, 甲의 건물에 전세권을 가진 乙이 그 건물의 소유권을 취득하면, 乙의 전세권은 혼동으로 소멸한다.

2. 예외 : 제한물권 소멸×

① 제한물권이 제3자의 권리의 목적인 때에는 제한물권이 소멸하지 않는다. 예컨대, 甲의 부동산에 乙이 전세권을 가지고 있고, 그 전세권의 丙의 저당권의 목적인 경우 乙이 그 부동산 소유권을 취득하여도 전세권은 소멸하지 않는다.

② 그 물건 위에 제3자가 후순위의 권리를 가지고 있고 선순위권자가 소유권을 취득하면 본인의 이익을 위하여 제한물권은 소멸하지 않는다. 예컨대, 甲의 부동산에 乙이 저당권을 가지고 있고, 丙이 동일한 부동산에 후순위 저당권을 가지고 있는 경우에, 乙이 그 부동산의 소유권을 취득하더라도 乙의 저당권은 소멸하지 않는다. 그러나 후순위권자인 丙이 소유권을 취득하면 丙의 저당권은 혼동으로 소멸한다.

❸ 제한물권과 그 제한물권을 목적으로 하는 다른 제한물권의 혼동

1. 원칙 : 다른 제한물권이 소멸(지상권 위에 저당권을 가지는 자가 그 지상권을 취득한 경우 저당권이 소멸)

2. 예외 : 다른 제한물권 소멸×

① 혼동으로 소멸할 제한물권이 제3자의 권리의 목적인 때
 > **예** 甲의 지상권 위에 乙이 저당권을 가지고 있고, 다시 그 저당권 위에 丙이 질권을 가지고 있는 경우 乙이 甲의 지상권을 취득하여도 乙의 저당권은 소멸 ×

② 제3자가 후순위 권리를 가지고 있을 때
 > **예** 甲의 지상권 위에 乙이 저당권을 가지고 있고, 제3자 丙이 같은 지상권위에 후순위 저당권을 가지고 있는 경우, 乙이 甲의 지상권을 취득하더라도 乙의 저당권은 소멸 ×

❹ 혼동으로 소멸되지 않는 권리 : 점유권, 광업권

❺ 혼동의 효과

1. 혼동은 법률규정에 의한 물권변동이므로 등기 없이 물권은 소멸하고, 혼동 이전의 상태로 복귀된다 할지라도 소멸한 권리는 부활하지 않는다.

2. 다만, 혼동을 생기게 한 원인이 부존재, 무효, 취소, 해제 등으로 실효된 경우에는 소멸된 물권은 당연히 부활한다.

3 대표 기출문제

제22회 출제

01 혼동에 의한 물권소멸에 관한 설명으로 옳은 것을 모두 고른 것은? (다툼이 있으면 판례에 의함)

> ㉠ 甲의 토지 위에 乙이 1번 저당권, 丙이 2번 저당권을 가지고 있다가 乙이 증여를 받아 토지 소유권을 취득하면 1번 저당권은 소멸한다.
>
> ㉡ 乙이 甲의 토지 위에 지상권을 설정받고, 丙이 그 지상권 위에 저당권을 취득한 후 乙이 甲으로부터 그 토지를 매수한 경우, 乙의 지상권은 소멸한다.
>
> ㉢ 甲의 토지를 乙이 점유하다가 乙이 이 토지의 소유권을 취득하더라도 乙의 점유권은 소멸하지 않는다.
>
> ㉣ 甲의 토지 위에 乙이 지상권, 丙이 저당권을 가지고 있는 경우, 丙이 그 소유권을 취득하면 丙의 저당권은 소멸한다.

① ㉠, ㉡   ② ㉡, ㉢   ③ ㉢, ㉣   ④ ㉠, ㉣   ⑤ ㉠, ㉢

해설

㉠ 甲의 토지에 대해 乙이 저당권을 가지고 있는데 丙이 후순위저당권을 가지고 있는 경우에는 乙이 그 토지를 매수하여 소유권을 취득하더라도 乙의 저당권은 소멸하지 않는다.

㉡ 乙이 甲의 토지에 대해 지상권을 가지고 있고 그 지상권이 丙의 저당권의 목적인 경우에는 乙이 그 토지의 소유권을 취득하더라도 乙의 지상권은 소멸하지 않는다.

답 ③

4 출제 예상문제

01 혼동에 의한 물권소멸에 관한 설명으로 틀린 것은?

① 甲 소유의 건물에 乙의 대항력 있는 임차권이 성립한 후 丙이 저당권을 취득한 경우, 乙이 甲으로부터 그 건물을 매수하여 소유권을 취득하여도 임차권은 소멸한다.

② 甲소유 토지에 乙이 지상권을 취득한 후 甲이 乙에게 담보목적의 소유권이전등기를 해 준 경우, 乙의 지상권은 소멸하지 않는다.

③ 乙이 甲의 토지 위에 지상권을 설정받고, 丙이 그 지상권 위에 저당권을 취득한 후 乙이 甲으로부터 그 토지를 매수한 경우, 乙의 지상권은 소멸하지 않는다.

④ 甲의 토지를 乙이 점유하다가 乙이 이 토지의 소유권을 취득하더라도 乙의 점유권은 소멸하지 않는다.

⑤ 근저당권자 甲이 근저당목적물인 건물을 매수한 후 그 소유권취득의 무효로 밝혀지면, 혼동으로 소멸하였던 근저당권은 부활한다.

해설 ✦ ① 乙의 임차권이 혼동으로 소멸하면 후순위 丙의 저당권이 부당하게 순위가 승진되어 乙이 피해를 볼 수 있으므로 乙의 이익을 위하여 乙의 임차권은 혼동으로 소멸하지 않는다.

정답 ✦ ①

02 **혼동으로 인해 밑줄 친 권리가 확정적으로 소멸하는 경우는?** (다툼이 있으면 판례에 의함)

① 지상권자가 <u>지상권</u>이 설정된 토지의 소유권을 단독상속한 경우

② <u>저당권</u>의 목적물을 저당권자가 매수하였으나 그 매매계약이 원인무효인 경우

③ <u>저당권</u>이 설정된 부동산에 가압류등기가 된 후 그 저당권자가 부동산의 소유권을 취득한 경우

④ 甲의 지상권에 대해 乙이 1번 <u>저당권</u>, 丙이 2번 저당권을 취득한 후 乙이 그 지상권을 취득한 경우

⑤ 주택임차인이 대항력 및 우선변제권이 있는 <u>임차권</u>을 취득한 다음에 그 주택에 제3자의 저당권이 설정된 후 임차인이 이를 매수하여 소유권을 취득한 경우

해설 ✦ ① 동일한 물건에 대한 소유권과 다른 물권(지상권)이 동일한 사람에게 귀속한 때에는 다른 물권(지상권)은 소멸한다(제191조 제1항).
② 혼동을 생기게 한 원인행위가 불성립·무효·취소·해제로 인해 효력이 없는 때에는 혼동으로 소멸한 물권은 원래의 상태로 회복된다.
③④⑤의 경우는 모두 본인 자신의 이익을 위하여 소유권을 취득하였다 하여도 혼동으로 소멸하지 않는다.

정답 ✦ ①

PART 2 물권법(物權法)

1 출제예상과 학습포인트

✦ 기출횟수
   제26회 제28회 제29회 제30회 제32회 제33회

✦ 제35회 출제예상
   기본물권인 점유권 일반에 관한 내용으로 제35회 출제가능성은 90% 이상이다.

✦ 제35회 대비 중요도
   ★★★

✦ 학습방법
   점유의 개념을 정확하게 이해하고, 간접점유, 자주점유와 타주점유, 점유의 특정승계와 포괄승계, 점유의 추정력 등을 정리한다.

✦ 핵심쟁점
   ❶ 간접점유   ❷ 자주점유와 타주점유   ❸ 점유의 추정적 효력

2 핵심 내용

❶ 점유의 의의

1. 점유의 개념

① 물건을 사실상 지배하는 자는 점유권이 있다.

② 사실상의 지배가 있다고 하기 위해서는 반드시 물건을 물리적·현실적으로 지배할 필요는 없고, 사회관념에 따라 합목적적으로 판단하여야 한다.

2. 건물부지에 대한 점유

① 건물의 소유자는 특별한 사정이 없는 한 건물의 부지에 대한 점유가 인정된다.제32회

② 건물의 소유자가 아닌 자는 실제로 그 건물을 점유하고 있다 하더라도 그 부지를 점유하는 자로는 볼 수 없다.

③ 다만, 미등기건물을 양수하여 건물에 대한 사실상의 처분권을 보유한 양수인은 그 건물부지의 점유자이다.

3. 등기와 점유

① 매매계약을 원인으로 토지의 소유자로 등기한 자는 통상 이전등기할 때에 그 토지를 인도받아 점유한 것으로 보아야 한다. 제24회

② 그러나 보존등기를 마쳤다고 하여 일반적으로 등기명의자가 그 무렵 다른 사람으로부터 점유를 이전받는다고 볼 수는 없다.

❷ 점유보조자

1. 가사상, 영업상 기타 관계에 의하여 타인의 지시를 받아 물건을 사실상 지배하는 자

2. 점유자가 아니므로 점유보호청구권을 행사할 수 없고, 물권적 청구권의 상대방이 될 수 없다.

3. 다만, 자력구제권은 행사할 수 있다.

❸ 간접점유자 제30회

1. 지상권, 전세권, 질권, 사용대차, 임대차, 임치 기타의 관계(점유매개관계)로 타인으로 하여금 물건을 점유하게 한 자(예 임차인은 직접점유자, 임대인은 간접점유자)

2. 점유매개관계는 반드시 유효일 필요는 없고, 중첩적으로 있을 수 있다. 따라서 甲이 乙로부터 임차한 건물을 乙의 동의 없이 丙에게 전대한 경우, 甲, 乙 모두 간접점유자이다. 제29회

3. 점유매개관계는 법률행위뿐만 아니라 법률규정에 의해 발생할 수도 있고, 간접점유자가 직접점유자에 대하여 점유매개관계에 기한 반환청구권을 가져야 한다.

4. 간접점유자는 점유자이므로 점유보호청구권을 행사할 수 있으며, 제33회 물권적 청구권의 상대방이 될 수 있다.

❹ 자주점유·타주점유

1. 의의

① '소유의 의사'를 가지고 하는 점유를 자주점유, '소유의 의사' 없이 하는 점유를 타주점유라 한다.

② 자주점유인지 타주점유인지 여부는 점유자의 내심의 의사에 의해 결정되는 것이 아니라 점유취득의 원인이 된 권원의 성질에 의해 외형적·객관적으로 결정되어야 한다. 제26회

③ 판단시점은 점유개시 당시를 기준으로 판단한다. 따라서 부동산을 매수하여 점유를 개시한 이후에 그 매매가 무효인 것임을 알았더라도 그 점유가 타주점유가 된다고 볼 수 없다.

2. 자주점유의 추정(점유권원이 불분명한 경우)

① 점유자가 스스로 그 점유권원의 성질에 의한 자주점유임을 입증할 책임이 없고, 타주점유임을 주장하는 상대방에게 타주점유에 대한 입증책임이 있다.
② 점유자가 스스로 매매 등과 같은 자주점유의 권원을 주장하였으나 이것이 인정되지 않는 경우에도 자주점유의 추정이 번복된다거나 또는 타주점유라고는 볼 수 없다.제26회 제32회

3. 자주점유인 경우

① 매수인이 착오로 인접토지 일부를 그가 매수한 토지의 일부로 믿고 점유를 하여 온 경우
② 부동산을 매수하여 이를 점유한 자는 후에 그 매도인에게 처분권한이 없다는 사실을 알게 되었다고 하더라도 자주점유
③ 등기를 수반하지 아니한 점유임이 밝혀진 경우라도 이 사실만으로 타주점유는 아니다.
④ 취득시효가 완성된 후 점유자가 그 등기명의 소유자에게 그 부동산의 매수를 제의한 사실 만으로 그 점유를 타주점유 또는 시효이익의 포기로 볼 수 없다.
⑤ 점유자가 등기명의자(소유자)를 상대로 소유권이전등기절차의 이행을 구하는 소를 제기하였다가 패소확정된 경우, 점유자가 악의점유자일 뿐 타주점유자는 아니다.

4. 타주점유

① 직접점유자(지상권자, 전세권자, 임차인)제29회, 명의수탁자 등의 점유 제29회
② 타인의 토지 위에 분묘를 설치 또는 소유하는 자(분묘기지권자)는 점유권원의 성질상 타주점유라고 할 것이다.
③ 처분권한이 없는 자로부터 그 사실을 알면서 부동산을 취득하거나 어떠한 법률행위가 무효인 것을 알면서 부동산을 취득하여 점유를 한 경우(악의의 무단점유)
④ 매매대상 토지의 실제면적이 공부상 면적을 상당히 초과하는 경우 그 초과부분에 대한 점유는 타주점유제29회
⑤ 공유부동산을 공유자 1인이 전부를 점유하고 있는 경우 다른 공유자의 지분비율의 범위 내에서는 타주점유
⑥ 소유자가 점유자를 상대로 소유권 주장하여 승소한 경우, 점유자의 점유는 패소판결 확정 후부터는 타주점유로 전환 된다.(소제기 시부터 악의점유)

5. 자주점유·타주점유 간의 전환

① 타주점유에서 자주점유로 전환 : 타주점유에서 자주점유로 전환되기 위해서는 새로운 권원에 의하여 다시 소유의 의사로 점유하거나(임차인이 임차물을 매수하는 경우 등), 자기에게 점유시킨 자에게 소유의 의사가 있음을 표시하여야 한다.

② 자주점유에서 타주점유로 전환 : 부동산을 매도하여 그 인도의무를 지고 있는 매도인의 점유, 매매계약이 해제된 경우의 매수인의 점유, 부동산이 경락된 후 종전 소유자는 자주점유에서 타주점유로 전환된다.

❺ 선의점유·악의점유

① '선의점유'란 본권이 없음에도 본권이 있다고 오신하는 점유를 말하고, '악의의 점유'는 점유할 권원이 없음을 알면서 하는 점유를 말한다.

② 점유자는 선의로 점유한 것으로 추정한다. 그러나 선의점유자가 본권에 관한 소에서 패소하면, 그 소가 제기된 때부터(패소한 때부터×) 악의의 점유자로 된다.제32회 제33회

❻ 하자 있는 점유·하자 없는 점유

하자 있는 점유란 악의·과실(過失)·강폭·은비·불계속 등의 점유를 말하고, 하자 없는 점유란 선의, 무과실, 평온, 공연, 계속 등의 요건을 모두 갖춘 점유를 말한다.

❼ 점유의 승계와 그 효과

1. 특정승계의 경우

① 점유자의 승계인은 자기의 점유만을 주장하거나 자기의 점유와 전 점유자의 점유를 아울러 주장할 수 있다. 다만, 전 점유자의 점유를 아울러 주장하는 경우에는 그 하자도 승계한다.제26회

② 전 점유자의 점유가 타주점유라 하여도 점유자의 승계인이 자기의 점유만을 주장하는 경우에는 현 점유자의 점유는 자주점유의 추정을 받는다.

2. 포괄승계의 경우

① 점유권은 점유자의 사망으로 인하여 당연히 상속인에게 이전된다.

② 상속인은 피상속인의 점유의 성질과 하자를 떠나 자기만의 새로운 점유를 주장할 수 없다. 다만, 상속인이 '새로운 권원'에 의하여 자기 고유의 점유를 시작한 때에는 자기의 점유를 분리·주장할 수 있다.

⑧ 점유의 추정적 효력

1. 점유자는 소유의 의사로 선의, 평온 및 공연하게 점유한 것으로 추정한다.제28회 제33회

2. 전후 양시에 점유한 사실이 있는 때에는 그 점유는 계속한 것으로 추정한다.제28회 제32회 전후 양 시점의 점유자가 다른 경우에도 점유의 승계가 입증되는 한 점유계속은 추정된다.

3. 점유자가 점유물에 대하여 행사하는 권리는 적법하게 보유한 것으로 추정한다.제28회

4. 점유자의 권리추정의 규정은 부동산물권에 대하여는 적용되지 않는다.

5. 점유의 무과실은 추정되지 않는다.제29회

3 대표 기출문제

제29회 출제

01 점유에 관한 설명으로 옳은 것은? (다툼이 있으면 판례에 따름)

① 점유매개관계의 직접점유자는 타주점유자이다.

② 점유자는 소유의 의사로 과실 없이 점유한 것으로 추정한다.

③ 甲이 乙로부터 임차한 건물을 乙의 동의 없이 丙에게 전대한 경우, 乙만이 간접점유자이다.

④ 甲이 乙과의 명의신탁약정에 따라 자신의 부동산 소유권을 乙명의로 등기한 경우, 乙의 점유는 자주점유이다.

⑤ 실제 면적이 등기된 면적을 상당히 초과하는 토지를 매수하여 인도받은 때에는 특별한 사정이 없으면 초과부분의 점유는 자주점유이다.

해설

① 직접점유자의 점유는 타주점유에 해당한다.

② 점유자의 무과실은 추정되지 아니한다.

③ 간접점유의 성립요건인 점유매개관계(지상권·전세권·질권·사용대차·임대차·임치 기타의 관계)는 반드시 유효일 필요도 없고 중첩적으로도 가능하므로 甲이 乙로부터 임차한 건물을 乙의 동의 없이 丙에게 전대한 경우, 甲, 乙 모두 간접점유자이다.

④ 명의수탁자의 점유는 타주점유이다(85다카1644).

⑤ 매매대상 토지의 면적이 공부상 면적을 상당히 초과하는 경우에는 특별한 사정이 없는 한 그 초과 부분은 권원의 성질상 타주점유에 해당한다[2006다49512].

답 ①

제28회 출제

02 점유권에 관한 설명으로 틀린 것은?

① 점유권에 기인한 소는 본권에 관한 이유로 재판할 수 있다.

② 점유자는 소유의 의사로 선의, 평온, 및 공연하게 점유한 것으로 추정한다.

③ 전후양시에 점유한 사실이 있는 때에는 그 점유는 계속한 것으로 추정한다.

④ 점유자가 점유물에 대하여 행사하는 권리는 적법하게 보유한 것으로 추정한다.

⑤ 전세권, 임대차, 기타의 관계로 타인으로 하여금 물건을 점유하게 한 자는 간접으로 점유권이 있다.

> **해설**
>
> ① 점유권과 본권(소유권 등)은 서로 별개의 권리이므로 점유권에 기인한 소는 본권에 관한 이유로 재판하지 못한다 (제208조 제2항). 따라서 점유자로부터 점유물반환청구의 소를 제기당한 소유자는 그 소송에서 방어방법으로 본권을 주장할 수 없다.
>
> 답 ①

4 출제 예상문제

01 점유에 관한 다음 설명 중 틀린 것은? (다툼이 있으면 판례에 따름)

① 공유자 1인이 다른 공유자의 지분을 포함한 공유토지 전부를 점유하는 경우 다른 공유자의 지분비율의 범위 내에서는 타주점유이다.

② 토지에 대한 소유권이전등기가 이루어졌다면, 그 등기명의자는 그 무렵 다른 사람으로부터 당해 토지에 대한 점유를 이전받았다고 본다.

③ 점유계속추정은 전후 양 시점의 점유자가 다른 경우에도 인정된다.

④ 상속인이 상속재산인 부동산을 피상속인의 소유인 것으로 알고 스스로 현실적으로 점유를 한 경우에는 상속도 점유변경의 새로운 권원이 될 수 있다.

⑤ 점유의 권리적법추정 규정은 원칙적으로 부동산물권에는 적용이 없다.

해설 ✦ ④ 상상속인은 피상속인의 점유의 성질 및 그 하자를 그대로 승계한다. 따라서 상속은 타주점유가 자주점유로 전환되기 위하여 필요한 새로운 권원이 아니다.

정답 ✦ ④

02 점유에 관한 설명으로 틀린 것은?

① 점유매개관계가 있기 위해서는 간접점유자가 직접점유자에 대하여 점유매개관계에 기한 반환청구권을 가져야 한다.

② 점유자가 스스로 매매 등과 같은 자주점유의 권원을 주장하였으나 이것이 인정되지 않는 경우에도 자주점유의 추정이 번복되지 않는다.

③ 토지의 점유자가 소유자를 상대로 소유권이전등기말소청구의 소를 제기하였다가 패소한 경우, 자주점유의 추정이 번복되어 타주점유로 전환 된다.

④ 타주점유자의 승계인이 자기의 점유만을 주장하는 경우에는 자주점유의 추정을 받는다.

⑤ 자기소유 부동산을 타인에게 매도하고 대금전액을 지급받아 인도의무를 지고 있는 자의 점유는 특별한 사정이 없는 한 타주점유로 전환된다.

해설 ✦ ③ 토지의 점유자가 소유자를 상대로 소유권이전등기말소청구의 소를 제기하였다가 패소하고 그 판결이 확정된 경우, 자주점유의 추정이 번복되어 타주점유로 전환 된다고 할 수 없다[98다63018].

정답 ✦ ③

✦ 기출횟수

제25회 제27회 제28회 제29회 제31회 제33회 제34회

✦ 제35회 출제예상

점유권파트에서 가장 출제빈도가 높은 부분으로 제35회에도 지문이나 단독형태로 출제가능성은 약 90%이다.

✦ 제35회 대비 중요도

★★★

✦ 학습방법

우선, 적법한 계약관계에 의하지 않고 권원 없이 점유하는 자와 본권(소유권)을 가진 자(회복자)와의 관계임을 이해하면서, 점유자의 과실취득 여부, 점유자의 귀책사유로 점유물을 멸실, 훼손한 경우의 배상문제, 점유자의 비용상환청구 문제로 나누어서 정리하면 된다.

✦ 핵심쟁점

❶ 점유자의 과실취득여부

❷ 점유물의 멸실, 훼손에 대한 점유자의 배상책임

❸ 점유자의 비용상환청구권

❹ 점유자가 계약관계 등 적법한 점유의 권원을 가진 경우에 그 지출비용과 비교

❶ 점유자의 과실취득여부

1. 선의의 점유자는 점유물의 과실(차임, 지료 등)을 취득한다.제28회

① '선의' 점유자는 본권을 가지고 있다고 오신할 만한 정당한 근거(무과실)가 있어야 한다.

② 취득할 수 있는 과실에는 천연, 법정과실 모두 포함, 물건의 '사용이익'도 포함

③ 선의의 점유자는 과실취득으로 인한 이득을 부당이득으로 반환할 필요가 없으나, 불법행위를 구성할 수는 있다.

④ 그러나 매매계약이 해제된 경우에는 당사자는 선의·악의를 불문하고 원상회복의무를 부담하므로 선의의 매수인도 과실을 매도인에게 반환해야 한다.

2. 악의의 점유자는 수취한 과실을 반환하여야 한다.^{제25회}

① 악의의 점유자가 과실을 소비하였거나,^{제33회} 과실(過失)로 훼손, 수취하지 못한 경우에는 그 대가를 보상하여야 한다.^{제24회 제26회 제27회}

② 폭력, 은비에 의한 점유자는 악의의 점유자와 마찬가지이다.^{제33회 제34회}

③ 악의의 점유자는 받은 이익에 이자를 붙여 반환하여야 하며, 그 이자의 이행지체로 인한 지연손해금도 지급하여야 한다.

❷ 점유물의 멸실, 훼손에 대한 책임

1. 선의이며 자주점유자는 이익이 현존하는 한도 내에서 배상하여야 한다.^{제33회}

2. 그 외 점유자(악의의 점유자, 선의의 타주점유자)는 손해의 전부를 배상하여야 한다.^{제26회 제27회 제28회} ^{제29회 제31회 제34회}

❸ 점유자의 비용상환청구권

1. 점유자는 선의, 악의 또는 소유의사 묻지 않고 비용상환청구 가능^{제25회 제27회}

2. 필요비

① 전액의 상환청구, 단, 점유자가 과실을 취득한 경우(선의의 점유자)에는 통상의 필요비는 청구할 수 없다.^{제25회 제27회 제29회 제31회 제32회 제33회}

② 악의의 점유자는 과실을 취득하지 못하므로 특별한 사정이 없는 한 점유물에 지출한 통상의 필요비 상환을 청구할 수 있다.^{제33회 제34회}

3. 유익비

① 점유자가 점유물을 개량하기 위하여 지출한 금액 기타 유익비에 관하여는 그 가액의 증가가 현존한 경우에 한하여^{제25회 제28회 제29회} 회복자의 선택에 좇아^{제31회} 그 지출금액이나 증가액의 상환을 청구할 수 있다.

② 유익비상환청구권의 경우에 법원은 회복자의 청구에 의하여 상당한 상환기간을 허여할 수 있다.^{제27회 제34회}

4. 비용상환청구권과 유치권

① 필요비, 유익비에 대하여 유치권을 행사할 수 있다.

② 그러나 유익비상환청구의 경우에 회복자가 법원으로부터 상환기간을 허여 받은 때에는 유익비에 관한 유치권을 성립시킬 수 없다.(변제기에 도래하지 않았기 때문에)^{제29회}

5. 행사시기

① 점유자의 비용상환청구권은 점유자가 그 점유물을 반환할 때 비로소 발생하는 것이므로제25회 제33회 필요비라 하여도 즉시 청구할 수 있는 것이 아니다.

② 또한 소유권이전등기의 말소만을 구하는 경우 그 유익비상환청구권으로서 동시이행 또는 유치권행사의 항변을 할 수 없다.

6. 비용상환청구의 상대방

① 점유자는 비용 지출 당시의 소유자가 아닌 점유회복 당시의 소유자에 대하여 비용상환청구권을 행사하여야 한다.

② 따라서 비용지출 후에 점유물의 소유권이 제3자에게 양도된 경우, 양수인이 비용상환청구권의 상대방이 된다.

7. 제203조(비용상환청구권)의 적용범위

① 민법 제203조는 점유자가 계약관계 등 적법하게 점유할 권리를 가지지 않아 소유자의 소유물반환 청구에 응하여야 할 의무가 있는 경우에 성립되는 것이다.

② 따라서, 점유자가 계약관계 등 적법한 점유의 권원을 가진 경우에 그 지출비용의 상환에 관하여는 그 계약관계를 규율하는 법조항(임대차의 제626조 등) 등이 적용되는 것이고 제203조는 적용되지 않는다[2001다64752].

참고	제203조에 의한 점유자의 비용상환청구권과 임차인의비용상환청구권 비교	
	점유자의 비용상환청구(제203조)	임차인의 비용상환청구(제626조)
상대방	점유회복 당시의 소유자(회복자)제31회	원칙적으로 임대인
행사시기	회복자로부터 점유물의 반환을 청구 받은 때	필요비는 즉시, 유익비는 임대차 종료시

3 대표 기출문제

제29회 출제

01 점유자와 회복자의 관계에 관한 설명으로 틀린 것은? (다툼이 있으면 판례에 따름)

① 점유물의 과실을 취득한 선의의 점유자는 통상의 필요비의 상환을 청구하지 못한다.

② 악의의 점유자가 책임 있는 사유로 점유물을 멸실한 때에는 그는 현존이익의 범위 내에서 배상하여야 한다.

③ 악의의 점유자는 받은 이익에 이자를 붙여 반환하고 그 이자의 이행지체로 인한 지연손해금까지 지급하여야 한다.

④ 유익비는 점유물의 가액 증가가 현존한 때에 한하여 상환을 청구할 수 있다.

⑤ 법원이 유익비의 상환을 위하여 상당한 기간을 허여한 경우, 유치권은 성립하지 않는다.

> **해설**
>
> ② 악의의 점유자는 손해 전부를 배상하여야 한다(제202조).
>
> 답 ②

제34회 출제

02 점유자와 회복자의 관계에 관한 설명으로 옳은 것은? (다툼이 있으면 판례에 따름)

① 점유물이 점유자의 책임 있는 사유로 멸실된 경우, 선의의 타주점유자는 이익이 현존하는 한도에서 배상해야 한다.

② 악의의 점유자는 특별한 사정이 없는 한 통상의 필요비를 청구할 수 있다.

③ 점유자의 필요비상환청구에 대해 법원은 회복자의 청구에 의해 상당한 상환기간을 허여할 수 있다.

④ 이행지체로 인해 매매계약이 해제된 경우, 선의의 점유자인 매수인에게 과실취득권이 인정된다.

⑤ 은비(隱)에 의한 점유자는 점유물의 과실을 취득한다.

> **해설**
>
> ② 점유자가 과실을 취득한 경우(선의의 점유자)에는 통상의 필요비는 청구하지 못하지만, 점유자가 악의라면 과실을 취득하지 못하므로 통상의 필요비를 청구할 수 있다. 옳은 지문이다.
> ① 점유물이 점유자의 책임 있는 사유로 멸실된 경우, 점유자가 선의라도 타주점유라면 손해의 전부를 배상하여야 한다.
> ③ 법원이 회복자의 청구에 의해 상당한 상환기간을 허여할 수 있는 것은 필요비가 아니라 유익비이다.
> ④ 매매계약이 해제된 경우, 당사자는 선의·악의를 불문하고 원상회복의무를 부담하므로 매수인은 과실도 매도인에게 반환해야 한다[97다30066].
> ⑤ 폭력 또는 은비에 의한 점유자도 악의의 점유자와 마찬가지로 과실을 반환하여야 한다(제201조 제3항).
>
> 정답 ②

4 출제 예상문제

01 점유자와 회복자의 관계에 관한 설명으로 **틀린** 것은?

① 선의의 점유자는 점유물의 과실을 취득하면 회복자에 대하여 통상의 필요비 상환을 청구하지 못한다.

② 점유물이 점유자의 책임있는 사유로 멸실된 경우 소유의 의사가 없는 선의의 점유자는 손해의 전부를 배상해야 한다.

③ 점유물에 관한 필요비상환청구권은 악의의 점유자에게도 인정된다.

④ 필요비에 관하여는 그 가액의 증가가 현존한 경우에 한하여 회복자의 선택에 좇아 그 지출금액이나 증가액의 상환을 청구할 수 있다.

⑤ 악의의 점유자가 과실(過失)로 인하여 점유물의 과실(果實)을 수취하지 못한 경우 그 과실(果實)의 대가를 보상해야 한다.

해설 ✦ ④ 점유자가 점유물을 개량하기 위하여 지출한 금액 기타 유익비에 관하여는 그 가액의 증가가 현존한 경우에 한하여 회복자의 선택에 좇아 그 지출금액이나 증가액의 상환을 청구할 수 있다(제203조 제2항).

정답 ✦ ④

02 甲은 그의 X건물을 乙에게 매도하여 점유의 이전과 소유권이전등기를 마쳤고, 乙은 X건물을 사용·수익 하면서 X건물의 보존·개량을 위하여 비용을 지출하였다. 甲과 乙사이의 계약이 무효인 경우의 법률관계에 관한 설명으로 <u>틀린</u> 것은?

① 선의의 乙이 甲이 제기한 본권의 소에서 패소한 때에는 소 제기된 이후의 과실은 반환하여야 한다.

② 악의의 乙은 과실(過失)로 과실(果實)을 수취하지 못한 때에는 그 과실(果實)의 대가를 회복자에게 보상하여야 한다.

③ 乙이 책임 있는 사유로 그 물건을 훼손한 경우, 乙이 소유의 의사 없는 선의점유자라면 손해 전부를 배상하여야 한다.

④ 乙이 유익비를 지출한 때에는 그 가액의 증가가 현존한 경우에 한하여 乙의 선택에 따라 그 지출금액이나 증가액의 상환을 청구할 수 있다.

⑤ 만일 乙이 丙에게 보수공사를 도급주어 丙이 건물을 수리한 경우, 乙만이 甲에 대한 비용상환청구권자이다.

해설 ✦ ④ 乙이 유익비를 지출한 때에는 그 가액의 증가가 현존한 경우에 한하여 甲(회복자)의 선택에 따라 그 지출금액이나 증가액의 상환을 청구할 수 있다.

정답 ✦ ④

✦ 기출횟수
  제25회 제26회 제27회 제28회 제32회 제33회

✦ 제35회 출제예상
  약 2년에 한번 씩 출제되는 부분으로 제35회 출제가능성은 약 90%이다.

✦ 제35회 대비 중요도
  ★★★

✦ 학습방법
  조문이 많은 부분으로 암기하여야 할 내용이 많은 부분이다. 특히 '주위토지통행권'의 판례 내용과 '경계에 관한 상린관계'의 조문내용은 확실하게 숙지하여야 한다.

✦ 핵심쟁점
  ❶ 주위토지통행권의 성립요건
  ❷ 주위토지통행권의 내용 및 효력
  ❸ 토지의 특별승계인에 대한 무상주위토지통행권의 인정여부
  ❹ 경계표, 담의 설치에 관한 상린관계
  ❺ 경계선 부근의 건축에 관한 상린관계

2 핵심 내용

❶ 의의

1. 인접하고 있는 부동산소유자 상호간의 이용을 조절하기 위하여 민법의 규정에 의하여 규율되는 권리관계를 상린관계라고 한다.

2. 상린관계로부터 발생하는 권리를 상린권이라고 하는데 독립한 물권이 아니고 소유권의 내용 자체이므로 등기대상도 아니다.

3. 상린관계는 부동산소유자 뿐만 아니라, 지상권자 전세권자 등에게도 준용된다.제26회

4. 상린관계에 관한 규정은 임의규정이다.

❷ 수도(水道) 등의 시설권(제218조)

1. 토지소유자는 타인의 토지를 통과하지 아니하면 필요한 수도, 소수관(疏水管), 까스관, 전선 등을 시설할 수 없거나 과다한 비용을 요하는 경우에는 타인의 토지를 통과하여 이를 시설할 수 있다. 그러나 이로 인한 손해가 가장 적은 장소와 방법을 선택하여 이를 시설할 것이며 타토지의 소유자의 청구에 의하여 손해를 보상하여야 한다.

2. 이와 같은 수도 등 시설권은 법정의 요건을 갖추면 당연히 인정되는 것이고, 수도 등 시설공사를 시행하기 위해 따로 수도 등이 통과하는 토지 소유자의 동의나 승낙을 받아야 하는 것이 아니다. 제32회

❸ 주위토지통행권 제24회 제27회

1. 의의

① 어느 토지와 공로 사이에 그 토지의 용도에 필요한 통로가 없는 경우에 그 토지소유자는 주위의 토지를 통행 또는 통로로 하지 아니하면 공로에 출입할 수 없거나 과다한 비용을 요하는 때에는 그 주위의 토지를 통행할 수 있고 필요한 경우에는 통로를 개설할 수 있는 권리를 말한다.
② 주위토지통행권은 토지의 소유자 또는 지상권자, 전세권자 등 토지사용권을 가진 자에게 인정되는 권리이다. 그러나 명의신탁자에게는 주위토지통행권이 인정되지 않는다.
③ 일단 주위토지통행권이 발생하였다 하더라도 나중에 그 토지에 접하는 공로가 개설된 경우에는 그 통행권은 소멸한다. 제24회 제32회

2. 원칙 : 유상통행권

① 성립요건
　㉠ 토지소유자가 주위의 토지를 통행 또는 통로로 하지 않으면 공로에 출입할 수 없는 경우는 물론 과다한 비용을 요할 때에도 주위토지통행권이 인정된다.
　㉡ 이미 기존의 통로가 있더라도 실제로 통로로서의 충분한 기능을 하지 못하고 있는 경우에도 인정된다. 제24회 제27회
　㉢ 그러나 이미 그 소유토지의 용도에 필요한 통로가 있는 경우에는 그 통로를 사용하는 것보다 더 편리하다는 이유만으로는 인정되지 않는다. 제24회
　㉣ 주위토지통행권의 성립에는 등기가 필요 없다. 제27회

② 인정범위
  ㉠ 주위토지소유자의 손해가 가장 적은 장소와 방법의 범위 내에서 인정되어야 한다.
  ㉡ 주위토지의 현황이나 구체적 이용 상황에 변동이 생긴 경우에는 다른 곳으로 옮겨 통행해야 한다.
  ㉢ 주위토지통행권자는 통행권의 범위 내에서 자기의 부담으로 통로를 개설할 수 있다.제27회 제28회
  ㉣ 통행권은 '현재'의 토지의 용법에 따른 이용의 범위에서 인정되는 것이지, 장차의 이용상황까지를 미리 대비하여 통행로가 인정되지는 않는다.제27회
  ㉤ 건축관련법에 정한 도로폭에 관한 규정만으로 반사적 이익으로서 당연히 포위된 토지소유자에게 이와 일치하는 주위토지통행권이 생기지는 않고, 적정한 범위를 결정하여야 한다.
  ㉥ 주위토지통행권이 인정된다고 하더라도 토지의 용도에 적합한 범위에서 통행 시기나 횟수, 통행방법 등을 제한하여 인정할 수도 있다.

③ 효력
  ㉠ 주위토지통행권자는 그 통행권의 범위 내에서 그 토지를 사용할 수 있을 뿐이고 그 통행지에 대한 통행지 소유자의 점유를 배제할 권능까지 있는 것은 아니므로 통행지의 소유자에 대하여 통행권에 기하여 토지의 인도청구를 할 수 없다.
  ㉡ 또한 그 통행지 소유자는 그 통행지를 전적으로 점유하고 있는 주위토지통행권자에 대하여 그 통행지의 인도를 구할 수 있다고 할 것이나, 주위토지통행권자가 통행지 소유자의 점유를 배제할 정도의 배타적인 점유를 하고 있지 않다면 통로 부분의 인도를 구할 수 없다.
  ㉢ 주위토지통행권의 본래적 기능발휘를 위하여는 그 통행에 방해가 되는 담장과 같은 축조물이 비록 당초에는 적법하게 설치되었던 것이라 하더라도 철거되어야 한다.제24회 제27회 제28회
  ㉣ 통행지 소유자는 원칙적으로 통행권자의 통행을 수인할 소극적 의무를 부담할 뿐 통로개설 등 적극적인 작위의무를 부담하는 것은 아니다.

④ 손해의 보상
  ㉠ 주위토지통행권자는 그 통로개설로 인한 손해가 가장 적은 장소와 방법을 선택하여야 하며, 통행지 소유자의 손해를 보상하여야 한다.
  ㉡ 주위토지통행권자가 통행지 소유자에게 보상해야 할 손해액은 주위토지통행권이 인정되는 당시의 현실적 이용 상태에 따른 통행지의 임료 상당액을 기준으로 하여 결정하는 것이고, 통행지를 '도로'로 평가하여 산정한 임료 상당액이 통행지 소유자의 손해액이 된다고 볼 수 없다.
  ㉢ 통행권자의 보상의무의 이행이 통행권성립의 요건은 아니므로 통행권자가 손해를 보상하지 않더라도 통행권은 소멸하지 않고 채무불이행책임만 발생한다.
  ㉣ 통행권자의 허락을 얻어 사실상 통행하고 있는 자에게는 손해의 보상을 청구할 수 없다.

3. 예외 : 무상통행권

① 분할 또는 토지의 일부 양도로 인하여 공로에 통하지 못하는 토지가 생긴 때에는 그 토지소유자는 공로에 출입하기 위하여 다른 분할자의 토지를 통행할 수 있다. 이 경우에는 보상의 의무가 없다. 제26회

② 무상통행권은 직접 분할자나 직접 일부 양도의 당사자 사이에서만 인정되므로 포위된 토지 또는 피통행지의 특정승계인의 경우에는 인정되지 않는다. 제24회

❹ 경계에 관한 상린관계 제25회 제26회 제28회

1. 경계표, 담의 설치권

① 인접한 토지소유자는 관습이 없으면 공동의 비용으로 통상의 담이나 경계표를 설치할 수 있다. 따라서 한쪽 토지소유자는 인접토지 소유자에 대하여 공동비용으로 통상의 경계표나 담의 설치하는 데에 협력할 것을 요구할 수 있고, 인접토지소유자는 그에 협력할 의무가 있다. 제25회

② 통상의 경계표나 담의 설치비용은 쌍방이 절반하여 부담한다. 그러나 측량비용은 토지의 면적에 비례하여 부담한다. 제26회

③ 인지소유자는 자기의 비용으로 담의 재료를 통상보다 양호한 것으로 할 수 있으며 그 높이를 통상보다 높게 할 수 있고 또는 방화벽 기타 특수시설을 할 수 있다.

④ 경계에 설치된 경계표, 담 등은 상린자의 공유로 추정한다. 제25회 (분할금지 제28회). 그러나 경계표, 담, 구거 등이 상린자일방의 단독비용으로 설치되었거나 담이 건물의 일부인 경우에는 그 설치한 일방이 소유한다.

2. 수지(나뭇가지)·목근(나무뿌리)의 제거권

① 인접지의 수목가지가 경계를 넘은 때에는 그 소유자에게 가지의 제거를 청구할 수 있고, 이에 응하지 않으면 임의로 제거할 수 있다.

② 그러나 수목의 뿌리가 경계를 넘은 때에는 임의로 제거할 수 있다. 제28회

3. 경계선 부근의 건축

① 건물을 축조함에는 특별한 관습이 없으면 경계로부터 반미터이상의 거리를 두어야 한다(임의규정). 제25회

② '경계로부터 반 미터'는 경계로부터 건물의 가장 돌출된 부분까지의 거리를 말한다.

③ 인접지소유자는 이에 위반한 자에 대하여 건물의 변경이나 철거를 청구할 수 있다. 그러나 건축에 착수한 후 1년을 경과하거나 건물이 완성된 후에는 철거청구는 할 수 없고, 손해배상만을 청구할 수 있다. 제25회

4. 차면시설의무 및 지하시설의 제한

① 경계로부터 2미터 이내의 거리에서 이웃주택의 내부를 관망할 수 있는 창이나 마루를 설치하는 경우에는 적당한 차면시설을 하여야 한다.

② 우물을 파거나 용수, 하수 또는 오물등을 저치(貯置)할 지하시설을 하는 때에는 경계로부터 2미터 이상의 거리를 두어야 하며 저수지, 구거(溝渠) 또는 지하실공사에는 경계로부터 그 깊이의 반 이상의 거리를 두어야 한다(임의규정).제33회

❺ 물에 관한 상린관계

1. 자연적 배수(排水)

① 토지소유자는 이웃토지로부터 자연히 흘러오는 물을 막지 못한다.(자연유수의 승수의무와 권리)제33회

② 고지소유자는 이웃저지에 자연히 흘러 내리는 이웃저지에서 필요한 물을 자기의 정당한 사용범위를 넘어서 이를 막지 못한다.

③ 흐르는 물이 저지에서 폐색(閉塞)된 때에는 고지소유자는 자비로 소통에 필요한 공사를 할 수 있다. (소통공사권)

2. 유수 이용권(流水 利用權)

① 구거(溝渠) 기타 수류지의 소유자는 대안(對岸)의 토지가 타인의 소유인 때에는 그 수로나 수류의 폭을 변경하지 못한다.(수류의 변경)

② 양안(兩岸)의 토지가 수류지소유자의 소유인 때에는 소유자는 수로와 수류의 폭을 변경할 수 있다. 그러나 하류는 자연의 수로와 일치하도록 하여야 한다.

3 대표 기출문제

제27회 출제

01 주위토지통행권에 관한 설명으로 틀린 것은? (다툼이 있으면 판례에 따름)

① 주위토지통행권은 토지와 공로 사이에 기존의 통로가 있더라도 그것이 그 토지의 이용에 부적합하여 실제로 통로로서의 충분한 기능을 하지 못하는 경우에도 인정된다.

② 주위토지통행권의 범위는 장차 건립될 아파트의 건축을 위한 이용상황까지 미리 대비하여 정할 수 있다.

③ 주위토지통행권이 인정되는 경우 통로개설 비용은 원칙적으로 주위토지통행권자가 부담하여야 한다.

④ 통행지 소유자가 주위토지통행권에 기한 통행에 방해가 되는 축조물을 설치한 경우 주위토지통행권의 본래적 기능발휘를 위하여 통행지 소유자가 그 철거의무를 부담한다.

⑤ 주위토지통행권의 성립에는 등기가 필요 없다.

> **해설**
> ② 주위토지통행권은 현재의 토지의 용법에 따른 이용의 범위에서 인정되는 것이지 더 나아가 장차의 이용상황까지 미리 대비하여 통행로를 정할 것은 아니다(94다50656).
>
> 답②

제28회 출제

02 상린관계에 관한 설명으로 틀린 것은? (다툼이 있으면 판례에 따름)

① 인접지의 수목뿌리가 경계를 넘은 때에는 임의로 제거할 수 있다.

② 주위토지통행권자는 통행에 필요한 통로를 개설한 경우 그 통로개설이나 유지비용을 부담해야 한다.

③ 통행지 소유자가 주위토지통행권에 기한 통행에 방해가 되는 담장을 설치한 경우, 통행지 소유자가 그 철거의무를 부담한다.

④ 경계에 설치된 담이 상린자의 공유인 경우, 상린자는 공유를 이유로 공유물분할을 청구하지 못한다.

⑤ 경계선 부근의 건축시 경계로부터 반미터 이상의 거리를 두어야 하는데 이를 위반한 경우, 건물이 완성된 후에도 건물의 철거를 청구할 수 있다.

해설

⑤ 건물을 축조함에는 특별한 관습이 없으면 경계로부터 반미터이상의 거리를 두어야 하는데, 인접지소유자는 이를 위반한 자에 대하여 건물의 변경이나 철거를 청구할 수 있다. 그러나 건축에 착수한 후 1년을 경과하거나 건물이 완성된 후에는 변경이나 철거를 청구할 수 는 없고 손해배상만을 청구할 수 있다(제242조).

답 ⑤

4 출제 예상문제

01 주위토지통행권에 대한 다음 설명으로 틀린 것은? (다툼이 있으면 판례에 의함)

① 주위토지통행권자가 통행지 소유자에게 보상해야할 손해액은 특별한 사정이 없는 한 통행지를 '도로'로 평가하여 산정한 임료 상당액으로 정한다.

② 주위토지통행권의 범위는 현재의 토지의 용법에 따른 이용의 범위에서 인정되는 것이지 더 나아가 장차의 이용상황까지 미리 대비하여 통행로를 정할 것은 아니다.

③ 그 소유토지의 용도에 필요한 통로가 있는 경우에는 그 통로를 사용하는 것보다 더 편리하다는 이유만으로 다른 장소로 통행할 권리를 인정할 수 없다.

④ 토지분할로 무상주위토지통행권을 취득한 분할토지의 소유자가 그 토지를 양도한 경우, 양수인에게는 무상주위토지통행권이 인정되지 않는다.

⑤ 「건축법」에서 정하는 도로의 폭이나 면적 등과 일치하는 주위토지통행권이 바로 생기지는 않는다.

해설 ✦ ① 주위토지통행권자가 통행지 소유자에게 보상해야 할 손해액은 주위토지통행권이 인정되는 당시의 현실적 이용 상태에 따른 통행지의 임료 상당액을 기준으로 하여, 구체적인 사안에서 사회통념에 따라 감경할 수 있고, 단지 주위토지통행권이 인정되어 통행하고 있다는 사정만으로 통행지를 '도로'로 평가하여 산정한 임료 상당액이 통행지 소유자의 손해액이 된다고 볼 수 없다[2013다11669].

정답 ✦ ①

02 상린관계에 관한 설명으로 틀린 것은? (다툼이 있으면 판례에 의함)

① 인접하여 토지를 소유한 자들이 통상의 담을 설치하는 경우 다른 관습이 없으면 그 설치비용은 소유 토지의 면적에 관계없이 쌍방이 절반씩 부담한다.

② 기존의 경계표나 담장에 대하여 어느 쪽 토지 소유자도 일방적으로 처분할 권한을 가지고 있지 않더라도, 한쪽 토지 소유자는 기존의 담장을 철거하고 새로운 담장의 설치할 것을 소구할 수 있다.

③ 이웃주거에 들어가려면 이웃사람의 승낙이 있어야 하고, 이웃사람의 승낙이 없으면 주거에 대해서는 판결로써 갈음하지 못한다.

④ 건물을 축조함에는 특별한 관습이 없으면, 경계로부터 그 건물의 가장 돌출된 부분까지 반미터 이상의 거리를 두어야 한다.

⑤ 인접지의 수목뿌리가 경계를 넘은 때에는 임의로 제거할 수 있다.

해설 ✦ ② 기존의 경계표나 담장에 대하여 어느 쪽 토지 소유자도 일방적으로 처분할 권한을 가지고 있지 아니하다면 한쪽 토지 소유자의 의사만으로 새로운 경계표나 담장을 설치하도록 강제할 수는 없으나, 기존의 경계표나 담장에 대하여 한쪽 토지 소유자가 처분권한을 가지고 있으면서 기존의 경계표나 담장을 제거할 의사를 분명하게 나타내고 있는 경우라면 한쪽 토지 소유자는 인접 토지 소유자에 대하여 새로운 경계표나 담장의 설치에 협력할 것을 소구(소구)할 수 있다(97다6063).

정답 ✦ ②

1 출제예상과 학습포인트

✦ 기출횟수

　제25회 제26회 제30회 제31회 제32회 제33회(정답지문) 제34회

✦ 제35회 출제예상

　단독이나 지문으로 꾸준히 출제되는 부분으로 제35회 출제가능성은 약 90%이다.

✦ 제35회 대비 중요도

　★★★

✦ 학습방법

　내용이 어렵고, 분량이 많은 부분이므로 체계적으로 정리하는 것이 중요하다. 특히 점유취득시효의 경우는 우선, 취득시효의 대상여부를 정리하고, 그 다음으로 점유취득시효가 완성되기 위한 요건을 점유와 연결하여 정리하고, 그 다음에는 점유취득시효완성의 효과로 등기청구권에 관한 사항을 정리하며, 다음으로 취득시효 완성 후의 법률관계를 정리한 후 마지막으로 취득시효로 인한 소유권취득의 효과를 정리한다.

✦ 핵심쟁점

　❶ 취득시효 요건으로서의 점유

　❷ 취득시효기간 기산점

　❸ 점유취득시효완성으로 인한 등기청구권의 성질 및 상대방

　❹ 시효완성 후 등기 전에 부동산을 처분한 경우의 법률관계

2 핵심 내용

❶ 서설

1. 의의

권리를 행사하는 것과 같은 외관이 일정한 기간 동안 계속되는 경우에 그 사실 상태대로 권리를 취득하게 하는 제도를 취득시효라고 한다.

2. 시효취득의 대상이 되는 권리

① **시효취득 대상** : 소유권, 지상권, 계속되고 표현된 지역권, 전세권, 분묘기지권

② 시효취득 대상이 아닌 권리 : 저당권제26회(점유수반하지 않는 권리), 점유권, 유치권, 계속적이지 않거나 표현되지 않은 지역권, 형성권(취소권, 환매권, 해제권)

3. 취득시효의 대상인 물건

① 1필의 토지 일부제27회 제30회 : 점유취득시효 가능(토지일부에 등기는 불가능하므로 등기부취득시효는 불가능)
② 공유지분 : 가능, 공유부동산의 전체를 지분의 비율로 점유하여야 한다.
③ 자기물권 : 가능
④ 국유재산 : 국유재산 중 행정재산은 불가능. 일반재산은 가능제26회 제31회 제32회. 따라서 일반재산에 대한 취득시효가 완성된 후 그 일반재산이 행정재산으로 된 경우에는 시효취득을 원인으로 소유권 이전등기를 청구할 수 없다.제34회
⑤ 집합건물의 공용부분 : 불가능 제30회

❷ 부동산 점유취득시효(제245조 1항) 제24회 제25회 제26회 제30회 제31회

> **제245조【점유로 인한 부동산소유권의 취득기간】** ① 20년간 소유의 의사로 평온, 공연하게 부동산을 점유하는 자는 등기함으로써 그 소유권을 취득한다.

1. 요건

① 소유의 의사로 평온·공연하게 점유할 것
　㉠ 점유는 직접점유·간접점유제33회 불문한다.
　㉡ 점유자는 소유의 의사로 평온·공연하게 점유한 것으로 추정된다(제197조 제1항). 따라서 입증책임은 취득시효를 부정하는 자에게 있다.제33회
　㉢ 타주점유자는 소유권을 시효취득할 수 없다.제33회 따라서 명의수탁자의 점유는 타주점유이므로 신탁부동산을 시효로 취득 할 수 없다.
　㉣ 부동산에 관하여 적법·유효한 등기를 마치고 소유권을 취득한 사람이 자기 소유의 부동산을 점유하는 경우에는 특별한 사정이 없는 한 취득시효의 기초가 되는 점유라고 할 수 없다.
② 20년간 점유가 계속될 것
　㉠ 점유의 승계 인정 및 점유의 계속 추정
　㉡ 20년의 기산점
　　ⓐ 원칙 : 기산점은 원칙적으로 시효취득의 기초가 되는 점유가 개시된 시점이 기산점이 되고 당사자가 기산점을 임의로 선택할 수 없다.
　　ⓑ 예외 : 다만, 점유기간 중 소유명의자의 변동이 없는 경우에는 임의로 선택 가능

PART 2 물권법(物權法)

2. 시효완성의 효과 → 등기청구권 발생

① 소유권이전등기청구권의 성질 : 채권적 청구권으로 소멸시효 대상이 되나 시효완성자가 그 토지에 대한 점유가 계속되는 한 시효로 소멸하지 않는다.제24회 또한 그 후 점유를 상실하였다 하여도 이를 시효이익의 포기로 볼 수 없으면 바로 소멸하지 아니하고 그 점유가 상실한 때로부터 10년간 등기청구권을 행사하지 아니하여야 소멸시효가 완성한다.

② 등기청구권의 상대방 : 시효완성 당시의 진정한 소유자

    ㉠ 취득시효기간 완성 전에 등기부상의 소유명의가 변경되었다 하여도 이는 취득시효 중단사유가 될 수 없고 시효취득자는 그 취득시효 완성 당시의 등기명의자(최종등기명의자)에게 시효취득을 주장할 수 있다.제25회

    ㉡ 또한 취득시효기간의 완성 전에 부동산에 압류 또는 가압류 조치가 이루어졌다고 하더라도 이는 취득시효의 중단사유가 될 수 없다.제30회 제34회

    ㉢ 시효완성 당시의 소유권보존등기 또는 이전등기가 무효라면 그 등기명의인은 진정한 소유자가 아니므로 시효완성을 원인으로 한 소유권이전등기청구의 상대방이 될 수 없다.제34회

3. 시효완성 후 법률관계

① 시효완성 후 소유자와 시효완성자(점유자)간의 관계

    ㉠ 부동산 소유자와 시효취득자 사이에 계약상의 채권·채무관계가 성립하는 것은 아니므로제24회, 그 부동산을 처분한 소유자에게 채무불이행책임을 물을 수 없다.

    ㉡ 취득시효가 완성된 이상, 소유자는 시효완성자에 대하여 토지의 인도를 구할 수 없음은 물론이고, 점유자에 대하여 부당이득으로 반환이나 불법점유를 이유로 하는 손해배상도 청구할 수 없다.제32회 제34회

    ㉢ 시효취득자는 점유권에 기한 방해배제청구권의 행사로서 토지소유자를 상대로 시효 완성 후에 토지소유자가 멋대로 설치한 담장 등의 철거를 구할 수 있다.

② 시효완성 후 소유자가 부동산을 제3자에게 처분한 경우

    ㉠ 소유자의 시효완성자에 대한 책임

        소유자가 시효완성 사실을 알고(시효완성자가 취득시효를 주장한 경우) 처분한 경우에는 점유자에 대해 불법행위책임(채무불이행책임×)을 진다.

    ㉡ 시효완성자의 제3자에 대한 대항 여부(제3자의 권리취득 여부)

        ⓐ 시효완성자(점유자)는 취득시효기간 만료 후에 새로이 토지의 소유권을 취득한 제3자에 대하여는 선·악 불문하고 시효취득으로 대항할 수 없다(제3자는 선악 불문 권리취득).

        ⓑ 따라서 시효완성 전에 설정되어 있던 가등기에 기하여 시효완성 후에 소유권이전의 본등기를 마친 자도 취득시효 완성 후 소유권을 취득한 자이므로 시효완성자는 그에 대하여 시효완성을 주장할 수 없다.

ⓒ 또한 명의신탁된 부동산에 대하여 점유취득시효가 완성된 후 '명의신탁이 해지'되어 그 등기
명의가 명의수탁자로부터 명의신탁자에게로 이전된 경우에도 시효완성자는 명의신탁자에
대하여 취득시효를 주장할 수 없다.

ⓓ 시효완성 후라도 원소유자로부터 제한물권을 취득한 자는 적법하게 권리를 취득한다. 따라
서 시효완성자가 시효취득완성 후 원소유자에 의하여 설정된 근저당권의 피담보채무를 변제
한 경우, 그 자신의 이익을 위한 행위이므로 원소유자에게 부당이득을 이유로 그 반환청구권
을 행사할 수는 없다.

ⓔ 그러나 부동산을 취득한 제3자가 원소유자의 배임행위에 적극 가담하였다면 이는 사회질서
위반행위로서 무효이고, 이 경우 시효완성자는 소유자를 대위하여 제3취득자 앞으로 경료된
원인무효의 등기의 말소를 구할 수 있다.

ⓕ 취득시효 완성 후 토지소유자에 변동이 있어 제3자에게 대항할 수 없더라도 당초의 점유자
가 계속 점유하고 있는 경우에는 소유권변동시를 새로운 취득시효의 기산점으로 삼아 2차의
취득시효의 완성을 주장할 수 있다.

ⓖ 또한 점유자가 취득시효완성 당시의 소유자에 대한 시효취득으로 인한 소유권이전등기청구
권을 상실하게 되는 것은 아니므로 그 후 어떠한 사유로 취득시효완성 당시의 소유자에게로
소유권이 회복되면 그 소유자에게 시효취득의 효과를 주장할 수 있다.

③ **시효완성 후 시효완성자가 제3자에게 점유를 승계한 경우** : 시효완성자의 점유를 승계한 현 점유자는
전점유자의 취득시효 완성의 효과를 주장하여 직접 자기에게 소유권이전등기를 청구할 권원은 없
고제25회, 전 점유자의 소유자에 대한 이전등기청구권을 대위행사할 수 있을 뿐이다.

④ **시효 완성자의 시효이익포기**

㉠ 시효완성자의 시효이익의 포기는 자유이다. 다만, 시효이익의 포기는 시효취득자가 취득시효
완성 당시의 진정한 소유자에 대하여 하여야 그 효력이 발생한다.

㉡ 취득시효 완성 후 시효취득자가 소유권이전등기절차 이행의소를 제기하였으나 그 후 상대방의
소유를 인정하여 합의로 소를 취하한 경우, 특별한 사정이 없으면 이는 시효이익의 포기이다.

㉢ 그러나 시효완성자(점유자)가 상대방에게 토지의 매수를 제의한 일이 있다 하여도 그 점유를
타주점유 또는 시효이익의 포기로 볼 수 없다.

4. 소유권취득의 효과

① **원시취득** : 취득시효로 인한 권리의 취득은 원시취득이다.

② **소급효** : 시효취득에 의한 소유권취득의 효력은 점유를 개시한 때에 소급한다.제33회 따라서 시효기
간 진행 중의 시효취득자의 과실취득이나 임대 등은 유효하게 한 것으로 되어 원소유자에게 상환할
필요가 없다.

❸ 부동산 등기부취득시효(제245조 2항)

> **제245조 【점유로 인한 부동산소유권의 취득기간】** ② 부동산의 소유자로 등기한 자가 10년간 소유의 의사로 평온, 공연하게 선의이며 과실 없이 그 부동산을 점유한 때에는 소유권을 취득한다.

1. 소유자로 '등기' 되어 있을 것

① 적법·유효한 등기일 것을 요하지 않고 무효인 등기도 포함된다.
② 다만, 무효인 이중보존등기나[제31회] 지적법상 분필절차를 거치지 않고 경료된 등기에 터잡은 시효취득은 할 수 없다.

2. 자주·평온·공연·선의·무과실의 점유

① 선의·무과실은 시효기간 내내 계속될 필요는 없고, 점유 개시 시에 있으면 충분하다.
② 무과실은 추정되지 아니하므로 무과실의 입증책임은 시효취득을 주장하는 자에게 있다.

3. 시효기간 10년 경과

① 부동산을 점유한 기간과 소유자로 등기된 기간은 다같이 10년 이상이어야 한다.
② 점유와 마찬가지로 등기의 승계가 인정되어 등기부취득시효에 의하여 소유권을 취득하는 자는 10년간 반드시 그의 명의로 등기되어 있어야 하는 것은 아니고 앞 사람의 등기까지 아울러 그 기간 동안 부동산의 소유자로 등기되어 있으면 된다.

4. **효과** : 시효기간이 완성되면 곧 소유권을 취득한다. 따라서 등기부취득시효가 완성된 후 점유자명의의 등기가 말소되거나 적법한 원인 없이 다른 사람 앞으로 소유권이전등기가 경료된 경우에도 그 점유자는 취득시효에 의하여 취득한 소유권을 상실하지 않는다.

3 대표 기출문제

제30회 출제

01 점유취득시효에 관한 설명으로 옳은 것은? (다툼이 있으면 판례에 따름)

① 부동산에 대한 악의의 무단점유는 점유취득시효의 기초인 자주점유로 추정된다.

② 집합건물의 공용부분은 별도로 취득시효의 대상이 되지 않는다.

③ 1필의 토지 일부에 대한 점유취득시효는 인정될 여지가 없다.

④ 아직 등기하지 않은 시효완성자는 그 완성 전에 이미 설정되어 있던 가등기에 기하여 시효 완성 후에 소유권이전의 본등기를 마친 자에 대하여 시효완성을 주장할 수 있다.

⑤ 부동산에 대한 압류 또는 가압류는 점유취득시효를 중단시킨다.

해설

② 집합건물의 소유 및 관리에 관한 법률의 적용을 받는 집합건물의 공용부분은 취득시효의 의한 소유권취득의 대상이 될 수 없다[2011다78200,78217].

① 부동산에 대한 악의의 무단점유자의 점유는 타주점유이다.

③ 1필의 토지 일부에 대한 점유취득시효도 인정될 수 있으며 1필의 토지의 일부에 대한 시효취득을 인정하기 위하여는 그 부분이 다른 부분과 구분되어 시효취득자의 점유에 속한다는 것을 인식하기에 족한 객관적인 징표가 계속하여 존재할 것을 요한다[96다37428].

④ 취득시효기간 완성 후 등기 전에 제3자가 소유권을 취득한 경우, 아직 등기하지 않은 시효완성자는 제3자에 대하여 시효취득을 주장할 수 없는 것이 원칙이다. 따라서 시효완성 전에 이미 설정되어 있던 가등기에 기하여 시효완성 후에 소유권이전의 본등기를 마친 자도 취득시효 완성 후 소유권을 취득한 자이므로 시효완성자는 그에 대하여 시효완성을 주장할 수 없다.

⑤ 취득시효기간의 완성 전에 부동산에 압류 또는 가압류 조치가 이루어졌다고 하더라도 이로써 종래의 점유상태의 계속이 파괴되었다고는 할 수 없으므로 이는 취득시효의 중단사유가 될 수 없다[2018다296878].

정답 ②

02 취득시효에 관한 설명으로 틀린 것은? (다툼이 있으면 판례에 따름)

① 국유재산 중 일반재산은 취득시효의 대상이 된다.

② 중복등기로 인해 무효인 소유권보존등기에 기한 등기부취득시효는 부정된다.

③ 취득시효완성으로 인한 소유권이전등기청구권은 원소유자의 동의가 없어도 제3자에게 양도할 수 있다.

④ 취득시효완성 후 등기 전에 원소유자가 시효완성된 토지에 저당권을 설정하였고, 등기를 마친 시효취득자가 피담보채무를 변제한 경우, 원소유자에게 부당이득반환을 청구할 수 있다.

⑤ 취득시효완성 후 명의신탁 해지를 원인으로 명의수탁자에서 명의신탁자로 소유권이전등기가 된 경우, 시효완성자는 특별한 사정이 없는 한 명의신탁자에게 시효완성을 주장할 수 없다.

> **해설**
>
> ④ 시효취득자가 취득시효완성 후 등기 전에 원소유자에 의하여 그 토지에 설정된 근저당권의 피담보채무를 변제하는 것은 시효취득자가 용인하여야 할 그 토지상의 부담을 제거하여 완전한 소유권을 확보하기 위한 것으로서 그 자신의 이익을 위한 행위라 할 것이니, 위 변제액 상당에 대하여 원소유자에게 대위변제를 이유로 구상권을 행사하거나 부당이득을 이유로 그 반환청구권을 행사할 수는 없다[2005다75910].
>
> 답 ④

4 출제 예상문제

01 **甲명의로 등기되어 있는 X토지에 대해 乙이 점유취득시효의 요건을 모두 갖추었다. 다음 설명 중 틀린 것은?** (다툼이 있는 경우에는 판례에 의함)

① 乙은 甲에게 소유권이전등기를 청구할 수 있고, 그 청구권의 법적 성질은 채권적 청구권이다.

② 甲이 취득시효가 완성된 사실을 알고 X토지를 제3자 丙에게 양도하고 소유권이전등기를 넘겨줌으로써 乙에 대한 소유권이전등기의무를 이행불능에 빠지게 한 경우, 甲은 乙에게 불법행위책임을 진다.

③ 乙이 등기를 하지 않고 있는 사이에 X토지에 대한 점유를 상실하더라도 이를 시효이익의 포기로 볼 수 있는 경우가 아닌 한, 취득시효의 완성에 의한 등기청구권은 바로 소멸하지 아니한다.

④ 乙이 소유권이전등기를 하기 전에 甲이 X토지를 제3자 丙에게 양도하고 이전등기를 해 준 경우, 특별한 사정이 없는 한 丙은 甲의 乙에 대한 소유권이전등기의무를 승계한다.

⑤ 乙이 소유권이전등기를 하기 전에 甲이 X토지를 제3자 丙에게 양도하고 이전등기를 해 준 경우, 乙은 甲에 대한 소유권이전등기청구권을 상실하지 않는다.

해설 ✦ ④ 취득시효 완성 후에 제3자 丙에게 양도 된 경우에는 이중양도의 법리에 따라 점유자가 제3자에게 취득시효를 주장할 수 없다(대판 1986.8.19, 85다카2306). 즉, 甲의 乙에 대한 소유권이전등기의무를 丙이 승계하는 것은 아니다.

정답 ✦ ④

02 **점유취득시효에 관한 설명으로 틀린 것은?** (다툼이 있는 경우에는 판례에 의함)

① 시효취득자가 제3자에게 목적물을 처분하여 점유를 상실하였다 하여도 이를 시효이익의 포기로 볼 수 없으면 그의 소유권이전등기청구권은 바로 소멸하지 않는다.

② 취득시효기간의 계산에 있어 등기명의인에 변경이 없는 경우에는 점유개시의 기산점을 임의로 선택하여 취득시효완성을 주장할 수 있다.

③ 시효완성자의 점유를 승계한 현 점유자는 전점유자의 취득시효 완성의 효과를 주장하여 직접 자기에게 소유권이전등기를 청구할 있다.

④ 미등기 토지에 대하여 취득시효 완성 후에 소유자가 자신 명의로 소유권보존등기를 마친 경우, 시효완성자는 그 등기명의인에게 취득시효 완성을 주장할 수 있다.

⑤ 시효완성 당시의 소유권보존등기 또는 이전등기가 무효라면 원칙적으로 그 등기명의인은 시효완성을 원인으로 한 소유권이전등기청구의 상대방이 될 수 없다.

해설 ✦ ③ 시효완성자의 점유를 승계한 현 점유자는 전점유자의 취득시효 완성의 효과를 주장하여 직접 자기에게 소유권이전등기를 청구할 권원은 없고, 전 점유자의 소유자에 대한 이전등기청구권을 대위행사할 수 있을 뿐이다.

정답 ✦ ③

테마 26 부합

1 출제예상과 학습포인트

✦ 기출횟수

제28회 제29회 제30회

✦ 제35회 출제예상

자주 출제되는 부분은 아니지만, 저당권의 효력 등과 연관이 있는 부분이므로 기본 내용은 정리해 두어야 한다. 제35회 시험에는 출제가능성은 약 70%이다.

✦ 제35회 대비 중요도

★★

✦ 학습방법

부합의 개념을 완벽하게 이해하고, 부합되는 경우와 부합되지 않는 경우를 정리해 둔다.

✦ 핵심쟁점

❶ 부합물에 해당되는 경우   ❷ 부합되는 경우에 보상문제
❸ 부합되지 않는 '권원'의 의미   ❹ 건물의 증축부분의 부합여부

2 핵심 내용

❶ 의의

부합이란 소유자를 달리하는 수개의 물건이 결합하여 1개의 물건으로 되어 어느 특정인에게 소유권을 귀속시키는 법률규정에 의한 소유권취득의 원인을 말한다.

❷ 부동산에의 부합

1. 원칙

① 부동산의 소유자는 그 부동산에 부합한 물건의 소유권을 원시취득한다.
② 부합한 물건의 가격이 부동산의 가격을 초과하더라도 부동산의 소유자가 소유권을 취득한다.제30회
③ 부합되는 물건은 동산은 물론 부동산제30회도 부합된다는 것이 판례이다.

④ 부합의 원인은 자연적·인공적인 것 모두 포함한다.

⑤ 적법한 권원 없이 타인의 토지에 식재한 수목은 토지에 부합된다.제28회

⑥ 부합으로 인해 손해를 받은 자는 부당이득에 관한 규정에 의해 보상을 청구할 수 있다(제261조). 제30회

⑦ 매도인에게 소유권이 유보된 자재가 제3자와 매수인 사이에 이루어진 도급계약의 이행으로 제3자 소유 건물의 건축에 사용되어 부합된 경우에 제3자가 도급계약에 의하여 제공된 자재의 소유권이 유보된 사실에 관하여 과실 없이 알지 못한 경우라면 제3자가 그 자재의 귀속으로 인한 이익을 보유할 수 있는 법률상 원인이 있다고 봄이 상당하므로, 매도인으로서는 그에 관한 보상청구를 할 수 없다.제29회 제30회

2. 예외

① 타인이 정당한 권원에 의하여 부속시킨 물건은 부동산에 부합되지 않고 부속시킨 자의 소유로 남는다. 따라서 토지의 지상권이나 임차권 또는 사용대차권에 기하여 그 토지에 식재한 수목은 그 토지에 부합되지 않는다.제28회 제30회

② 그러나 권원이 없는 자가 토지소유자의 승낙을 받음이 없이 그 임차인의 승낙만을 받아 그 부동산 위에 나무를 심었다면 특별한 사정이 없는 한 토지소유자에 대하여 그 나무의 소유권을 주장할 수 없다(나무는 토지에 부합되어 토지소유자가 소유권을 취득한다).제29회

③ 명인방법을 갖춘 수목이나 입목등기된 입목, 건물제29회은 토지에 부합하지 않는다.

④ 타인의 토지에 권원 없이 농작물을 경작한 경우라도 토지소유권에 부합되지 않고 경작자의 소유에 속한다.제28회 제29회

⑤ 건물임차인이 권원에 기하여 증축한 부분이 독립된 경제적 효용을 갖지 못하고 부동산의 구성부분이 되는 경우에는 기존건물에 부합되지만,제28회 증축부분이 독립성이 인정된다면 증축부분은 기존건물에 부합되지 않고 증축한 자에게 소유권이 인정된다.

3 대표 기출문제

제28회 출제

01 부합에 관한 설명으로 옳은 것을 모두 고른 것은? (다툼이 있으면 판례에 따름)

ⓐ 지상권자가 지상권에 기하여 토지에 부속시킨 물건은 지상권자의 소유로 된다.
ⓑ 적법한 권원 없이 타인의 토지에 경작한 성숙한 배추의 소유권은 경작자에게 속한다.
ⓒ 적법한 권원 없이 타인의 토지에 식재한 수목의 소유권은 토지소유자에게 속한다.
ⓓ 건물임차인이 권원에 기하여 증축한 부분은 구조상·이용상 독립성이 없더라도 임차인의 소유에 속한다.

---

① ㉠   ② ㉡, ㉣   ③ ㉠, ㉡, ㉢
④ ㉡, ㉢, ㉣   ⑤ ㉠, ㉡, ㉢, ㉣

해설

ⓓ 건물의 임차인이 건물소유자의 승낙을 얻어 기존건물에 증축한 경우에 증축부분이 독립된 경제적 효용을 갖지 못하고 부동산의 구성부분이 되는 경우에는 기존건물에 부합되어 증축부분은 기존 건물의 소유자에게 귀속된다 [99다14518].

답 ③

제29회 출제

02 부합에 관한 설명으로 옳은 것은? (다툼이 있으면 판례에 따름)

① 건물은 토지에 부합한다.

② 정당한 권원에 의하여 타인의 토지에서 경작·재배하는 농작물은 토지에 부합한다.

③ 건물에 부합된 증축부분이 경매절차에서 경매목적물로 평가되지 않은 때에는 매수인은 그 소유권을 취득하지 못한다.

④ 토지임차인의 승낙만을 받아 임차 토지에 나무를 심은 사람은 다른 약정이 없으면 토지소유자에 대하여 그 나무의 소유권을 주장할 수 없다.

⑤ 매수인이 제3자와의 도급계약에 따라 매도인에게 소유권이 유보된 자재를 제3자의 건물에 부합한 경우, 매도인은 선의·무과실의 제3자에게 보상을 청구할 수 있다.

> **해설**
>
> ④ 권원이 없는 자가 토지소유자의 승낙을 받음이 없이 그 임차인의 승낙만을 받아 그 부동산 위에 나무를 심었다면 정당한 권원이 없으므로 특별한 사정이 없는 한 토지소유자에 대하여 그 나무의 소유권을 주장할 수 없다(나무는 토지에 부합되어 토지소유자가 소유권을 취득한다)[88다카9067].
>
> ① 건물은 토지와는 별개의 부동산으로 토지에 부합하지 않는다.
>
> ② 정당한 권원에 의하여 타인의 토지에서 경작·재배하는 농작물은 토지에 부합하지 않는다. 더 나아가 권원 없이 타인의 토지에 경작·재배한 농작물일지라도 그 소유권은 경작자에게 있다[68도906].
>
> ③ 건물의 증축부분이 기존건물에 부합하여 기존건물과 분리하여서는 별개의 독립물로서의 효용을 갖지 못하는 이상 기존건물에 대한 경매절차에서 경매목적물로 평가되지 아니하였다고 할지라도 경락인은 부합된 증축부분의 소유권을 취득한다[92다26772].
>
> ⑤ 제3자가 도급계약에 의하여 제공된 자재의 소유권이 유보된 사실에 관하여 과실 없이 알지 못한 경우라면 선의취득의 경우와 마찬가지로 제3자가 그 자재의 귀속으로 인한 이익을 보유할 수 있는 법률상 원인이 있다고 봄이 상당하므로, 매도인으로서는 그에 관한 보상청구를 할 수 없다[2009다15602].
>
> 탑 ④

4 출제 예상문제

01 부합에 관한 설명으로 틀린 것은? (다툼이 있으면 판례에 따름)

① 부동산에 부합된 동산의 가격이 부동산의 가격을 초과 하더라도 동산의 소유권은 원칙적으로 부동산의 소유자에게 귀속된다.

② 부동산에 부합한 물건이 그 부동산의 구성부분이 된 경우라도 타인이 권원에 의하여 이를 부합시켰더라면, 그 물건의 소유권은 타인에게 귀속한다.

③ 부동산 간에도 부합이 인정될 수 있다.

④ 토지소유자와 사용대차계약을 맺은 사용차주가 자신 소유의 수목을 그 토지에 식재한 경우, 그 수목의 소유권자는 여전히 사용차주이다.

⑤ 부합으로 인하여 소유권을 상실한 자는 부당이득의 요건이 충족되는 경우에 보상을 청구할 수 있다.

해설 ✦ ② 부동산에 부합한 물건이 사실상 분리복구가 불가능하여 그 부동산과 일체를 이루는 부동산의 구성부분이 된 경우에는 타인이 권원에 의하여 이를 부합시켰더라도 그 물건의 소유권은 부동산의 소유자에게 귀속한다.

정답 ✦ ②

02 부합에 관한 설명으로 틀린 것은? (다툼이 있으면 판례에 따름)

① 지상권자가 지상권에 기하여 토지에 부속시킨 물건은 지상권자의 소유로 된다.

② 건물임차인이 권원에 기하여 증축한 부분은 구조상·이용상 독립성이 없더라도 임차인의 소유에 속한다.

③ 적법한 권원 없이 타인의 토지에 경작한 성숙한 농작물의 소유권은 경작자에게 속한다.

④ 부합으로 인하여 소유권을 상실한 자는 부당이득의 요건이 충족되는 경우에 보상을 청구할 수 있다.

⑤ 건물은 토지에 부합하지 않는다.

해설 ✦ ② 건물의 임차인이 건물소유자의 승낙을 얻어 기존건물에 증축한 경우에 증축부분이 독립된 경제적 효용을 갖지 못하고 부동산의 구성부분이 되는 경우에는 기존건물에 부합되어 증축부분은 기존 건물의 소유자에게 귀속된다 [99다14518].

정답 ✦ ②

1 출제예상과 학습포인트

✦ 기출횟수

제26회 제27회 제28회 제29회 제30회 제31회 제32회

✦ 제35회 출제예상

제33회에는 공동소유 전체(공유, 합유, 총유)를 출제하였다. 그 중에서 공유는 거의 매년 출제되는 부분이므로 제35회 출제가능성은 90% 이상이다.

✦ 제35회 대비 중요도

★★★

✦ 학습방법

공유에서는 공유지분과 공유물을 정확히 구분하면서 공유지분에 관한 내용과 공유물에 관한 내용을 이해하고 정리·숙지하여야 한다. 그리고 합유와 총유의 중요 부분도 함께 정리한다.

✦ 핵심쟁점

❶ 공유물을 점유·사용하는 주체에 따라 공유물의 관리방법으로 적법한지, 아니면 불법한지를 구분하여 행사할 수 있는 권리는 어떤 것이 있는가?

❷ 공유물에 관한 등기가 있는 경우, 전부 무효인 등기와 일부무효인 등기를 구분할 것

❸ 공유자 중 1인지분에 관한 제3자 명의의 원인무효 등기의 말소방법

❹ 부당이득반환청구 또는 손해배상청구 방법

❺ 공유물분할

2 핵심 내용

❶ 공유의 지분

1. 지분비율은 공유자의 의사표시나 법률의 규정에 의하여 결정된다. 다만, 지분비율이 불분명한 경우에는 지분은 균등한 것으로 추정된다.

2. 공유자는 다른 공유자의 동의 없이 자기의 공유지분을 자유로이 양도하거나 담보로 제공할 수 있다(지분처분의 자유).제33회

3. 공유자가 그 지분을 포기하거나 또는 상속인 없이 사망한 경우 그 지분은 다른 공유자에게 각 지분의 비율로 귀속한다.제32회(국가에 귀속×)

② 공유관계

1. 공유물의 보존(현상·유지행위)

① 각자 단독으로 할 수 있다.

② 제3자가 공유물을 불법으로 점유·사용하고 있는 경우에 공유자 중 1인은 공유물보존행위로서 공유물전부의 반환을 청구할 수 있다.

③ 공유자의 1인은 당해 부동산에 관하여 제3자 명의로 원인무효의 소유권이전등기가 경료되어 있는 경우, 공유물에 관한 보존행위로서 제3자에 대하여 그 등기 전부의 말소를 구할 수 있다.

④ 그러나 위 ⓒ의 경우, 공유자의 한 사람이 공유물의 보존행위로서 그 공유물의 일부 지분에 관하여서만 재판상 청구를 하였으면 그로 인한 시효중단의 효력은 재판상 청구를 한 그 공유자에 한하여 발생하고 다른 공유자에게는 미치지 아니한다.제31회

⑤ 불법점유자 또는 등기명의자를 상대로 손해배상이나 부당이득을 청구하는 경우에는 각 공유자는 자신의 지분범위 내에서만 청구할 수 있다.제24회 제26회

⑥ 공유자가 다른 공유자의 지분권을 대외적으로 주장하는 것은 공유물의 보존행위에 속하지 않는다. 즉, 甲의 지분에 관하여 제3자 명의로 원인무효의 등기가 이루어진 경우, 공유자인 乙은 공유물의 보존행위로 그 등기의 말소를 청구할 수 없다.제24회

2. 공유물의 관리(공유물을 사용·수익할 구체적 방법을 정하는 것)

① '지분'의 '과반수'로 결정(공유자의 과반수×)한다.

② 따라서 과반수지분의 공유자는 단독으로 관리에 관한 사항을 결정할 수 있다.

③ 따라서 과반수지분의 공유자가 그 공유부동산의 특정된 한 부분을 배타적으로 사용·수익하는 것은 공유물의 관리방법으로서 적법하다.

④ 또한 과반수지분의 공유자로부터 다시 그 특정부분의 사용·수익을 허락받은 제3자(예컨대 임차인)의 점유는 적법하므로제27회 제28회 소수 지분의 공유자는 그 점유자에게 공유물의 인도나 점유배제를 구할 수 없고 부당이득의 반환도 청구할 수 없다.제26회

⑤ 위 ⓒ,ⓔ의 경우, 소수 지분의 공유자는 과반수지분의 공유자에게 자기 지분의 범위 내에서 차임상당액을 부당이득으로 반환청구 할 수 있다.제30회

⑥ 그러나 과반수지분권자라도 나대지에 새로이 건물을 건축하는 것은 관리의 범위를 넘은 것이므로 허용되지 않는다.제26회 제31회 제32회

⑦ 공유물의 임대행위 및 그 임대차계약을 해지하는 행위는 공유물의 관리행위에 해당하므로제30회 상가건물 임대차보호법상 공유자인 임대인이 임차인에게 갱신 거절의 통지를 하는 행위는 공유물의 관리행위에 해당하여 지분의 과반수로써 결정하여야 한다.

⑧ 공유자 간의 공유물에 대한 사용·수익·관리에 관한 특약은 공유자의 특정승계인에 대하여도 당연히 승계된다고 할 것이나,제32회 공유지분의 본질적 부분을 침해한 경우에는 특별한 사정이 없는 한 특정승계인에게 당연히 승계된다고 볼 수 없다.제27회

⑨ 위와 같은 특약 후에 공유자에 변경이 있고 특약을 변경할 만한 사정이 있는 경우에는 공유자의 지분의 과반수의 결정으로 기존 특약을 변경할 수 있다.

3. 공유물의 처분·변경 : 공유자는 다른 공유자의 동의없이 공유물을 처분하거나 변경하지 못한다(공유자 전원의 동의).제27회

▶ **공유물에 관한 법률관계 정리**

---
(1) 공유물을 점유·사용하는 경우

① 제3자가 공유물을 불법으로 점유·사용하고 있는 경우, 각 공유자는 그 지분에 기하여 단독으로 전부의 반환이나 방해의 제거를 청구할 수 있다.

② 소수지분권자(2분의 1지분권자 포함)가 목적물을 독점적으로 점유·사용하고 있는 경우 다른 소수지분권자는 공유물의 인도를 청구할 수 없고,제24회 제27회 제31회 제32회 공유물에 대한 방해 상태를 제거하거나 공동점유를 방해하는 행위의 금지 등을 청구할 수 있다.

③ 과반수 지분권자가 그 공유토지의 특정한 부분을 배타적으로 사용·수익하는 경우, 다른 공유자에 대한 관계에서 적법하다.

④ 과반수 지분의 공유자로 부터 사용·수익을 허락받은 점유자(임차인 등)가 점유·사용하는 경우, 다른 공유자에 대한 관계에서 적법하다.

(2) 공유물에 대하여 불법등기를 한 경우

① 제3자가 원인무효의 등기를 경료한 경우, 공유자 1인은 제3자에 대하여 그 등기 전부의 말소를 구할 수 있다.제24회 제26회

② 공유자 중 1인이 공유부동산에 대하여 무단으로 자기 앞으로 소유권이전등기를 한 경우 등기된 공유자 지분 범위 내에서는 유효이므로 다른 공유자는 등기된 지분을 제외한 자기 지분에 관하여 말소를 청구할 수 있다(등기 전부의 말소×).제26회 제30회

③ 공유자의 1인이 다른 공유자의 동의 없이 공유부동산을 처분하여 제3자 명의의 소유권이전등기가 경료된 경우, 처분한 공유자의 지분범위 내 유효이므로 공유자 1인은 그 등기 전부의 말소를 구할 수 없다.제28회

---

4. 공유물에 대한 부담

① 공유자는 지분 비율로 공유물의 관리비용 기타 의무를 부담한다.제27회

② 공유자가 1년이상 이러한 의무의 이행을 지체한 경우 다른 공유자는 상당한 가액으로 그의 지분을 매수할 수 있다.

❸ 공유물의 분할

1. **공유물 분할의 자유** : 공유자는 언제든지 공유물의 분할을 청구할 수 있다. 또한 분할청구권은 언제나 행사할 수 있으며 소멸시효에 걸리지 않는다.

2. **분할의 제한**

① 분할금지특약 : 공유자 사이의 계약에 의해 5년을 넘지 않는 한도에서 분할금지특약을 할 수 있으며, 이 계약은 갱신할 수 있으나제29회 그 기간은 갱신한 날부터 5년을 넘지 못한다.
② 법률상 분할 금지 : 구분건물의 공용부분, 경계상의 경계표는 분할금지

3. **협의분할**

① 각 공유자가 공유물분할을 청구하면 각 공유자는 분할에 관해 협의할 의무를 부담한다.
② 구체적인 분할방법으로는 현물분할, 대금분할, 가액배상 등이 있다.

4. **재판상 분할**

① 공유자간 분할의 협의가 성립되지 아니한 때에는 공유자는 다른 모든 공유자를 상대로 법원에 그 분할을 청구할 수 있다.
② 공유자 사이에 이미 분할에 관한 협의가 성립된 경우에는 소로써 그 분할을 청구하거나 이미 제기한 공유물분할의 소를 유지함은 허용되지 않는다.
③ 분할의 방법은 현물분할이 원칙이나, 그것이 불가능하거나 현저히 가액이 감손될 염려가 있는 경우에 경매하여 그 대금을 분할할 수 있다.
④ 법원은 공유물분할을 청구하는 자가 구하는 방법에 구애받지 아니하고 자유로운 재량에 의해 제반 상황에 따라 합리적인 분할을 하면 된다.
⑤ 공유물분할판결은 형성판결이므로 등기 없이도 물권변동의 효과가 발생한다.

5. **공유자 전원의 참여** : 협의분할이든 재판상 분할이든 반드시 공유자 전원이 참가해야 한다. 공유자 전원이 분할절차에 참가하지 않은 공유물분할은 무효이다.

6. **분할의 효과**

① 분할의 효력발생시기 : 협의분할의 경우에는 등기시에, 재판상 분할의 경우에는 판결확정시에 효력발생(분할의 효과는 불소급)
② 각 공유자는 그 지분의 비율로 매도인과 동일한 담보책임을 진다.
③ 부동산의 공유지분 위에 근저당권이 설정된 후 공유 부동산이 분할된 경우 공유물분할이 된 뒤에도 종전의 지분비율대로 공유물 전부 위에 그대로 존속하고 근저당권설정자 앞으로 분할된 부분에 당연히 집중되는 것은 아니다.제29회

〈합유·총유〉

(1) 합 유 제27회 제34회

① 법률의 규정 또는 계약에 의하여 수인의 조합체로서 물건을 소유하는 때에는 합유로 한다.

② 부동산을 합유하는 경우에는 등기부에 합유자의 명의를 모두 기재하고 합유라는 취지를 기재해야 한다. 합유재산을 합유자의 1인 명의로 한 소유권보존등기는 원인무효의 등기이다. 제27회

③ 합유자는 전원의 동의없이 합유물에 대한 지분을 처분하지 못한다. 제29회 제33회 제34회

④ 합유자 중 일부가 사망한 경우 합유자 사이에 특별한 약정이 없는 한 사망한 합유자의 상속인은 합유자로서의 지위를 승계하는 것이 아니므로 제29회 제34회 해당 부동산은 잔존 합유자가 2인 이상일 경우에는 잔존 합유자의 합유로 귀속되고, 제27회 잔존 합유자가 1인인 경우에는 잔존 합유자의 단독소유로 귀속된다.

⑤ 합유물을 처분 또는 변경함에는 합유자 전원의 동의가 있어야 한다. 그러나 보존행위는 각자가 할 수 있다. 제27회

⑥ 합유물에 관하여 경료된 원인무효의 소유권이전등기의 말소를 구하는 소송은 합유물에 관한 보존행위로서 합유자 각자가 할 수 있다. 제33회 제34회

⑦ 합유자는 합유물의 분할을 청구하지 못한다. 제34회 다만, 합유가 종료되면 공유물분할 규정에 따라 합유물을 분할할 수 있다.

(2) 총 유

① 법인이 아닌 사단(종중, 교회)의 사원이 집합체로서 물건을 소유할 때에는 총유로 한다.

② 총유에는 지분이 없다.

③ 총유물의 관리 및 처분은 사원총회의 결의에 의한다. 따라서 비록 종중대표자에 의한 종중재산의 처분이라고 하더라도 종중총회의 절차를 거치지 않은 채 한 행위는 무효이다.

④ 총유물의 보존에 있어서는 공유물의 보존에 관한 민법 제265조의 규정이 적용될 수 없고, 사원총회의 결의에 의한다. 제29회

⑤ 총유재산에 관한 소송은 법인 아닌 사단이 그 명의로 하거나 또는 그 구성원 전원이 당사자가 되어 할 수 있을 뿐 그 사단의 구성원 개인이, 그가 비록 사단의 대표자라 하더라도 소송의 당사자가 될 수 없다(총유재산 보존행위로서 소제기도 불가)

3 대표 기출문제

제26회 출제

01 X토지를 甲이 2/3지분, 乙이 1/3지분으로 등기하여 공유하면서 그 관리방법에 관해 별도로 협의하지 않았다. 다음 설명 중 **틀린** 것은? (다툼이 있으면 판례에 따름)

① 丙이 甲으로부터 X토지의 특정부분의 사용·수익을 허락받아 점유하는 경우, 乙은 丙을 상대로 그 토지부분의 반환을 청구할 수 있다.

② 甲이 부정한 방법으로 X토지 전부에 관한 소유권이전등기를 甲의 단독명의로 행한 경우, 乙은 甲을 상대로 자신의 지분에 관하여 그 등기의 말소를 청구할 수 있다.

③ X토지에 관하여 丁 명의로 원인무효의 소유권이전등기가 경료되어 있는 경우, 乙은 丁을 상대로 그 등기 전부의 말소를 청구할 수 있다.

④ 戊가 X토지 위에 무단으로 건물을 신축한 경우, 乙은 특별한 사유가 없는 한 자신의 지분에 대응하는 비율의 한도 내에서만 戊를 상대로 손해배상을 청구할 수 있다.

⑤ X토지가 나대지인 경우, 甲은 乙의 동의 없이 건물을 신축할 수 없다.

해설

① 과반수 지분권자가 그 공유토지의 특정한 부분을 배타적으로 사용·수익할 것을 정하는 것은 공유물의 관리방법으로 적법하므로 과반수 지분의 공유자로 부터 사용·수익을 허락받은 점유자에 대하여 소수 지분의 공유자는 점유배제를 구할 수 없으며, 부당이득반환청구를 할 수도 없다. 다만, 소수 지분의 공유자는 과반수 지분권자에게 자기 지분범위 내에서 차임상당액을 부당이득으로 반환청구 할 수 있다.

답 ①

제32회 출제

02 **甲, 乙, 丙은 X토지를 각 1/2, 1/4, 1/4의 지분으로 공유하고 있다. 이에 관한 설명으로 옳은 것은?** (단, 구분소유적 공유관계는 아니며, 다툼이 있으면 판례에 따름)

① 乙이 X토지에 대한 자신의 지분을 포기한 경우, 乙의 지분은 甲, 丙에게 균등한 비율로 귀속된다.

② 당사자간의 특약이 없는 경우, 甲은 단독으로 X토지를 제3자에게 임대할 수 있다.

③ 甲, 乙은 X토지에 대한 관리방법으로 X토지에 건물을 신축할 수 있다.

④ 甲, 乙, 丙이 X토지의 관리에 관한 특약을 한 경우, 그 특약은 특별한 사정이 없는 한 그들의 특정승계인에게도 효력이 미친다.

⑤ 丙이 甲, 乙과의 협의없이 X토지를 배타적ㆍ독점적으로 점유하고 있는 경우, 乙은 공유물에 대한 보존행위로 X토지의 인도를 청구할 수 있다.

> **해설**
>
> ① 乙이 X토지에 대한 자신의 지분을 포기한 경우, 乙의 지분은 甲, 丙에게 각 지분의 비율로 귀속된다.
>
> ② 공유물의 임대행위는 관리행위이므로 지분의 과반수에 의해 결정되어야 한다. 따라서 甲은 소수 지분권자이므로 단독으로 X토지를 제3자에게 임대할 수 없다.
>
> ③ 甲, 乙이 X토지에 건물을 신축하는 것은 관리의 범위를 넘는 것이어서 허용될 수 없다.
>
> ⑤ 소수지분권자인 丙이 甲, 乙과의 협의없이 X토지를 배타적ㆍ독점적으로 점유하고 있는 경우, 다른 소수지분권자인 乙은 공유물에 대한 보존행위로 X토지의 인도를 청구할 수 없다.
>
> 답 ④

4 출제 예상문제

01 공유에 관한 설명으로 **틀린** 것은? (다툼이 있으면 판례에 따름)

① 공유물의 소수지분권자는 공유물을 공유자와의 협의 없이 배타적으로 점유하는 다른 소수 지분권자를 상대로 자신의 지분권에 기초하여 공유물에 대한 방해 상태의 제거를 청구할 수 있다.

② 제3자가 공유물을 무단으로 사용한 경우, 공유자 1인은 공유자 전원을 위하여 제3자에게 부당이득 전부의 반환을 청구할 수 있다.

③ 과반수 지분의 공유자로 부터 사용·수익을 허락받은 점유자에 대하여 소수 지분의 공유자는 점유배제를 구할 수 없으며, 부당이득반환청구를 할 수도 없다.

④ 부동산의 공유지분 위에 근저당권이 설정된 후 공유 부동산이 분할된 경우 공유물분할이 된 뒤에도 종전의 지분비율대로 공유물 전부 위에 그대로 존속한다.

⑤ 공유부동산이 공유자 중 1인의 단독소유로 등기된 경우, 다른 공유자는 그 등기의 전부말소를 청구할 수 없다.

해설 ✦ ② 부당이득반환이나 손해배상청구는 각 공유자가 자기의 지분비율 범위 내에서만 청구할 수 있다.

정답 ✦ ②

02 **甲과 乙은 X토지를 각 1/2의 지분을 가지고 공유하고 있다. 다음 설명 중 틀린 것은?** (다툼이 있으면 판례에 의함)

① 甲이 乙의 동의 없이 X토지의 1/2을 배타적으로 사용하는 경우, 乙은 그의 지분 비율로 甲에게 부당이득의 반환을 청구할 수 있다.

② 甲이 乙의 동의 없이 X토지 전부를 단독으로 사용하고 있다면, 乙은 공유물의 보존행위로 X토지 전부를 자기에게 인도할 것을 청구할 수 없다.

③ 甲과 乙이 X토지의 각 특정 부분을 구분하여 소유하면서 공유등기를 한 경우, 甲 자신이 구분 소유하는 지상에 건물을 신축하더라도 乙은 그 건물의 철거를 청구할 수 없다.

④ 甲의 지분에 관하여 제3자 명의로 원인무효의 등기가 이루어진 경우, 乙은 공유물의 보존행위로 그 등기의 말소를 청구할 수 있다.

⑤ 제3자가 권원 없이 자기명의로 X토지의 소유권이전등기를 한 경우, 甲은 공유물의 보존행위로 원인무효의 등기 전부의 말소를 청구할 수 있다.

해설 ✦ ④ 공유자가 다른 공유자의 지분권을 대외적으로 주장하는 것은 공유물의 보존행위에 속한다고 할 수 없다[94다35008]. 따라서 甲의 지분에 관하여 제3자 명의로 원인무효의 등기가 이루어진 경우라도 乙은 공유물의 보존행위로 그 등기의 말소를 청구할 수 없다.

정답 ✦ ④

테마 28 지상권

1 출제예상과 학습포인트

✦ 기출횟수

　제24회 ~ 제26회 제28회 ~ 제34회

✦ 제35회 출제예상

　매년 출제되는 부분이다. 제35회 출제가능성은 100%이다.

✦ 제35회 대비 중요도

　★★★

✦ 학습방법

　1문제가 출제되는 부분으로 출제되는 문제에 비하면 공부할 분량이 너무 많은 부분이다. 우선 용익물권으로서 지상권의 개념을 정확히 이해하고, 특히 지상권의 효력을 완벽하게 숙지한다. 또한 현실에서 사용되고 있는 담보가치 유지를 위한 담보지상권을 정리하고, 법정지상권이나 관습상 법정지상권을 이해·정리하여야 한다.

✦ 핵심쟁점

　❶ 지상권의 최단존속기간과 그 적용범위
　❷ 지상권의 성질과 효력
　❸ 법정지상권의 성립요건
　❹ 법정지상권 성립 후의 법률문제

2 핵심 내용

❶ 서설

1. 지상권이란 타인소유의 토지에서 건물 기타 공작물이나 수목을 소유하기 위하여 그 토지를 사용하는 권리를 말한다.

2. 지료의 지급은 지상권 성립의 요소가 아니다. 제25회 제31회

3. 지상권설정계약 당시 건물 기타의 공작물이나 수목이 없더라도 지상권은 유효하게 성립할 수 있고, 제28회 기존의 건물, 공작물이나 수목이 멸실하더라도 지상권은 계속 존속할 수 있다.

② 지상권의 존속기간

1. 존속기간을 약정하는 경우

① 최단존속기간의 제한 : 계약으로 지상권의 존속기간을 정하는 경우에는 그 기간은 다음 기간보다 단축하지 못한다.

    ㉠ 석조 등 견고한 건물이나 수목의 소유를 목적으로 하는 경우에는 30년

    ㉡ 견고한 건물 이외의 건물의 소유를 목적으로 하는 경우에는 15년

    ㉢ 건물 이외의 공작물의 소유를 목적으로 하는 경우에는 5년

② 최단존속기간보다 단축한 기간을 정한 때에는 최단기간까지 연장한다.

③ 최단기간에 관한 규정은 '지상권자가 그 소유'의 건물 등을 건축하거나 수목을 식재하여 토지를 이용할 목적으로 지상권을 설정한 경우에만 적용이 있고, 지상권설정자의 건물을 '사용'할 목적으로 지상권을 설정한 경우에는 그 적용이 없다.

④ 영구무한의 지상권설정도 가능하다.

2. 기간을 정하지 않은 경우

① 지상물의 종류와 구조에 따라 최단존속기간(30년, 15년, 5년)으로 본다.제26회

② 공작물의 종류와 구조를 정하지 아니한 경우에는 15년으로 본다.

③ 다만, 수목의 소유를 목적으로 하는 지상권은 언제나 30년이다.

③ 지상권의 효력 제25회 제26회 제28회 제29회 제30회 제31회

1. 지상권자의 토지사용권

① 지상권에 기한 물권적 청구권과 점유권에 기한 물권적 청구권이 인정된다.

② 상린관계 규정이 준용되므로 지상권자가 직접 상린관계를 주장할 수 있다.

③ 지상권이 설정된 토지를 양수한 자는 지상권자에게 그 토지의 인도를 청구할 수 없다.제26회

> **참고** 지상권을 설정한 토지소유자의 지위
>
> 지상권을 설정한 토지소유권자는 그 토지의 불법점유자에 대하여 소유권에 기한 방해배제를 구할 수 있다.제33회 그러나 지상권을 설정한 토지소유권자는 지상권이 존속하는 한 토지를 사용·수익할 수 없으므로 특별한 사정이 없는 한 불법점유자에게 임료 상당의 손해배상을 청구할 수 없다.

2. 지상권 처분의 자유(절대적 보장)

① 지상권의 양도나 토지의 임대를 금지하는 특약은 무효이며, 지상권자는 지상권설정자의 의사에 반하여도 지상권의 존속기간 내에서 양도·임대할 수 있다.제25회 제26회 제28회

② 지상물을 양도하는 경우 특별한 사유가 없는 한 지상권양도의 합의도 포함된 것으로 본다. 다만, 이러한 경우도 지상권이전등기를 하여야 지상권을 취득한다.

③ 그러나 건물을 경락받아 소유권을 취득하였다면 특별한 사정이 없는 한 건물 소유를 위한 지상권도 등기 없이 당연히 경락인이 취득한다.

④ 지상권자는 지상물소유권만을 양도할 수도 있고, 지상권만을 양도할 수도 있다.제29회 제34회 따라서 지상권자와 그 지상물의 소유권자가 반드시 일치하여야 하는 것은 아니다.

⑤ 지상권자는 지상권설정자의 동의가 없더라도 자신의 지상권 위에 저당권을 설정할 수 있다. 이때 지상권자는 저당권자의 동의 없이 지상권을 소멸하는 행위를 하지 못한다.

3. 지료지급

① 지료지급은 지상권의 성립요소는 아니지만 지료약정이 있는 경우 이를 등기하여야 제3자에게 대항할 수 있고,제29회 지료에 대하여 등기되지 않은 경우에는 무상의 지상권으로서 지료증액청구권도 발생할 수 없다.

② 지상권자가 2년 이상의 지료를 지급하지 아니한 때에는 지상권설정자는 지상권의 소멸을 청구할 수 있다.

③ 지상권자의 지료지급 연체가 토지소유권의 양도 전후에 이루어진 경우 토지양수인에 대한 연체기간이 2년이 되어야 토지양수인은 지상권소멸청구를 할 수 있다.제26회 제29회 제31회 제32회

④ 법정지상권이 성립되고 지료액수가 판결에 의하여 정해진 경우 지체된 지료가 판결전후에 걸쳐 2년 이상일 경우에도 토지소유자는 지상권의 소멸을 청구할 수 있다.

⑤ 법정지상권에 관한 지료가 결정된 바 없다면, 법정지상권자가 2년 이상의 지료를 지급하지 않았음을 이유로 하는 토지소유자의 지상권소멸청구는 할 수 없다.제29회

⑥ 지상권이 저당권의 목적인 때 또는 그 토지에 있는 건물, 수목이 저당권의 목적이 된 때에는 지료체납을 이유로 한 지상권소멸청구는 저당권자에게 통지한 후 상당한 기간이 경과함으로써 그 효력이 생긴다.제28회 제29회

❹ 지상권의 소멸

1. 소멸사유

① 물권의 일반적 소멸사유(토지의 멸실, 존속기간의 만료, 혼동, 토지수용 등)

② 2년 이상 지료체납으로 인한 지상권설정자의 지상권소멸청구

③ 지상권의 포기(지상권이 저당권의 목적인 경우 저당권자의 동의필요, 등기필요)

2. 지상권자의 지상물수거의무와 지상권설정자의 지상물매수청구권

① 지상권이 소멸한 때에는 지상권자는 건물 기타 공작물이나 수목을 수거하여 토지를 원상에 회복하여야 한다.

② 지상권설정자가 상당한 가액을 제공하여 그 공작물이나 수목의 매수를 청구한 때에는 지상권자는 정당한 이유없이 이를 거절하지 못한다.제28회

3. 지상권자의 갱신청구권과 매수청구권 제31회

① 지상권이 소멸한 경우에 건물 기타 공작물이나 수목이 현존한 때에는 지상권자는 계약의 갱신을 청구할 수 있다.(청구권)제26회 제31회

② 지상권설정자가 계약의 갱신을 원하지 아니하는 때에는 지상권자는 상당한 가액으로 매수를 청구할 수 있다.(형성권)

③ 지상권자의 의무위반(2년 이상 지료연체)으로 소멸한 경우에는 인정되지 않는다.

심화

담보지상권 제30회 제31회

1. 토지에 관하여 저당권을 취득함과 아울러 그 저당권의 담보가치를 확보하기 위하여 지상권을 취득하는 경우, 이를 담보지상권이라 한다[2003마1753].

2. 제3자가 저당권의 목적인 토지 위에 건물을 신축하는 경우, 지상권자는 그 방해배제청구로서 건물을 축조하는 것을 중지하도록 요구하고 신축중인 건물의 철거와 대지의 인도를 구할 수 있다.

3. 담보지상권자는 지상권의 목적 토지를 점유, 사용함으로써 임료 상당의 이익이나 기타 소득을 얻을 수 있었다고 보기 어려우므로, 무단점유자에 대하여 지상권 자체의 침해를 이유로 임료 상당 손해배상을 구할 수 없다.제30회 제31회 (단, 담보가치 감소로 인한 손해배상을 청구는 가능제30회)

4. 담보권자가 담보가치 하락을 막기 위해 아울러 지상권을 설정한 경우 피담보채권의 변제 등으로 담보권이 소멸하면 지상권도 함께 소멸한다고 할 것이다.제25회 제30회 제32회

❺ 특수지상권

1. 구분지상권

① 타인의 토지의 지하 또는 지상의 공간에 상하의 범위를 정하여 건물 기타 공작물을 소유하기 위한 지상권을 말한다.(구분지상권은 수목소유는 불가능)제25회

② 토지에 대하여 이미 제3자의 다른 권리(지상권·지역권·전세권)가 있을 때에는 그 권리자 및 그 권리를 목적으로 하는 권리를 가진 자 전원의 승낙을 얻어서 구분지상권을 설정할 수 있다.

2. 분묘기지권 제26회

① 타인의 토지에 분묘를 수호하고 봉제사하는 목적을 달성하는 데 필요한 범위 내에서 타인의 토지를 사용할 수 있는 관습법상 권리를 말한다.

② 지료는 당사자 간의 약정에 따르되, 분묘기지권을 시효로 취득한 경우 토지소유자가 토지의 사용대가를 청구하면, 그 때부터 지료지급의무를 부담한다.제32회

③ 그러나 자기 소유의 토지에 분묘를 설치하고 분묘이장의 특약 없이 자기 토지를 타인에 양도하여 성립한 분묘기지권은 분묘기지권이 성립한 때부터 지료를 지급할 의무가 있다.

④ 분묘기지권은 기존의 분묘 이외에 새로운 분묘를 설치할 권능을 포함하지 아니하므로, 부부 중 일방이 먼저 사망하여 이미 그 분묘가 설치된 경우 그 후 사망한 자를 위하여 쌍분형태나 단분형태의 분묘를 설치하는 것이나 원래의 분묘를 다른 곳으로 이장하는 것은 인정되지 않는다.제26회

⑤ 분묘기지권의 존속기간은 당사자 사이의 약정이 있으면 그에 따르며, 그러한 사정이 없는 경우에는 그 분묘가 존속하고 있는 동안 존속하는 것으로 해석한다.

⑥ 분묘기지권은 이를 포기하겠다는 의사표시를 함으로 인하여 소멸되고, 점유까지 포기할 필요는 없다.제26회

❻ 법정지상권 제24회 제28회 제29회

1. 의의

토지와 건물이 동일한 소유자에 속하였다가 나중에 토지와 건물의 소유자가 달라지게 되는 경우, 일정한 요건 하에 건물소유자를 위하여 당연히 인정되는 지상권을 말한다.

2. 저당권 실행으로 인한 법정지상권(제366조)

① 의의 : 동일인 소유인 토지와 건물 중 어느 하나에 또는 양쪽 모두에 설정된 저당권의 실행으로 토지와 건물의 소유자가 달라진 때에 당연히 인정되는 지상권

② **요건** : ⓐ 저당권 설정당시 건물이 존재하고 또한 토지와 건물의 소유자가 동일하여야 하고 ⓑ 저당권실행으로 토지와 건물의 소유자가 달라져야 한다.

③ **강행규정** : 제366조는 강행규정이므로 법정지상권을 배제하는 특약은 무효이다.제29회

④ **성립여부**

성립	불성립
㉠ 무허가건물, 미등기건물도 가능 ㉡ 저당권설정 당시 토지와 건물이 동일인 소유였다가 그 후 저당권의 실행으로 토지가 매각되기 전에 건물이 제3자에게 양도된 경우 ㉢ 저당권설정당시 건물이 건축 중이었고 건물의 규모·종류가 외형상 예상할 수 있는 정도까지 건축이 진전되어 있는 경우 ㉣ 건물과 토지 중 토지에만 저당권설정 후 건물을 개축·증축·재축·신축한 경우 → 건물 사이의 동일성이 있을 필요는 없으나, 그 법정지상권의 범위와 내용은 구 건물기준	㉠ 가설건축물은 건물의 요건을 갖추지 못하여 법정지상권 성립× ㉡ 나대지(건물 없는 토지)에 저당권을 설정한 후 건물이 신축된 후 저당권이 실행된 경우 ㉢ 미등기건물을 대지와 함께 양수한 자가 그 대지에 관해서만 이전등기를 한 후 대지에 대하여 저당권 설정 후 실행된 경우제33회 ㉣ 동일인 소유에 속하는 건물 및 토지에 '공동저당권'이 설정된 후 그 지상건물이 철거되고 신축된 경우

3. 관습법상 법정지상권

① **의의** : 토지와 건물이 동일인소유에 속하였다가 그 중 어느 하나가 매매, 증여 기타의 원인으로 양자의 소유자가 다르게 된 때, 그 건물을 철거한다는 등의 특약이 없는 한 관습법상 건물소유자에게 당연히 인정되는 지상권을 말한다.

② **토지와 건물이 처분당시 동일인의 소유에 속할 것**

㉠ 토지와 그 지상 건물이 원시적으로 동일인의 소유에 속하였을 필요는 없고, 그 소유권이 유효하게 변동될 당시에 동일인이 토지와 그 지상 건물을 소유하였던 것으로 족하다.

㉡ 동일인에게 속하였는지 판단시기 : 경매의 목적이 된 부동산에 대하여 가압류가 있고 그것이 본압류로 이행되어 경매절차가 진행된 경우에는, 애초 가압류가 효력을 발생하는 때를 기준으로 토지와 그 지상 건물이 동일인에 속하였는지를 판단하여야 한다(매각대금 완납시×)제29회

③ **매매 기타의 원인**(교환, 증여, 강제경매, 공유물분할 등)으로 소유자가 달라질 것 → 단, 환지처분은 성립×

④ **당사자 사이에 건물을 철거한다는 특약이 없을 것**제24회

㉠ 토지와 건물의 소유자가 토지만을 타인에게 증여한 후 구건물을 철거하되 그 지상에 자신의 이름으로 건물을 다시 신축하기로 합의한 경우 → 관습법상의 법정 지상권 배제효력×(법정지상권 취득○)

㉡ 대지상의 건물만을 매수하면서 대지에 대한 임대차계약을 체결 → 관습법상 법정지상권 포기

⑤ 관습법상 법정지상권 성립여부

성립	불성립
㉠ 무허가건물, 미등기건물도 가능 ㉡ 처음에는 토지와 건물의 소유자가 달랐으나 처분 당시에 동일인이 토지와 그 지상 건물을 소유하였다가 처분으로 달라진 경우 ㉢ 토지와 건물의 소유자가 토지만을 타인에게 증여한 후 구건물을 철거하되 그 지상에 자신의 이름으로 건물을 다시 신축하기로 합의한 경우	㉠ 나대지상에 환매특약의 등기가 마쳐진 상태에서 대지 소유자가 그 지상에 건물을 신축하고 환매권의 행사에 따라 토지와 건물의 소유자가 달라진 경우제23회 ㉡ 대지와 건물이 함께 동일인에게 매도되었으나 대지에 대해서만 매수인 명의로 소유권이전등기가 경료된 경우 ㉢ 乙이 甲의 승낙을 얻어 甲소유의 토지 위에 건물을 신축한 후, 丙이 위 건물을 매수한 경우제33회 ㉣ 동일인에게 소유권귀속이 원인무효로 이루어 졌다가 나중에 등기가 말소됨으로써 건물과 토지의 소유자가 달라지게 된 경우 ㉤ 환지처분에 의해 소유자가 달라진 경우

심화

공유와 법정지상권 성립여부

1. 건물을 공유하면서 그 소유 단독대지만을 매도한 경우 : 대지소유자 甲이 그 지상건물을 乙과 함께 공유하면서 그 단독소유의 대지만을 丙에게 매도한 경우 → 성립○
2. 건물공유자 1인이 대지를 단독으로 소유하면서 그 토지에 대해서만 저당권을 설정하였다가 경매로 토지소유자가 달라진 경우 → 성립○제33회
3. 공유지상에 공유자의 1인 또는 수인 소유의 건물이 있는 경우, 공유대지분할로 그 대지와 지상건물이 소유자를 달리하게 된 때 → 성립○
4. 甲·乙의 공유토지 위에 甲이 건물을 소유하고 있는 경우, 甲이 그 토지지분만을 전매한 경우 → 성립×
5. 토지공유자의 한 사람이 다른 공유자의 지분 과반수의 동의를 얻어 건물을 건축한 후 토지와 건물의 소유자가 달라진 경우 → 성립×제21회
6. 토지의 구분소유적 공유 : 공유자 甲이 자신의 배타적 점유 부분에 건물을 신축하여 소유하다가 달라진 경우 → 성립○, 甲이 배타적으로 사용하는 특정부분 위에 乙이 건물을 신축한 뒤, 대지의 분할등기가 이루어져 건물의 대지부분이 甲의 단독 소유가 된 경우 → 성립×

---

4. (관습법상)법정지상권 성립후 법률관계

① 토지가 양도된 경우 : 토지를 전득한 제3자에 대하여도 등기 없이 법정지상권을 주장할 수 있고, 지상권설정등기를 청구할 수 있다.제24회 제28회

② 건물이 양도된 경우

　㉠ 지상권이 붙은 건물양수인은 법정지상권의 이전등기를 하지 않는 한 건물의 소유권을 취득한 사실만으로는 법정지상권을 취득하지 못한다.제29회

　㉡ 법정지상권이 붙은 건물의 양수인은 법정지상권에 대한 등기를 하지 않았다 하더라도 법정지상권자인 양도인의 갱신청구권을 대위 행사할 수 있다.제29회

　㉢ 토지소유자는 건물양수인에 대하여 건물의 철거를 청구할 수 없다.제28회

　㉣ 토지소유자는 건물양수인에 대하여 불법행위에 기한 손해배상청구는 할 수 없으나, 부당이득반환청구는 가능하다.제28회

　㉤ 다만, 경매로 건물을 취득한 경우에는 법정지상권에 대한 등기를 갖추지 않아도 취득한다.제28회 제29회

3 대표 기출문제

제31회 출제

01 **지상권에 관한 설명으로 옳은 것을 모두 고른 것은?** (다툼이 있으면 판례에 따름)

> ㄱ. 지료의 지급은 지상권의 성립요소이다.
> ㄴ. 기간만료로 지상권이 소멸하면 지상권자는 갱신청구권을 행사할 수 있다.
> ㄷ. 지료체납 중 토지소유권이 양도된 경우, 양도 전·후를 통산하여 2년에 이르면 지상권 소멸청구를 할 수 있다.
> ㄹ. 채권담보를 위하여 토지에 저당권과 함께 무상의 담보지상권을 취득한 채권자는 특별한 사정이 없는 한 제3자가 토지를 불법점유하더라도 임료 상당의 손해배상청구를 할 수 없다.

① ㄴ　　　　　　　　② ㄱ, ㄷ　　　　　　　　③ ㄴ, ㄹ
④ ㄷ, ㄹ　　　　　　　⑤ ㄱ, ㄷ, ㄹ

해설

ㄱ. 지료의 지급은 지상권의 성립요소가 아니어서 무상의 지상권설정도 가능하다.

ㄷ. 지상권자의 지료지급연체가 토지소유권의 양도 전후에 걸쳐 이루어진 경우 토지양수인에 대한 연체기간이 2년이 되지 않는다면 양수인은 지상권소멸청구를 할 수 없다.

ㄴ. 제283조 제1항. 옳은 지문이다.

ㄹ. 담보지상권자는 지상권의 목적 토지를 점유, 사용함으로써 임료 상당의 이익이나 기타 소득을 얻을 수 있었다고 보기 어려우므로, 무단점유자에 대하여 담보가치 감소로 인한 손해배상을 구하는 외에 별도로 지상권 자체의 침해를 이유로 임료 상당 손해배상을 구할 수 없다[2006다588]. 옳은 지문이다.

정답 ③

제33회 출제

02 甲에게 법정지상권 또는 관습법상 법정지상권이 인정되는 경우를 모두 고른 것은? (다툼이 있으면 판례에 따름)

> ㄱ. 乙 소유의 토지 위에 乙의 승낙을 얻어 신축한 丙 소유의 건물을 甲이 매수한 경우
>
> ㄴ. 乙 소유의 토지 위에 甲과 乙이 건물을 공유하면서 토지에만 저당권을 설정하였다가, 그 실행을 위한 경매로 丙이 토지소유권을 취득한 경우
>
> ㄷ. 甲이 乙로부터 乙 소유의 미등기건물과 그 대지를 함께 매수하고 대지에 관해서만 소유권이전등기를 한 후, 건물에 대한 등기 전 설정된 저당권에 의해 대지가 경매되어 丙이 토지 소유권을 취득한 경우

① ㄱ   ② ㄴ   ③ ㄱ, ㄷ   ④ ㄴ, ㄷ   ⑤ ㄱ, ㄴ, ㄷ

해설

ㄴ. 乙 소유의 토지 위에 甲과 乙이 건물을 공유하면서 토지에만 저당권을 설정하였다가, 그 실행을 위한 경매로 丙이 토지소유권을 취득한 경우에는 법정지상권이 성립한다.

ㄱ. 乙 소유의 토지 위에 乙의 승낙을 얻어 신축한 丙 소유의 건물을 甲이 매수한 경우, 처분당시에 토지의 소유자(乙)와 건물의 소유자(丙)가 동일하지 않아 관습법상 법정지상권은 성립하지 않는다.

ㄷ. 甲이 乙로부터 乙 소유의 미등기건물과 그 대지를 함께 매수하고 대지에 관해서만 소유권이전등기를 한 후, 건물에 대한 등기 전 설정된 저당권에 의해 대지가 경매되어 丙이 토지 소유권을 취득한 경우, 저당권설정 당시에 토지의 소유자(甲)와 건물의 소유자(乙)가 동일하지 않아 법정지상권은 성립하지 않는다.

정답 ②

4 출제 예상문제

01 지상권에 관한 설명으로 틀린 것은? (다툼이 있으면 판례에 의함)

① 건물 이외의 공작물의 소유를 목적으로 하는 때에도 30년의 존속기간을 설정할 수 있다.

② 미등기 건물을 그 대지와 함께 양수한 사람이 그 대지에 대해서만 소유권이전등기를 넘겨받은 뒤 그 대지가 경매되어 타인의 소유로 된 경우, 법정지상권이 성립하지 않는다.

③ 구분지상권은 건물 기타 공작물의 소유를 위해 설정할 수 있다.

④ 지상권의 지료가 1년 연체된 상태에서 토지가 제3자에게 양도되고 다시 그 지료가 1년 6개월 연체된 경우 토지의 새로운 소유자는 지상권의 소멸을 청구 할 수 있다.

⑤ 저당권설정자가 담보가치의 하락을 막기 위해 저당권자에게 지상권을 설정해 준 경우, 피담보채권이 소멸하면 그 지상권도 소멸한다.

해설 ✦ ④ 지상권자의 지료 지급 연체가 토지소유권의 양도 전후에 걸쳐 이루어진 경우 토지양수인에 대한 연체기간이 2년이 되지 않는다면 양수인은 지상권소멸청구를 할 수 없다(대판 99다17142).

　　① 건물 이외의 공작물의 소유를 목적으로 하는 때에는 최단기간이 5년이므로 30년의 존속기간을 설정할 수 있다.

정답 ✦ ④

02 다음 중 법정지상권 또는 관습상의 법정지상권이 성립되는 경우는?

① 저당권이 설정된 토지 위에 건물이 축조된 후, 토지의 경매로 인하여 토지와 그 건물이 다른 소유자에게 속하게 된 경우

② 동일인 소유의 토지에 건물에 관하여 공동저당권이 설정된 후 그 건물이 철거되고 제3자 소유의 건물이 새로이 축조된 다음, 토지에 관한 저당권의 실행으로 토지와 건물의 소유자가 달라진 경우

③ 환매특약의 등기가 경료된 나대지의 소유자가 그 지상에 건물을 신축한 후, 환매권이 행사되는 경우

④ 토지에 저당권이 설정될 당시 그 지상에 건물이 토지 소유자에 의하여 건축 중이었고, 건물의 규모, 종류가 외형상 예상할 수 있을 정도까지 건축이 진전된 후 저당권의 실행으로 토지가 매각된 경우

⑤ 토지의 매수인이 이전등기를 하지 않은 상태에서 매도인의 승낙을 받아 건물을 신축한 후 매매계약이 해제된 경우

해설 ✦ ①,③ 법정지상권이 성립되려면 저당권설정당시에 토지위에 건물이 존재하고 있어야 하고, 토지와 건물의 소유자가 동일하여야 하는데 이에 맞지 않아 성립하지 않는다.

② 새로운 건물이 축조될 당시에 이미 토지에는 저당권이 설정되어 있으므로 새로 축조된 건물을 위한 법정지상권은 성립되지 않는다.

⑤ 토지는 아직 매도인 소유이고, 건물만 매수인 소유인 경우로서 관습상 법정지상권이 성립하지 않는다.

정답 ✦ ④

✦ 기출횟수

　제25회 ~ 제34회

✦ 제35회 출제예상

　매년 출제되는 부분이다. 제35회 출제가능성은 100%이다.

✦ 제35회 대비 중요도

　★★★

✦ 학습방법

　주로 법조문 중심으로 출제된다. 지역권의 개념과 성질을 확실하게 이해·숙지하고, 지역권의 시효취득과 지역권의
　효력을 정리한다.

✦ 핵심쟁점

　❶ 지역권의 의의　　❷ 지역권의 성질　　❸ 지역권의 시효취득　　❹ 지역권의 효력

2 **핵심 내용**

❶ 의의

1. 일정한 목적을 위하여 타인의 토지를 자기 토지의 편익에 이용하는 권리를 말한다.

2. 지역권은 유상, 무상 가능하다. 지역권의 존속기간은 규정이 없으며 영구무한도 가능하다.제33회

3. 편익을 받는 토지를 요역지라 하고, 편익을 주는 토지를 승역지라 한다.

4. 요역지는 반드시 1필지 전부이어야 하나,제30회 제33회 승역지는 1필지 일부라도 무방하다.
　제26회 즉 토지의 일부를 위한 지역권은 인정되지 않으나 토지 일부에 대한 지역권은 인정된다.제32회

5. 어느 토지에 대하여 통행지역권을 주장하려면 그 토지의 통행으로 편익을 얻는 요역지가 있음을
　주장·증명해야 한다.제29회 제31회 제34회

6. 자기 소유의 토지에 도로를 개설하여 타인에게 영구적으로 사용하도록 약정하고 대금을 수령하는 것은 지역권설정에 관한 합의이다.제29회

7. 지상권자나 전세권자도 그 토지를 위하여 또는 그 토지 위에 지역권을 설정할 수 있다.제28회 제30회

❷ 지역권의 성질

1. 부종성, 수반성

① 지역권은 요역지와 분리하여 양도하거나제25회 제26회 제27회 제34회 다른 권리(저당권)의 목적으로 하지 못한다.제27회 제28회 제29회 제32회

② 지역권은 요역지 소유권에 부종하여 이전하며제31회 제33회 또한 요역지에 대한 소유권 이외의 권리의 목적이 된다. 그러나 다른 특약이 있으면 그 약정에 의한다.

③ 따라서 요역지의 소유권이 이전되면 지역권도 별도의 이전등기 없이 당연히 이전된다.

2. 불가분성

① 공유자의 1인이 지역권을 취득한 때에는 다른 공유자도 이를 취득한다.제25회 제26회 제30회 제31회 제32회 제34회

② 토지공유자의 1인은 지분에 관하여 그 토지를 위한 지역권 또는 그 토지가 부담한 지역권을 소멸하게 하지 못한다.제27회 제28회 제33회

③ 요역지가 수인의 공유인 경우에 그 1인에 의한 지역권 소멸시효의 중단 또는 정지는 다른 공유자를 위하여 효력이 있다.제28회

④ 점유로 인한 지역권의 취득시효의 중단은 지역권을 행사하는 모든 공유자에 대한 사유가 아니면 그 효력이 없다.제31회

⑤ 토지의 분할이나 토지의 일부양도의 경우에는 지역권은 요역지의 각 부분을 위하여 또는 그 승역지의 각 부분에 존속한다. 그러나 지역권이 토지의 일부분에만 관한 것인 때에는 다른 부분에 대하여는 그러하지 아니하다.

❸ 지역권의 시효취득

1. 지역권은 계속되고 표현된 것에 한하여 시효취득할 수 있다.제27회 제32회 제34회

2. 통행지역권을 시효취득하기 위해서는 요역지 소유자가 스스로 승역지상에 '통로'를 개설하여 승역지를 항시 사용하고 있는 객관적 사실이 계속되어야 한다.

3. 통행지역권을 취득시효한 경우에도 주위토지통행권의 경우와 마찬가지로 요역지 소유자는 승역지에 대한 도로 설치 및 사용에 의하여 승역지 소유자가 입은 손해를 보상하여야 한다.제30회 제31회

4. 토지의 불법점유자는 주위토지통행권이나 통행지역권을 취득할 수 없다.제25회 제30회 제34회

❹ 지역권의 효력

1. 공작물의 공동사용

승역지의 소유자는 지역권의 행사를 방해하지 아니하는 범위 내에서 지역권자가 지역권의 행사를 위하여 승역지에 설치한 공작물을 사용할 수 있다. 이 경우에 승역지의 소유자는 수익정도의 비율로 공작물의 설치, 보존의 비용을 분담하여야 한다.

2. 용수지역권

① 용수승역지의 수량이 요역지 및 승역지의 수요에 부족한 때에는 그 수요정도에 의하여 먼저 가용(家用)에 공급하고 다른 용도에 공급하여야 한다(임의규정).

② 승역지에 수개의 용수지역권이 설정된 때에는 후순위의 지역권자는 선순위의 지역권자의 용수를 방해하지 못한다.제28회

3. 승역지소유자의 의무와 승계

① 계약에 의하여 승역지 소유자가 지역권 행사를 위하여 공작물의 설치 또는 수선의 의무를 부담한 때에는 승역지의 특별승계인도 그 의무를 부담한다.

② 승역지의 소유자는 지역권에 필요한 부분의 토지소유권을 지역권자에게 위기(委棄)하여 위 부담을 면할 수 있다.제26회

4. 물권적 청구권

지역권에 기한 반환청구권은 인정되지 않고제29회 제32회 제33회 방해배제청구권과 방해예방청구권만이 인정된다.제26회

3 대표 기출문제

제30회 출제

01 지역권에 관한 설명으로 틀린 것은? (다툼이 있으면 판례에 따름)

① 요역지는 1필의 토지여야 한다.

② 요역지의 지상권자는 자신의 용익권 범위 내에서 지역권을 행사할 수 있다.

③ 공유자 중 1인이 지역권을 취득한 때에는 다른 공유자도 지역권을 취득한다.

④ 요역지의 불법점유자는 통행지역권을 시효취득할 수 없다.

⑤ 통행지역권을 시효취득하였다면, 특별한 사정이 없는한 요역지 소유자는 도로설치로 인해 승역지 소유자가 입은 손실을 보상하지 않아도 된다.

> **해설**
>
> ⑤ 통행지역권을 취득시효한 경우에도 주위토지통행권의 경우와 마찬가지로 요역지 소유자는 승역지에 대한 도로 설치 및 사용에 의하여 승역지 소유자가 입은 손해를 보상하여야 한다[2012다17479].
>
> 답 ⑤

제32회 출제

02 지역권에 관한 설명으로 틀린 것은?

① 지역권은 요역지와 분리하여 따로 양도하거나 다른 권리의 목적으로 하지 못한다.

② 1필의 토지의 일부에는 지역권을 설정할 수 없다.

③ 요역지의 공유자 중 1인이 지역권을 취득한 경우, 요역지의 다른 공유자도 지역권을 취득한다.

④ 지역권에 기한 승역지 반환청구권은 인정되지 않는다.

⑤ 계속되고 표현된 지역권은 시효취득의 대상이 될 수 있다.

> **해설**
>
> ② 1필의 토지의 일부에도 지역권을 설정할 수 있다. 즉, 1필의 토지 일부를 승역지로 하여 지역권을 설정할 수 있다.
>
> 답 ②

4 출제 예상문제

01 지역권에 관한 설명으로 틀린 것은?

① 1필의 토지 일부를 승역지로 하여 지역권을 설정할 수 있다.

② 토지공유자의 1인은 지분에 관하여 그 토지를 위한 지역권을 소멸하게 할 수 있다.

③ 지역권은 요역지와 분리하여 양도하지 못한다.

④ 승역지의 소유자는 지역권에 필요한 부분의 토지소유권을 지역권자에게 위기(委棄)하여 공작물의 설치나 수선의무의 부담을 면할 수 있다.

⑤ 지역권자에게는 방해제거청구권과 방해예방청구권이 인정된다.

해설 ✦ ② 토지공유자의 1인은 지분에 관하여 그 토지를 위한 지역권 또는 그 토지가 부담한 지역권을 소멸하게 하지 못한다(공유관계, 일부양도와 불가분성 – 제293조).

정답 ✦ ②

02 지역권에 관한 설명으로 틀린 것은?

① 토지의 일부를 위한 지역권은 인정되지 않는다.

② 계약에 의하여 승역지 소유자가 지역권 행사를 위하여 공작물의 설치 또는 수선의 의무를 부담한 때에는 승역지의 특별승계인도 그 의무를 부담한다.

③ 乙이 甲소유 토지의 일부를 평온·공연하게 20년 이상 통행하고 있다면, 스스로 통로를 개설하지 않았더라도 통행지역권을 시효취득한다.

④ 요역지가 수인의 공유인 경우에 그 1인에 의한 지역권 소멸시효의 중단 또는 정지는 다른 공유자를 위하여 효력이 있다.

⑤ 승역지의 수개의 용수지역권이 설정된 때에는 후순위의 지역권자는 선순위의 지역권자의 용수를 방해하지 못한다.

해설 ✦ ③ 통행지역권은 요역지의 소유자가 승역지 위에 통로를 설치하여 승역지를 사용하는 객관적 상태가 민법 제245조에 규정된 기간 계속된 경우에 한하여 그 시효취득을 인정할 수 있다.

정답 ✦ ③

PART 2 물권법(物權法)

1 출제예상과 학습포인트

✦ **기출횟수**

제25회 ~ 제28회, 제30회 ~ 제34회

✦ **제35회 출제예상**

매년 출제되는 부분이다. 제35회 출제가능성은 100%이다.

✦ **제35회 대비 중요도**

★★★

✦ **학습방법**

전세권의 용익물권적 성질과 담보물권적 성질을 이해하고, 토지전세권과 건물전세권의 차이점, 전세권의 효력과 처분, 소멸시 효과 등을 정리한다.

✦ **핵심쟁점**

❶ 존속기간 만료 시에 전세권의 용익물권적 권능은 당연히 소멸하는가?
❷ 전세권 성립요건으로서 전세금지급방법과 등기
❸ 전세권의 효력
❹ 전세권 처분의 자유와 제한
❺ 전세금반환채권의 양도
❻ 건물일부에 대한 전세권설정시 건물 전부에 대한 경매신청과 전부 경매대금에서 우선변제 가능한가?

2 핵심 내용

❶ 서설

1. 의의

전세권이란 전세권자가 전세금을 지급하고 타인의 부동산을 점유하여 그 부동산의 용도에 좇아 사용·수익하며, 그 부동산 전부에 대하여 후순위권리자 기타 채권자보다 전세금의 우선변제를 받을 권리를 말한다.

2. 법적 성질 및 전세권의 객체

① 전세권은 용익물권적 성격과 담보물권적 성격을 겸비한 것으로서제27회, 전세권의 존속기간이 만료되면 전세권의 용익물권적 권능은 전세권설정등기의 말소 없이도 당연히 소멸하고,제25회 제28회 담보물권적 권능의 범위 내에서 전세금의 반환시까지 그 전세권설정등기의 효력이 존속한다.

② 농경지는 전세권의 목적이 될 수 없다.

③ 1필의 토지 또는 1동의 건물의 일부도 전세권의 목적이 될 수 있다.

❷ 전세권의 취득

1. 전세권설정계약 + 전세금 수수 + 등기

2. 전세금은 반드시 현실적으로 수수되어야 하는 것은 아니고 기존의 채권으로 갈음할 수 있다.제27회 제28회 제31회

3. 임대차계약에 바탕을 두고 이에 기한 임차보증금반환채권을 담보할 목적으로 임대인, 임차인 및 제3자 사이의 합의에 따라 제3자명의로 경료된 전세권설정등기는 유효하다.제27회

4. 전세권존속기간이 시작되기 전에 마친 전세권설정등기는 원칙적으로 유효이다.제31회

5. 목적부동산의 인도는 전세권의 성립요건이 아니다.제34회

❸ 전세권의 존속기간

1. 존속기간을 약정한 경우

① 전세권의 존속기간은 10년을 넘지 못한다(토지, 건물). 당사자의 약정기간이 10년을 넘는 때에는 이를 10년으로 단축한다.제31회 제33회

② 건물에 대한 전세권의 존속기간을 1년 미만으로 정한 때에는 이를 1년으로 한다.제33회

2. 존속기간을 정하지 않은 경우

전세권의 존속기간을 약정하지 아니한 때에는 각 당사자는 언제든지 상대방에 대하여 전세권의 소멸을 통고할 수 있고 상대방이 이 통고를 받은 날로부터 6월이 경과하면 전세권은 소멸한다.제28회

※ 지상권의 경우 존속기간을 정하지 않은 경우에는 지상물의 종류와 구조에 따라 최단존속기간(30년, 15년, 5년)으로 본다.

3. 존속기간의 갱신

① **약정갱신** : 그 기간은 갱신한 날로부터 10년을 넘지 못한다.제33회

② 법정갱신(묵시적 갱신)

　　㉠ 건물의 전세권설정자가 만료 전 6월부터 1월 사이에 갱신거절의 통지 등을 하지 않은 경우, 전 전세권과 동일한 조건으로 다시 전세권을 설정한 것으로 본다.

　　㉡ 전세권의 법정갱신은 건물전세권에만 인정되고 토지전세권에는 적용되지 않는다.제33회

　　㉢ 전 전세권과 동일한 조건으로 갱신되지만 존속기간은 정함이 없는 것으로 본다.제26회 제30회

　　㉣ 전세권자는 등기 없이도 전세권설정자나 제3자에 대하여 그 권리를 주장할 수 있다.제28회 제31회 제32회 제34회

❹ 전세권의 효력 제24회 제26회 제31회

1. 전세권성립 후 목적물의 소유권이 이전한 경우 전세금반환채무도 신 소유자에게 승계되므로 신소유자가 전세금반환채무를 부담하고 구소유자의 전세금반환채무는 소멸한다.제30회 제32회

2. 전세권자(전세권설정자×)는 목적물의 현상을 유지하고 그 통상의 관리에 속한 수선을 하여야 한다.
　　→ 따라서 필요비상환청구권 인정×제26회 제30회 제34회

3. 대지와 건물이 동일한 소유자에 속한 경우에 건물에 전세권을 설정한 때에는 그 대지소유권의 특별승계인은 전세권설정자(전세권자×)에 대하여 지상권을 설정한 것으로 본다(법정지상권).

4. 건물전세권의 효력은 그 건물 소유를 목적으로 한 지상권·임차권에도 미친다.제31회 제34회 이 경우 전세권설정자는 전세권자의 동의 없이 지상권 또는 임차권을 소멸하게 하는 행위를 하지 못한다.

5. 전세권과 점유권에 기한 물권적 청구권제24회 제26회, 상린관계 인정제24회 제28회

6. 전세금 증감청구권

❺ 전세권의 처분

1. 전세권 처분의 자유와 제한

① 전세권자는 전세권을 전세권설정자의 동의 없이 타인에게 양도 또는 담보로 제공할 수 있고 그 존속기간 내에서 그 목적물을 타인에게 전전세 또는 임대할 수 있다.제24회 제25회

② 그러나 당사자는 설정행위로 처분금지를 약정할 수 있는데 이를 등기하면 이로써 제3자에게 대항할 수 있다.

2. 전세권의 양도

① 전세권자와 양수인간에 전세권 양도의 합의와 전세권이전의 부기등기가 있어야 한다.

② 전세권 양수인은 전세권설정자에 대하여 전세권양도인과 동일한 권리의무를 가진다.

3. 전세금반환청구권(전세금반환채권)의 양도

① 용익물권으로서의 전세권이 존속하는 경우 : 전세금반환채권만을 전세권과 분리하여 확정적으로 양도할 수 없다. 다만, 장래 전세권이 소멸하는 경우에 전세금반환채권이 발생하는 것을 정지조건으로 그 장래의 조건부채권을 양도할 수 있을 뿐이다.

② 전세권이 종료한 경우 : 담보물권적 권능만 남은 전세권을 전세금반환채권과 함께 양도하거나 당사자 간의 특약에 의하여 전세권과 분리하여 전세금반환채권만 양도할 수 있다.제30회

4. 전세권의 담보제공

① 전세권에 대하여 저당권이 설정된 경우 그 저당권의 목적물은 물권인 전세권 자체이지 전세금반환채권은 그 목적물이 아니다.

② 따라서 전세권의 존속기간이 만료되면 전세권은 당연히 소멸하므로 더 이상 전세권 자체에 대하여 저당권을 실행할 수 없다.

5. 전전세(원전세권 범위내에서 가능)

① 전세권자(전전세설정자)와 전전세권자의 합의와 등기(전세권설정자의 동의 불요)

② 전전세권이 설정되더라도 원전세권은 소멸하지 않고,제26회 원전세권자는 전전세권이 존속하는 동안 원전세권을 소멸시키지 못한다.

③ 전세권자는 전전세하지 아니하였으면 면할 수 있는 불가항력 손해도 책임이 있다.

④ 원전세권설정자와 전전세권자 사이에는 직접적인 권리·의무가 없다.

⑤ 전전세권자의 경매청구 : 전전세권과 원전세권이 소멸하고, 전전세금과 원전세금의 반환을 지체하고 있는 경우에만 경매 청구 가능제26회

⑥ 전세권의 소멸

1. 소멸사유

① 전세권설정자의 소멸청구 : 전세권자가 계약 또는 그 목적물의 성질에 의하여 정하여진 용법으로 이를 사용, 수익하지 아니한 경우에는 전세권설정자는 전세권의 소멸을 청구할 수 있다.제24회

② 소멸통고 : 전세권의 존속기간을 정하지 않은 경우 각 당사자는 언제든지 통고할 수 있고 통고받은 후 6월이 경과하면 전세권 소멸한다.

2. 전세권소멸의 효과

① 동시이행 : 전세권설정자의 전세금반환의무와 전세권자의 목적물의 인도 및 전세권설정등기의 말소 등기에 필요 서류 교부의무는 동시이행 관계이다. 따라서 전세권차가 그 목적물을 인도하였다고

하더라도 전세권설정등기의 말소등기에 필요한 서류를 교부하지 않는 이상 전세권설정자는 전세금의 반환을 거부할 수 있다.

② 전세권자의 경매청구권.제24회 전세금의 우선변제권제25회

③ 건물 일부에 전세권이 설정된 경우

    ㉠ 전세권자는 먼저 목적 부분에 대하여 분할절차를 거친 후 그 부분에 대해서만 경매를 신청할 수 있고, 부동산 전부에 대하여 경매를 신청할 수는 없다.제25회 제27회 제30회 제32회

    ㉡ 그러나 만일 제3자에 의해 그 부동산 전부가 경매되면 그 '전부'의 경매대금으로부터 우선변제를 받을 수 있다.

④ 부속물매수청구권(지상권은 인정×)

    ㉠ 전세권설정자가 전세권이 소멸한 때에 전세권자에 대해 부속물의 매수를 청구한 때에는 전세권자는 정당한 이유 없이 거절하지 못한다.

    ㉡ 전세권자는 전세권설정자의 동의를 얻어 부속시킨 것 또는 전세권설정자로부터 매수한 것인 때에 한하여 전세권설정자에 대해 부속물매수청구를 할 수 있다.

⑤ **지상물매수청구권** : 토지임차인의 지상물매수청구권의 규정은 토지 전세권에도 유추적용된다.제33회

⑥ 전세권자의 원상회복의무, 부속물수거권, 유익비상환청구권

3 대표 기출문제

제32회 출제

01 전세권에 관한 설명으로 틀린 것은? (다툼이 있으면 판례에 따름)

    ① 전세금의 지급은 전세권 성립의 요소이다.

    ② 당사자가 주로 채권담보의 목적을 갖는 전세권을 설정하였더라도 장차 전세권자의 목적물에 대한 사용수익권을 완전히 배제하는 것이 아니라면 그 효력은 인정된다.

    ③ 건물전세권이 법정갱신된 경우 전세권자는 전세권갱신에 관한 등기없이도 제3자에게 전세권을 주장할 수 있다.

    ④ 전세권의 존속기간 중 전세목적물의 소유권이 양도되면 그 양수인이 전세권설정자의 지위를 승계한다.

    ⑤ 건물의 일부에 대한 전세에서 전세권설정자가 전세금의 반환을 지체하는 경우, 전세권자는 전세권에 기하여 건물 전부에 대해서 경매청구할 수 있다.

> **해설**
>
> ⑤ 건물의 일부에 대하여 전세권이 설정되어 있는 경우 전세권자는 건물 전부의 경매를 청구할 수 없다[2001마212]. 다만, 제303조 제1항 후단에 따라 제3자가 신청한 경매에서 건물 전부에 대한 경매대금에서 우선변제 받을 수는 있다.
>
> 답 ⑤

제34회 출제

02 전세권에 관한 설명으로 옳은 것은? (다툼이 있으면 판례에 따름)

① 전세권설정자의 목적물 인도는 전세권의 성립요건이다.

② 타인의 토지에 있는 건물에 전세권을 설정한 경우, 전세권의 효력은 그 건물의 소유를 목적으로 한 지상권에 미친다.

③ 전세권의 사용·수익 권능을 배제하고 채권담보만을 위해 전세권을 설정하는 것은 허용된다.

④ 전세권설정자는 특별한 사정이 없는 한 목적물의 현상을 유지하고 그 통상의 관리에 속한 수선을 해야 한다.

⑤ 건물전세권이 법정갱신된 경우, 전세권자는 이를 등기해야 제3자에게 대항할 수 있다.

> **해설**
>
> ② 타인의 토지에 있는 건물에 전세권을 설정한 때에는 전세권의 효력은 그 건물의 소유를 목적으로 한 지상권 또는 임차권에 미친다(제304조 제1항).
>
> ① 전세권설정계약과 등기, 전세금지급이 전세권의 성립요건이고, 목적부동산의 인도는 전세권의 성립요건이 아니다 [94다18508].
>
> ③ 전세권은 용익물권적 성격과 담보물권적 성격을 겸비한 것으로 전세권의 사용·수익 권능을 배제하고 채권담보만을 위해 전세권을 설정하는 것은 허용되지 않는다.
>
> ④ 전세권설정자가 아니라 전세권자가 특별한 사정이 없는 한 목적물의 현상을 유지하고 그 통상의 관리에 속한 수선을 해야 한다.
>
> ⑤ 건물전세권의 법정갱신은 법률의 규정에 의한 부동산물권의 변동이므로 등기하지 않고도 전세권설정자나 제3자에게 전세권을 주장할 수 있다.
>
> 답 ②

4 출제 예상문제

01 전세권에 관한 설명으로 옳은 것은? (다툼이 있으면 판례에 따름)

① 전세권이 성립한 후 전세목적물의 소유권이 이전되어도, 전세금반환채무는 전세권설정자가 부담한다.

② 전세권자는 전세권설정자에게 그 목적물의 인도와 전세권설정등기의 말소등기에 필요한 서류를 제공하지 않더라도 전세금반환채권을 원인으로 한 경매를 청구할 수 있다.

③ 지상권을 가진 건물소유자가 그 건물에 전세권을 설정한 경우, 전세권설정자는 전세권자의 동의 없이 지상권을 소멸하게 하는 행위를 할 수 없다.

④ 건물에 대한 전세권이 법정갱신되는 경우, 그 존속기간은 2년으로 본다.

⑤ 건물 일부에 전세권이 설정된 경우, 전세권자는 건물 전부에 대하여 전세권에 기한 경매를 청구할 수 있다.

해설 ✦ ③ 지상권을 가진 건물소유자가 그 건물에 전세권을 설정한 경우, 전세권의 효력은 그 지상권에도 미치므로 전세권설정자는 전세권자의 동의 없이 지상권을 소멸하게 하는 행위를 할 수 없다.

① 전세권이 성립한 후 전세목적물의 소유권이 이전된 경우, 전세금반환채무는 신소유자가 부담한다.

② 전세권자가 전세목적물에 대한 경매를 청구하려면 우선 전세권설정자에 대하여 전세목적물의 인도의무 및 전세권설정등기 말소의무의 이행제공을 완료하여 전세권설정자를 이행지체에 빠뜨려야 한다(대판 77마90).

④ 건물전세권의 법정갱신의 경우 전세권의 존속기간은 그 정함이 없는 것으로 본다(제312조 제4항).

⑤ 건물 일부에 전세권이 설정된 경우, 전세권자는 건물 전부에 대하여 전세권에 기한 경매를 청구할 수 없다. 다만, 전세권자는 건물 전부에 대하여 후순위 권리자보다 전세금의 우선변제를 받을 권리가 있다.

정답 ✦ ③

02 전세권에 관한 설명으로 틀린 것은? (다툼이 있으면 판례에 의함)

① 전세권이 침해된 경우, 전세권자는 점유보호청구권을 행사할 수 있다.

② 대지와 건물이 동일한 소유자에 속한 경우에 건물에 전세권을 설정한 때에는 그 대지소유권의 특별승계인은 전세권설정자에 대하여 지상권을 설정한 것으로 본다.

③ 전세권 양도금지특약은 이를 등기하여야 제3자에게 대항할 수 있다.

④ 전세권을 목적으로 한 저당권은 전세권 존속기간이 만료되더라도 그 전세권 자체에 대하여 저당권을 실행할 수 있다.

⑤ 타인의 토지 위에 건물을 신축한 자가 그 건물에 전세권을 설정한 경우, 전세권은 건물의 소유를 목적으로 하는 토지임차권에도 그 효력이 미친다.

해설 ✦ ④ 전세권에 대하여 저당권이 설정된 경우 전세권의 존속기간이 만료되면 전세권은 전세권설정등기의 말소등기 없이도 당연히 소멸하므로 더 이상 전세권 자체에 대하여 저당권을 실행할 수 없게 된다[98다31301].

정답 ✦ ④

PART 2 물권법(物權法)

1 출제예상과 학습포인트

✦ 기출횟수

제25회 ~ 제34회

✦ 제35회 출제예상

매년 출제되는 부분이다. 제35회 출제가능성은 100%이다.

✦ 제35회 대비 중요도

★★★

✦ 학습방법

우선 담보물권의 공통적 성질을 파악하고, 유치권은 법정담보물권이므로 성립요건을 통하여 유치권의 성립여부(행사여부)를 완벽하게 이해, 숙지하여야 하고, 다음으로 성립한 유치권의 효력으로 유치권자의 권리와 의무를 학습한다. 마지막으로 유치권의 소멸사유를 정리하면 된다.

✦ 핵심쟁점

❶ 유치권의 목적물로서 타인의 물건

❷ 유치권 성립요건으로서 점유

❸ 유치권의 피담보채권

❹ 유치권 배제특약

❺ 경매절차의 매수인에게 유치권으로 대항할 수 있는지?

❻ 유치권자가 유치물을 사용할 수 있는지?

2 핵심 내용

▶ 담보물권의 공통적 성질

1. 부종성

① 피담보채권이 성립하지 않으면 담보물권도 성립하지 않는다.

② 피담보채권이 소멸하면 담보물권도 소멸한다.

2. 수반성

① 피담보채권이 이전되면 담보물권도 따라서 이전되는 것을 말한다.

> ② 다만, 수반성은 절대적인 것은 아니므로 피담보채권의 처분이 있음에도 불구하고 담보권의 처분이 따르지 않는 특별한 사정이 있는 경우에는 채권양수인은 담보권이 없는 무담보의 채권을 양수한 것이 되고 채권의 처분에 따르지 않은 담보권은 소멸한다.
>
> **3. 불가분성**
> 피담보채권 전부의 변제가 있을 때까지 목적물의 전부에 대하여 담보물권의 효력이 미치는 것을 말한다.

❶ 서설

1. 의의

유치권이란 타인의 물건을 점유한 자가 그 물건에 관하여 생긴 채권이 변제기에 있는 경우에 변제를 받을 때까지 그 물건을 유치할 수 있는 권리를 말한다(예 자동차 수리비 지급받을 때까지 그 자동차 유치).

2. 법적 성질

① 법정담보물권
    ㉠ 유치권은 일정한 요건이 충족되면 법률에 의해 당연히 성립하는 법정담보물권이므로 부동산의 경우 등기를 필요로 하지도 않고 등기대상도 아니다.
    ㉡ 유치권도 담보물권이므로 부종성·수반성·불가분성을 갖는다.
    ㉢ 다세대주택 12세대의 창호 등의 공사를 완성한 하수급인이 공사대금채권을 변제받기 위하여 위 다세대주택 중 한 세대를 점유하여 유치권을 행사하는 경우, 그 유치권은 다세대주택 전체에 대한 공사대금채권의 잔액 전부를 피담보채권으로 하여 성립한다.제28회
② 인정되지 않는 효력 : 우선변제권×, 유치권에 기한 물권적 청구권×(단, 점유권에 기한 물권적 청구권은 ○)제26회, 물상대위×제23회, 추급효×

❷ 유치권의 성립요건 제25회 제26회 제27회 제30회 제31회 제32회

1. 타인의 물건(유치권의 목적물)

① 채무자 이외의 제3자의 소유물에도 유치권이 성립할 수 있다. 또한 부동산의 일부에도 성립할 수 있다.
② 수급인의 공사대금채권을 변제받을 때까지 건물을 유치할 권리가 있으나, 유치권이 타물권인 점에 비추어 볼 때 수급인의 재료와 노력으로 건축된 기성부분은 수급인의 소유이므로 수급인은 이에 대해 유치권을 가질 수 없다.제27회

2. 점유

① 점유는 유치권의 성립요건이자 존속요건이므로 점유를 상실하면 유치권도 소멸한다.
② 유치권자의 점유는 직접점유이든 간접점유이든 불문하지만제30회 제31회 채무자를 직접점유자로 하는 간접점유는 유치권이 성립되지 않는다.제26회 제27회 제33회
③ 점유가 적법한 점유이어야 한다. 따라서 건물의 적법한 임차인이 기간만료 후에 동시이행항변권에 기하지 않고서 그 건물을 점유하면서 필요비를 지출한 경우, 임차인의 점유는 불법하므로 그 필요비 상환채권에 관한 유치권은 인정되지 않는다.
④ 점유자가 점유물에 대하여 행사하는 권리는 적법하게 보유하는 것으로 추정되므로, 점유물에 대한 유치권 주장을 배척하려면 적어도 점유가 불법행위로 인한 것임을 상대방 당사자(유치권을 배척하려는 자)의 주장·증명이 있어야 한다.제27회

3. 물건에 관하여 생긴 채권(채권과 목적물사이의 견련관계)

① 유치권이 성립되는 채권 : 비용(필요비, 유익비)상환청구권제27회, 수급인의 공사대금채권, 목적물의 수리비채권,제25회 목적물로부터 받은 손해의 배상청구권제32회
② 유치권이 성립되지 않는 채권 : 권리금반환청구권제27회 제31회 제32회, 보증금반환청구권제27회 제32회, 매매대금채권제25회, 부속물(지상물)매수청구권, 계약명의신탁에서 명의신탁자의 매매대금 상당의 부당이득반환청구권, 건축자재대금채권
③ 채권이 목적물의 점유 중에 발생할 것을 요하지 않는다. 따라서 목적물을 점유하기 전 채권이 발생하고 그 후 그 물건을 점유한 경우에도 유치권은 성립한다.제26회

4. 채무의 변제기의 도래

① 피담보채권의 변제기 도래는 유치권의 성립요건이다.제34회
② 따라서 유익비에 대해 법원의 상환기간 허여시 유치권성립×제26회

5. 유치권 배제 특약의 부존재

① 유치권은 법정담보물권이기는 하나 이를 포기하는 특약은 유효하다.제34회
② 유치권 배제 특약에 따른 효력은 특약의 상대방뿐 아니라 그 밖의 사람도 주장할 수 있다. 또한 유치권배제특약에도 조건을 붙일 수 있다.제31회
③ 건물의 임차인이 임대차관계 종료시에는 건물을 원상복구하기로 약정한 것은 건물에 지출한 각종 유익비·필요비의 상환청구권을 미리 포기하기로 한 취지의 특약으로 보아 임차인의 유치권 주장을 배척 한다.

PART 2 물권법(物權法)

❸ 유치권의 효력

1. 유치권자의 권리 제24회

① 목적물의 유치

　㉠ 모든 사람에 대해서 유치권 주장할 수 있다.

　㉡ 부동산의 경우 유치권자는 경락인에 대해 그 피담보채권의 변제가 있을 때까지 유치목적물인 부동산의 인도를 거절할 수 있을 뿐이고 그 피담보채권의 변제를 청구할 수는 없다.

　㉢ 경매로 인한 압류의 효력이 발생하기 전에 유치권을 취득한 경우에는 유치권 취득시기가 (근)저당권설정 후라도 매수인에게 대항할 수 있다.제29회

　㉣ 그러나 부동산에 경매개시결정의 기입등기가 되어 압류의 효력이 발생한 이후에 채무자가 위 부동산에 관한 공사대금채권자에게 그 점유를 이전한 경우에도 유치권은 성립하지만, 점유자는 그 유치권으로 경매절차의 매수인에게 대항할 수 없다.제29회

② 경매청구권 및 간이변제충당권

　㉠ 유치권자는 채권의 변제를 받기 위하여 유치물을 경매할 수 있다.제31회 제33회 제34회

　㉡ 정당한 이유있는 때에는 유치권자는 감정인의 평가에 의하여 유치물로 직접변제에 충당할 것을 법원에 청구할 수 있다. 이 경우에는 유치권자는 미리 채무자에게 통지하여야 한다(간이변제충당).

③ 과실수취에 의한 변제충당

　㉠ 유치권자는 유치물의 과실을 수취하여 다른 채권보다 먼저 그 채권의 변제에 충당할 수 있다. 제33회

　㉡ 과실은 먼저 채권의 이자에 충당하고 그 잉여가 있으면 원본에 충당한다.

④ 비용상환청구권

　㉠ 유치권자가 유치물에 관하여 필요비를 지출한 때에는 소유자에게 그 상환을 청구할 수 있다. 제33회

　㉡ 유치권자가 유치물에 관하여 유익비를 지출한 때에는 그 가액의 증가가 현존한 경우에 한하여 소유자의 선택에 좇아 그 지출한 금액이나 증가액의 상환을 청구할 수 있다. 그러나 법원은 소유자의 청구에 의하여 상당한 상환기간을 허여할 수 있다.

　㉢ 유치권자의 비용상환청구권은 목적물에 관해 생긴 채권이므로 유치권자는 이를 피담보채권으로 해서 새로운 유치권을 행사할 수 있다.

⑤ 유치권 주장과 소멸시효

　㉠ 재판에서 피고가 유치권을 주장하는 경우에는 채권의 변제와 상환으로 그 물건의 인도를 명하는 상환이행판결을 하여야 한다.(원고패소판결×)

　㉡ 유치권의 행사는 채권의 소멸시효의 진행에 영향을 미치지 아니한다(유치권을 행사하더라도 채권의 소멸시효는 진행한다).

2. 유치권자의 의무

① 선관주의의무 : 유치권자는 선량한 관리자의 주의로 유치물을 점유하여야 한다.제34회
② 유치물의 사용, 대여, 담보제공 금지

    ㉠ 유치권자는 유치물의 사용, 대여 또는 담보제공을 하지 못한다.제25회 제33회

    ㉡ 따라서 소유자의 동의 없이 유치물을 임대한 경우 임차인은 소유자나 경매로 인한 매수인에게 대항할 수 없다.

    ㉢ 그러나 채무자의 승낙이 있거나, 승낙이 없더라도 유치물의 보존에 필요한 사용은 할 수 있다.제26회

    ㉣ 공사대금채권에 기해 유치권을 행사하는 자가 스스로 유치물인 주택에 거주하며 사용하는 것은 특별한 사정이 없는 한 유치물의 보존에 필요한 사용에 해당하여 적법하지만제23회, 차임에 상당한 이득은 소유자에게 반환할 의무가 있다.

④ 유치권의 소멸 제24회 제28회

1. 목적물의 멸실, 혼동, 공용수용, 포기, 점유의 상실, 피담보채권의 소멸 등으로 소멸

2. 유치권자의 의무위반에 따른 유치권 소멸청구제27회(위반 그 자체만으로는 유치권이 소멸하지 않는다).

3. 채무자는 상당한 담보를 제공하고 유치권의 소멸을 청구할 수 있다.제31회 유치권의 소멸청구는 채무자뿐만 아니라 유치물의 소유자도 할 수 있으며, 채무자나 소유자가 제공하는 담보가 상당한지는 여러 가지를 종합하여 판단해야 한다. 따라서 유치물 가액이 피담보채권액보다 많을 경우에는 피담보채권액에 해당하는 담보를 제공하면 되고, 유치물 가액이 피담보채권액보다 적을 경우에는 유치물 가액에 해당하는 담보를 제공하면 된다.

3 대표 기출문제

제26회 출제

01 유치권에 관한 설명으로 옳은 것은? (다툼이 있으면 판례에 따름)

① 목적물에 대한 점유를 취득한 뒤 그 목적물에 관하여 성립한 채권을 담보하기 위한 유치권은 인정되지 않는다.

② 채권자가 채무자를 직접점유자로 하여 간접점유하는 경우에도 유치권은 성립할 수 있다.

③ 유치권자가 점유를 침탈당한 경우 점유보호청구권과 유치권에 기한 반환청구권을 갖는다.

④ 유치권자는 유치물의 보존에 필요하더라도 채무자의 승낙 없이는 유치물을 사용할 수 없다.

⑤ 임대차종료 후 법원이 임차인의 유익비상황청구권에 유예기간을 인정한 경우, 임차인은 그 기간 내에는 유익비상환청구권을 담보하기 위해 임차목적물을 유치할 수 없다.

> **해설**
>
> ⑤ 유치권이 성립하기 위해서는 채권이 변제기에 있어야 하는데 임대차종료 후 법원이 임차인의 유익비상황청구권에 유예기간을 인정한 경우, 임차인은 그 기간 내에는 유치권을 행사할 수 없다.
>
> ① 유치권의 성립에는 채권과 목적물의 점유와의 견련관계는 요하지 않으므로 목적물에 대한 점유를 취득한 뒤 그 목적물에 관하여 성립한 채권을 담보하기 위한 유치권도 인정된다.
>
> ② 유치권자의 점유는 직접점유이든 간접점유이든 관계가 없으나. 다만, 채무자를 직접점유로 하는 간접점유는 유치권이 성립되지 않는다.
>
> ③ 유치권에 기한 물권적 청구권은 인정되지 않는다. 다만, 유치권자가 점유를 침탈당한 경우 점유권에 기한 점유보호청구권은 행사할 수 있다.
>
> ④ 유치권자는 채무자의 승낙 없이 유치물의 사용대여 또는 담보제공을 하지 못한다. 다만, 유치물의 보존에 필요한 사용은 그러하지 아니하다(법 제324조 제2항).
>
> 답 ⑤

02 유치권에 관한 설명으로 틀린 것은? (다툼이 있으면 판례에 따름)

① 유치권이 인정되기 위한 유치권자의 점유는 직접점유이든 간접점유이든 관계없다.

② 유치권자와 유치물의 소유자 사이에 유치권을 포기하기로 특약한 경우, 제3자는 특약의 효력을 주장할 수 없다.

③ 유치권자는 채권의 변제를 받기 위하여 유치물을 경매할 수 있다.

④ 채무자는 상당한 담보를 제공하고 유치권의 소멸을 청구할 수 있다.

⑤ 임차인은 임대인과의 약정에 의한 권리금반환채권으로 임차건물에 유치권을 행사할 수 없다.

해설

② 유치권 배제 특약은 유효이고 그 특약에 따른 효력은 특약의 상대방뿐 아니라 그 밖의 사람도 주장할 수 있다 [2016다234043].

정답 ②

---

4 출제 예상문제

01 유치권에 관한 설명으로 옳은 것은? (다툼이 있으면 판례에 의함)

① 어떤 물건을 점유하기 전에 그에 관하여 발생한 채권에 대해서는 후에 채권자가 그 물건의 점유를 취득하더라도 유치권이 성립하지 않는다.

② 건축자재를 매도한 자는 그 자재로 건축된 건물에 대해 자신의 대금채권을 담보하기 위하여 유치권을 행사할 수 있다.

③ 유치권자는 유치물로부터 생기는 과실을 수취하여 이를 다른 채권자보다 먼저 자신의 채권 변제에 충당할 수 있다.

④ 건물임차인이 점유할 권원이 없음을 알면서 계속 건물을 점유하여 유익비를 지출한 경우라도 그 비용상환청구권에 관하여 유치권은 성립한다.

⑤ 채권자가 채무자를 직접점유자로 하여 간접점유하는 경우에도 유치권은 성립할 수 있다.

해설 ✦ ③ 유치권자는 유치물의 과실을 수취하여 다른 채권보다 먼저 그 채권의 변제에 충당할 수 있다(제323조 제1항 본문).
① 물건의 점유와 채권의 관련은 유치권이 성립하기 위한 요건이 아니므로 반드시 목적물의 점유 중에 그에 관한 채권이 발생할 것을 요하지 않는다(64다1977).
② 甲이 건물 신축공사 수급인인 乙주식회사와 체결한 약정에 따라 공사현장에 시멘트와 모래 등의 건축자재를 공급한 사안에서, 甲의 건축자재대금채권은 매매계약에 따른 매매대금채권에 불과할 뿐 건물 자체에 관하여 생긴 채권이라고 할 수는 없고 따라서 건물에 관한 유치권의 피담보채권이 된다고 볼 수 없다(대판 2012.1.26, 2011다96208).
④ 유치권이 성립하기 위한 점유는 '적법한 점유'이어야 하므로 임대차계약을 체결하지 않고 권원없이 타인의 물건을 점유한 자가 그 물건에 관해 필요비 또는 유익비를 지출한 경우 그러한 유익비상환채권에 관한 유치권이 인정되지 않는다.
⑤ 유치권의 성립요건인 유치권자의 점유는 직접점유이든 간접점유이든 관계없다. 그러나 채권자가 채무자의 직접 점유를 통하여 간접점유를 하고 있는 물건에 대해서는 유치권이 성립하지 않는다.

정답 ✦ ③

02 유치권에 관한 설명으로 틀린 것은?

① 수급인은 공사대금을 지급받을 때까지 수급인의 재료와 노력으로 건축된 수급인 소유의 기성부분에 대하여 유치권을 가질 수 없다.

② 유치권 배제 특약은 특약의 상대방뿐 아니라 그 밖의 사람도 주장할 수 있으며, 유치권배제 특약에도 조건을 붙일 수 있다.

③ 부동산에 강제경매개시결정의 기입등기가 경료된 후 그 부동산의 점유를 이전함으로써 유치권을 취득한 경우 그 유치권자는 경매절차의 매수인에게 대항할 수 없다.

④ 점유를 침탈당한 유치권자가 점유회수의 소를 제기하면 유치권을 보유하는 것으로 간주된다.

⑤ 유치권자는 유치물의 보존에 필요한 사용은 채무자의 승낙 없이도 할 수 있으나 그 사용으로 인한 이득은 반환하여야 한다.

해설 ✦ ④ 점유회수의 소를 제기하여 승소판결을 받아 점유를 회복하면 점유를 상실하지 않았던 것으로 되어 유치권이 되살아나지만, 위와 같은 방법으로 점유를 회복하기 전에는 유치권이 되살아나는 것은 아니다(대판 2011다 72189).

정답 ✦ ④

PART 2 물권법(物權法)

1 출제예상과 학습포인트

✦ 기출횟수
제25회 ~ 제34회

✦ 제35회 출제예상
매년 출제되는 부분이다. 제35회 출제가능성은 100%이다.

✦ 제35회 대비 중요도
★★★

✦ 학습방법
저당권의 담보물권으로서의 성질을 잘 이해하고, 저당권의 효력이 미치는 범위와 저당권의 효력으로서 물상대위에 대하여 정확히 숙지한다. 그리고 저당권과 용익권과의 관계로 법정지상권, 일괄경매청구권, 제3취득자 등을 정리한다.

✦ 핵심쟁점
❶ 저당권과 관련된 등기에 관한 판례 정리
❷ 저당권의 효력이 미치는 목적물 해당여부(부합물, 종물, 과실)
❸ 물상대위의 대상 및 행사방법
❹ 저당권침해에 대한 구제방법
❺ 토지저당권의 건물에 대한 일괄경매의 요건
❻ 제3취득자의 개념과 보호방법

2 핵심 내용

❶ 저당권의 성립

1. 저당권의 설정계약과 등기

① 저당권설정계약은 불요식이며, 조건이나 기한을 붙일 수 있다.
② 저당권자는 원칙적으로 채권자에 한한다. 다만, 근저당권의 경우 채권자와 채무자 및 제3자 사이에 합의가 있고, 채권이 그 제3자에게 실질적으로 귀속되었다고 볼 수 있는 특별한 사정이 있는 경우에는 제3자 명의의 근저당권설정등기도 유효제24회

③ 저당권설정자는 채무자 또는 제3자(물상보증인)가 될 수 있다. 다만, 저당권설정행위는 처분행위이므로 처분권을 가진 자만이 저당권을 설정할 수 있다.제24회

④ 특별한 사정이 없으면, 저당권이전을 부기등기 하는 방법으로 무효인 저당권등기를 다른 채권자를 위한 담보로 유용할 수 있다.제24회

⑤ 저당권설정등기가 불법말소된 경우에도 저당권의 효력에는 영향이 없으므로제25회 말소회복등기를 할 수 있지만, 그 부동산이 경매 절차에서 경락되면 모든 저당권은 당연히 소멸하는 것이므로, 말소회복등기를 청구할 수 없다.제25회

⑥ 피담보채권 소멸 후 저당권이전의 부기등기를 받은 자는 저당권을 취득할 수 없다.제24회

2. 저당권의 객체

① 부동산, 지상권제28회, 전세권제34회이 저당권의 객체가 된다(지역권×).

② 공유지분에는 저당권을 설정할 수 있으나 부동산의 일부에는 저당권을 설정할 수 없다.제33회

3. 저당권의 피담보채권

① 피담보채권의 종류에는 제한이 없다. 따라서 반드시 금전채권일 필요가 없다.

② 장래의 특정 채권(조건부채권 등), 수개의 채권 또는 채권의 일부도 가능하다.

❷ 저당권의 효력 제26회 제27회 제29회 제30회 제32회 제33회

1. 피담보채권의 범위 제29회

① 저당권은 원본, 이자, 위약금, 채무불이행으로 인한 손해배상(지연배상은 이행기일을 경과한 후의 1년분) 및 저당권의 실행비용을 담보한다.

② 저당목적물의 하자로 인한 손해배상금은 저당권의 피담보채권의 범위에 속하지 않는다.제29회

2. 저당권의 효력이 미치는 목적물의 범위 제26회 제27회 제29회 제30회 제33회

① 저당권의 효력은 저당부동산에 부합된 물건과 종물에 미친다.제33회 그러나 법률에 특별한 규정 또는 설정행위에 다른 약정이 있으면 그러하지 아니하다(임의규정).제32회

② 부합물과 종물은 저당권설정의 전후를 불문하고 저당권의 효력이 미친다.

③ 저당권의 목적인 건물의 증축부분이 독립적 효용이 없는 경우, 기존건물의 부합물이되어 저당권의 효력이 미친다.

④ 입목법상의 입목과 명인방법을 갖춘 수목의 집단, 성숙한 농작물, 건물제33회은 토지의 부합물이 아니므로 토지 저당권의 효력이 미치지 않는다.

⑤ 저당권의 효력은 종된 권리에도 미치므로 건물에 대한 저당권은 그 건물의 소유를 목적으로 하는 지상권, 전세권, 임차권에 미친다.제32회

⑥ 구분건물의 전유부분에 대한 저당권의 효력은 종된 권리인 대지사용권에도 미친다.

⑦ 그러나 과실(차임 등)의 경우에는 저당부동산에 대한 압류가 있은 후에 저당권설정자가 그 부동산으로부터 수취한 과실 또는 수취할 수 있는 과실에 미친다.제32회 제33회

3. 물상대위 제27회 제32회

① 물상대위란 담보물의 멸실·훼손 또는 공용징수로 인해 담보권설정자가 받을 금전 등의 대상물에 담보물권의 효력이 미치는 것을 말한다.

② 물상대위 객체는 저당권설정자가 제3자에 대하여 가지는 금전 기타 대위물의 청구권이고(화재보험금제27회 제34회, 수용보상금청구권 등), 매매대금제30회이나 「공익사업을 위한 토지 등의 취득 및 보상에 관한 법률」에 따른 보상금은 물상대위의 객체가 될 수 없다.제26회 제27회 제32회

③ 전세권을 저당권의 목적으로 한 경우에도 저당권자에게 물상대위권이 인정된다.제27회

④ 물상대위권을 행사하려면 그 목적물 소유자가 금전 또는 물건을 인도받기 전에 압류를 하여야 한다. 제27회 다만, 저당권자가 아닌 제3자가 압류를 한 경우도 가능하다.제27회 제32회

⑤ 저당권자가 압류하기 전에 저당목적물 소유자가 금전 등을 수령한 경우, 저당목적물 소유자는 피담보채권액 상당의 부당이득을 반환할 의무를 부담한다.

⑥ 저당권자가 물상대위권을 행사하지 아니한 경우, 다른 채권자가 이득을 얻었다고 하더라도 저당권자는 이를 부당이득으로서 반환청구 할 수 없다.

4. 저당권의 침해에 대한 구제방법

① 물권적 청구권 : 저당권에 대한 침해나 침해의 우려가 있는 경우 저당권자는 방해제거청구권이나 방해예방청구권을 행사할 수 있다. 그러나 저당권자는 목적물을 점유하지 않으므로 반환청구권을 행사할 수 없다.

② 손해배상청구권 : 저당목적물의 훼손으로 인하여 그 잔존가치가 피담보채권액에 미달되는 경우에 불법행위가 있은 후 곧 손해배상을 청구할 수 있다.

③ 담보물보충청구권 : 저당권설정자가 책임 있는 사유로 저당물의 가액이 현저히 감소된 때에는 저당권자는 그 원상회복 또는 상당한 담보제공을 청구할 수 있다.

④ 기한이익의 상실과 즉시변제청구권 : '채무자'가 담보를 손상·감소 또는 멸실하게 한 때에는 기한의 이익을 상실하여 저당권자는 즉시변제청구를 할 수 있다.

5. 경매에 의한 저당권의 실행과 우선변제적 효력 제24회

① 저당목적물상의 모든 저당권은 경매로 인하여 소멸한다.

② 최선순위 저당권설정 이전에 대항력 있는 용익권은 경매로 소멸하지 않는다. 다만, 선순위 전세권의 경우 전세권자가 배당요구를 하면 소멸한다.

③ 최선순위 저당권설정 이후에 설정된 용익권은 경매로 소멸한다.

❸ 제3취득자의 지위 제32회

1. 제3취득자의 의의

① 제3취득자란 저당권이 설정된 후 저당부동산의 소유권, 지상권 또는 전세권을 취득한 자를 말한다. 제32회 제3취득자는 저당권이 실행되면 그 권리를 상실하게 되는 자들이므로 민법은 이러한 제3취득자의 불안한 지위를 보호하기 위한 규정을 두고 있다.

② 근저당부동산에 대하여 후순위근저당을 취득한 자는 제3취득자에 해당하지 않는다.제26회 제32회

2. 제3취득자의 보호

① 제3취득자는 경락인(경매인)이 될 수 있다.제29회 제32회

② 제3취득자는 채권을 변제하고 저당권의 소멸을 청구할 수 있다.

③ 제3취득자(물상보증인×)가 필요비 또는 유익비를 지출한 경우 저당물의 경매대가로부터 우선변제를 받을 수 있다.제28회 제29회 제32회 제34회

❹ 저당토지 위의 건물에 대한 일괄경매청구권 제24회 제26회 제30회 제31회

1. 의의

토지에 저당권이 설정된 후에 그 토지상에 건물이 축조되어 저당권설정자가 소유하고 있는 경우에, 담보가치 하락이나 건물소유자의 경제적 손실과 같은 문제점을 해소하고자 토지와 건물의 일괄경매를 인정하고 있다.

2. 요건

① 토지에 저당권설정 당시에 지상에 건물이 없을 것

② 저당권설정 후에 건물을 축조하여 경매당시에 저당권설정자(토지소유자)가 건물도 소유하고 있을 것

  ㉠ 나대지에 저당권설정 후 설정자가 건물을 신축하여 그 소유권을 제3자에게 양도한 경우
  → 일괄경매×제24회

  ㉡ 저당권설정자로부터 저당토지에 대한 용익권을 취득한 자가 그 토지에 축조한 경우 → 일괄경매×제30회

  ㉢ 저당권설정자로부터 저당토지에 대한 용익권을 취득한 자가 그 토지에 건물을 축조한 후 저당권설정자가 그 건물의 소유권을 취득한 경우 → 일괄경매○

3. 효과

① 일괄경매의무를 정한 것이 아니므로, 특별한 사정이 없는 한 토지만 경매할 것인가, 토지와 건물을 일괄하여 경매할 것인가는 저당권자의 자유이다.

② 저당권자가 우선변제를 받는 범위는 토지의 매각대금에 한하고, 건물의 경매대가에 대하여는 우선 변제를 받을 권리가 없다.제34회

❺ 저당권의 처분 및 소멸 제25회 제26회 제28회

1. 저당권의 처분

① 저당권은 채권과 분리하여 타인에게 양도하거나 다른 채권의 담보로 하지 못하지만제25회 제26회 제28회 제29회 제30회 제34회, 채권은 저당권과 분리하여 양도할 수 있다.

② 저당권의 양도는 물권적 합의와 등기가 있어야 저당권이 이전되지만, 이때의 물권적 합의는 저당권을 양도하고 양수받는 당사자 사이에 있으면 족하고 그 외에 그 채무자나 물상보증인 사이에까지 있어야 하는 것은 아니다.

2. 저당권의 소멸

① 물권의 일반적 소멸사유인 목적물의 멸실, 혼동, 공용수용, 포기, 몰수 등에 의하여 소멸한다.

② 저당권으로 담보한 채권이 시효의 완성 기타 사유로 인하여 소멸한 때에는 저당권도 소멸한다.
제25회 제28회 제34회

3 대표 기출문제

제32회 출제

01 저당권의 효력이 미치는 목적물의 범위에 관한 설명으로 틀린 것은? (다툼이 있으면 판례에 따름)

① 당사자는 설정계약으로 저당권의 효력이 종물에 미치지 않는 것으로 정할 수 있다.

② 저당권의 목적토지가 「공익사업을 위한 토지 등의 취득 및 보상에 관한 법률」에 따라 협의 취득된 경우, 저당권자는 그 보상금청구권에 대해 물상대위권을 행사할 수 없다.

③ 건물 소유를 목적으로 토지를 임차한 자가 그 토지를 위해 소유하는 건물에 저당권을 설정한 경우 건물 소유를 목적으로 한 토지 임차권에도 저당권의 효력이 미친다.

④ 저당목적물의 변형물인 금전에 대해 이미 제3자가 압류한 경우 저당권자는 물상대위권을 행사할 수 없다.

⑤ 저당부동산에 대한 압류 이후의 저당권설정자의 저당부동산에 관한 차임채권에도 저당권의 효력이 미친다.

> **해설**
>
> ④ 물상대위권 행사를 위한 압류는 저당권자가 직접 하지 않더라도 저당목적물의 변형물인 금전 기타 물건에 대하여 이미 제3자가 압류하여 그 금전 또는 물건이 특정된 이상 저당권자는 물상대위권을 행사하여 일반채권자보다 우선변제를 받을 수 있다[98다12812].
>
> 답 ④

제34회 출제

02 저당권에 관한 설명으로 옳은 것은? (다툼이 있으면 판례에 따름)

① 전세권은 저당권의 객체가 될 수 없다.

② 저당권 설정은 권리의 이전적 승계에 해당한다.

③ 민법 제365조에 따라 토지와 건물의 일괄경매를 청구한 토지 저당권자는 그 건물의 경매대가에서 우선변제를 받을 수 있다.

④ 건물 건축 개시 전의 나대지에 저당권이 설정될 당시 저당권자가 그 토지 소유자의 건물 건축에 동의한 경우, 저당토지의 임의경매로 인한 법정지상권은 성립하지 않는다.

⑤ 저당물의 소유권을 취득한 제3자는 그 저당물의 보존을 위해 필요비를 지출하더라도 특별한 사정이 없는 한 그 저당물의 경매대가에서 우선상환을 받을 수 없다.

PART 2 물권법(物權法)

해설

① 지상권이나 전세권도 저당권의 객체가 될 수 있다.

② 저당권 설정은 권리의 설정적 승계에 해당한다.

③ 민법 제365조에 따라 토지와 건물의 일괄경매를 청구한 토지 저당권자는 그 건물의 경매대가에서 우선변제를 받을 수 없다.

⑤ 저당물의 소유권을 취득한 제3자는 저당물에 지출한 필요비나 유익비를 그 저당물의 경매대가에서 우선상환을 받을 수 있다.

답 ④

4 출제 예상문제

01 저당권에 관한 설명으로 틀린 것은? (다툼이 있으면 판례에 따름)

① 저당권의 피담보채권 소멸 후 그 말소등기 전에 피담보채권의 전부명령을 받아 저당권이전 등기를 경료한 자는 그 저당권을 취득할 수 없다.

② 저당권자가 물상대위권을 행사하지 아니한 경우, 다른 채권자가 이득을 얻었다고 하더라도 저당권자는 이를 부당이득으로서 반환청구 할 수 없다.

③ 저당목적물이 매매된 경우 그 매매대금에 대하여도 저당권자가 물상대위 할 수 있다.

④ 건물의 저당권자는 저당권의 침해를 이유로 자신에게 건물을 반환할 것을 청구할 수 없다.

⑤ 건물의 증축부분이 본래의 건물에 부합되어 전혀 별개의 독립물로서 효용을 갖지 않는다면, 경매절차에서 경매목적물로 평가되지 아니하였다고 할지라도 경락인은 부합된 증축 부분의 소유권을 취득한다.

해설✦ ③ 저당권의 물상대위는 저당물의 멸실, 훼손, 공용징수 등으로 저당권을 실행할수 없을 때 저당군설정자가 받을 금전 기타 대체물에 저당권의 효력이 미치는 것을 말하므로 매매대금에는 물상대위를 할 수 없다.

정답✦ ③

02 저당권에 관한 설명으로 틀린 것은? (다툼이 있으면 판례에 의함)

① 저당권설정자가 저당권 설정 후 건물을 축조하였으나 경매 당시 제3자가 그 건물을 소유하는 때에도 일괄경매 청구권이 인정된다.

② 구분건물의 전유부분에 설정된 저당권의 효력은, 그 전유부분에 소유자가 나중에 대지사용권을 취득한 경우에는 그 대지사용권에도 미치는 것이 원칙이다.

③ 저당부동산에 대해 지상권을 취득한 제3자는 저당권자에게 피담보채권을 변제하고 저당권의 소멸을 청구할 수 있다.

④ 저당권설정행위는 처분행위이므로 처분의 권리 또는 권한을 가진 자만이 저당권을 설정할 수 있다.

⑤ 저당권이 설정된 나대지에 건물이 축조된 경우, 토지와 건물이 일괄경매되더라도 저당권자는 그 건물의 매수대금으로부터 우선변제 받을 수 없다.

해설✦ ① 일괄경매청구권이 성립하기 위해서는 저당권이 설정된 토지위에 저당권설정자가 건물을 축조하여 계속 소유하고 있거나 그 토지에 용익권을 취득한 자가 건물을 축조한 후 저당권설정자가 건물의 소유권을 취득한 경우에 인정된다. 그러나 경매개시결정당시 건물의 소유권이 제3자에게 귀속된 경우에는 일괄경매를 청구할 수 없다 [99마146].

정답✦ ①

▌1 출제예상과 학습포인트

✦ 기출횟수

   제26회 제28회 제29회 제31회 제33회 제34회

✦ 제35회 출제예상

   2년에 1번 정도로 출제되는 부분으로 33회외 34회에 연속으로 출제되어 제35회 출제가능성은 약 70%이다.

✦ 제35회 대비 중요도

   ★★

✦ 학습방법

   저당권과의 차이점을 이해하면서 근저당권으로 담보하는 채권의 범위, 피담보채권(채무)의 확정 전의 효력, 확정사유
   및 확정시기, 피담보채권(채무) 확정 후의 효과 등을 정리한다.

✦ 핵심쟁점

   ❶ 피담보채권(채무) 확정 전 근저당권의 성질 및 근저당권변경
   ❷ 경매신청의 경우에 피담보채권(채무) 확정시기
   ❸ 피담보채권(채무) 확정 후 근저당권으로 담보하는 범위
   ❹ 확정된 채무가 채권최고액을 초과하는 경우 변제

▌2 핵심 내용

❶ 의의

1. 근저당이란 계속적 거래관계로부터 발생하는 다수의 불특정 채권을 결산기에서 일정한 한도(최고
   액)까지의 담보하기 위한 저당권을 말한다.

2. 근저당권이 유효하기 위하여 근저당권설정행위와 별도로 피담보채권을 성립시키는 법률행위가 필
   요하다.제26회

❷ 근저당권설정등기

1. 채권의 최고액과 채무자는 반드시 등기하여야 한다.
2. 존속기간이나 결산기는 반드시 등기할 필요는 없다.

❸ 근저당권의 효력

1. 근저당권의 효력은 채권최고액의 범위 안에서 현존하는 채권액의 전부에 미치며, 최고액을 초과한 피담보채권은 담보되지 않는다.
2. 채권최고액은 우선변제를 받을 수 있는 한도액을 의미하고, 책임의 한도액을 의미하는 것이 아니다. 제24회
3. 근저당권의 효력은 원본, 이자,제31회 제34회 위약금, 지연배상이 담보된다. 다만, '지연배상'은 1년분에 한하지 않고 최고액의 한도에서 모두 담보된다.제26회
4. 실행비용은 최고액에 포함되지 않는다.

❹ 피담보채권(채무)의 확정 전의 효과

1. **부종성 및 수반성의 완화** : 피담보채권(채무) 확정될 때까지의 채무의 소멸 또는 이전은 저당권에 영향을 미치지 아니한다. 따라서 피담보채권이 일시적으로 소멸하더라도 근저당권은 소멸하지 않고, 근저당권의 피담보채권이 '확정되기 전'에 그 채권의 일부를 양도하거나 대위변제하여도 근저당권은 이전하지 않는다. 다만, 근저당권의 기초인 계속적 계약관계의 승계를 통해서 이전이 가능하다.
2. **근저당권의 변경** : 피담보채권이 확정되기 전에는 최고액·존속기간의 변경, 채권자·채무자의 변경 등 근저당권의 변경이 가능하다.제26회 제34회 채무의 범위나 채무자가 변경된 경우에는 당연히 변경후의 범위에 속하는 채권이나 채무자에 대한 채권만이 당해 근저당권에 의해 담보된다.

❺ 피담보채권(채무)의 확정

1. 확정사유

① 근저당권의 피담보채권은 결산기의 도래, 존속기간의 만료,제34회 기본계약 또는 근저당권설정계약의 해지·해제,제31회 채무자에 대하여 파산선고 등으로 확정된다.
② 경매신청의 경우 근저당권자가 스스로 경매를 신청하는 경우에는 경매신청시에 확정되지만,제31회 제34회 후순위권리자 또는 일반채권자가 경매를 신청하는 경우에는 경락대금완납시에 확정된다.제26회 제28회 제33회

③ 경매개시결정이 있은 후에 경매신청이 취하되었다고 하더라도 채무확정의 효과가 번복되는 것은 아니다.

2. 확정의 효과

① 피담보채권이 확정되면 근저당권은 보통의 저당권과 동일하게 되므로 확정 이후에 새로 발생한 원본채권은 그 근저당권에 의하여 담보되지 아니한다.

② 그러나 확정 전에 발생한 원본채권에 관하여 확정 후에 발생하는 이자나 지연손해금채권은 채권최고액의 범위 내에서 근저당권에 의하여 여전히 담보된다.제33회

3. 확정된 채무액이 최고액을 초과하는 경우의 채무변제

① 채권총액이 근저당권의 채권최고액을 초과하는 경우 채무자 겸 근저당권설정자는 채무 전액을 변제해야 근저당권 말소청구를 할 수 있다.

② 그러나 물상보증인이나 근저당부동산의 제3취득자는 채권의 최고액만을 변제하면 근저당권설정등기의 말소청구를 할 수 있다.제34회

❻ 근저당권 말소등기

1. 근저당권 이전등기 후 근저당권설정등기의 말소등기청구의 상대방은 양수인 만이다.

2. 소유권이전등기 후 근저당권말소등기의 경우 등기권리자

① 피담보채무를 변제하여 저당권을 말소하는 경우 : 현재의 소유자와 근저당권설정자인 종전의 소유자도 저당권말소등기를 청구할 수 있다.

② 원인무효로 인한 근저당권말소하는 경우 : 등기권리자는 현재 소유자인 제3취득자일 뿐이며, 종전 소유자인 근저당권설정자는 저당권말소 등기권리자가 될 수 없다.

3 대표 기출문제

제31회 출제

01 근저당권에 관한 설명으로 틀린 것은? (다툼이 있으면 판례에 따름)

① 채무자가 아닌 제3자도 근저당권을 설정할 수 있다.

② 채권자가 아닌 제3자 명의의 근저당권설정등기는 특별한 사정이 없는 한 무효이다.

③ 근저당권에 의해 담보될 채권최고액에 채무의 이자는 포함되지 않는다.

④ 근저당권설정자가 적법하게 기본계약을 해지하면 피담보채권은 확정된다.

⑤ 근저당권자가 피담보채무의 불이행을 이유로 경매신청을 한 경우에는 경매신청시에 피담보채권액이 확정된다.

해설

③ 근저당권에 의해 담보될 채권최고액에 채무의 이자는 포함된 것으로 본다. 다만, 근저당권 실행비용은 채권최고액에 포함되지 않고 별도로 우선변제된다[2001다47986].

답 ③

제34회 출제

02 근저당권에 관한 설명으로 틀린 것은? (다툼이 있으면 판례에 따름)

① 채권최고액에는 피담보채무의 이자가 산입된다.

② 피담보채무 확정 전에는 채무자를 변경할 수 있다.

③ 근저당권자가 피담보채무의 불이행을 이유로 경매신청을 한 경우, 특별한 사정이 없는 한 피담보채무액은 그 신청시에 확정된다.

④ 물상보증인은 채권최고액을 초과하는 부분의 채권액까지 변제할 의무를 부담한다.

⑤ 특별한 사정이 없는 한, 존속기간이 있는 근저당권은 그 기간이 만료한 때 피담보채무가 확정된다.

해설

④ 확정된 피담보채권액이 최고액을 초과하는 경우 물상보증인이나 제3취득자는 채권최고액만 변제한 후 근저당권설정등기의 말소를 청구할 수 있다[74다998].

답 ④

---

4 출제 예상문제

01 근저당권에 관한 설명으로 <u>틀린</u> 것은?

① 근저당권의 피담보채권이 확정되기 전에 그 채권 일부를 양도하여도 근저당권은 이전하지 않는다.

② 근저당권의 실행비용은 채권최고액에 포함되지 않는다.

③ 후순위 근저당권자가 경매를 신청한 경우 선순위 근저당권의 피담보채권은 매각대금이 완납된 때에 확정된다.

④ 근저당권자의 경매신청으로 그 피담보채권이 확정된 경우, 확정 전에 원본채권에 관하여 확정 후에 발생하는 지연손해금 채권은 근저당권으로 담보되지 않는다.

⑤ 확정된 피담보채권액이 채권최고액을 초과하는 경우, 물상보증인은 채권최고액의 범위 내에서 채무를 변제하고 근저당권의 소멸을 청구할 수 있다.

해설✦ ④ 근저당권의 피담보채권이 확정되었을 경우, 확정 이후에 새로운 거래관계에서 발생한 원본채권은 그 근저당권에 의하여 담보되지 아니하지만, 확정 전에 발생한 원본채권에 관하여 확정 후에 발생하는 이자나 지연손해금채권은 채권최고액의 범위 내에서 근저당권에 의하여 여전히 담보되는 것이다[2005다38300].

정답✦ ④

02 근저당권에 관한 설명으로 틀린 것은?

① 근저당권의 채무가 확정될 때까지의 채무의 소멸 또는 이전은 저당권에 영향을 미치지 아니한다.

② 피담보채무가 확정되기 전에 채무의 범위나 또는 채무자가 변경된 경우에는 변경 전의 범위에 속하는 채권이나 채무자의 채권은 당해 근저당권에 의하여 담보된다.

③ 근저당권의 피담보채권이 확정된 경우, 확정 이후에 새로운 거래관계에서 발생하는 채권은 그 근저당권에 의하여 담보되지 않는다.

④ 근저당권의 존속기간을 정하거나 결산기를 정한 경우에도 거래를 계속할 의사가 없는 경우에는, 근저당권설정자는 계약을 해지하고 근저당권설정등기의 말소를 구할 수 있다.

⑤ 후순위 근저당권자가 경매를 신청한 경우 선순위 근저당권의 피담보채권은 매각대금이 완납된 때에 확정된다.

해설 ✦ ② 채무의 범위나 채무자가 변경된 경우에는 당연히 변경 후의 범위에 속하는 채권이나 채무자에 대한 채권만이 당해 근저당권에 의해 담보되고, 변경 전의 범위에 속하는 채권이나 채무자에 대한 채권은 그 근저당권에 의하여 담보되지 않는다.

정답 ✦ ②

PART 3
계약법

1 출제예상과 학습포인트

✦ 기출횟수

제25회 제26회 제27회 제28회 제29회 제31회 제32회 제33회

✦ 제35회 출제예상

거의 매년 출제되는 부분인데 제34회에는 출제되지 않았다. 따라서 제35회 출제가능성은 약 90% 이상이다.

✦ 제35회 대비 중요도

★★★

✦ 학습방법

청약과 승낙에 의한 계약의 성립에서 우선, 청약에 관한 사항을 의사표시와 관련하여 정리하고, 다음으로 승낙에 관한 사항을 학습하면서 계약의 성립여부를 구체적 사례를 통하여 정리한 다음, 마지막으로 계약의 성립시기를 이해한다. 또한 교차청약, 의사실현에 의한 계약의 성립시기를 숙지한다.

✦ 핵심쟁점

❶ '청약'과 '청약의 유인' 구별
❷ 불특정 다수인에 대한 청약과 승낙의 효력
❸ 청약, 승낙 발송 후 사정변경
❹ 승낙기간의 의미
❺ 청약 상대방의 승낙여부 확답의무가 있는 지?
❻ 연착된 승낙, 변경을 가한 승낙의 경우 처리
❼ 격지자 간의 계약의 성립시기(승낙의 효력발생시기)
❽ 교차청약, 의사실현에 의한 계약의 성립시기

2 핵심 내용

❶ 서설

1. 의사의 합치(합의)

① 계약이 성립되기 위해서는 수 개의 의사표시의 객관적 내용이 합치되어야 하며(객관적 합치), 의사표시의 상대방에 대한 합치(주관적 합치)가 있어야 한다. 제27회

② 매매계약의 경우 매매목적물과 대금은 반드시 계약체결 당시에 구체적으로 특정할 필요는 없고 이를 사후에라도 구체적으로 특정할 수 있는 방법과 기준이 정하여져 있으면 족하다.

2. 불합의

① 불합의가 있으면 계약은 성립하지 않는다.
② 불합의로 계약이 불성립한 경우에는 착오로 인한 취소의 문제가 발생하지 않는다.제27회
③ 다만, 계약을 체결함에 있어 당해 계약으로 인한 법률효과에 관하여 제대로 알지 못하였다 하여도 이는 계약체결에 관한 의사표시의 착오의 문제가 될 뿐이고 당사자의 의사의 불합치에 해당하지 않는다.

❷ 청약과 승낙에 의한 계약의 성립

1. 청약

① 청약은 그에 응하는 승낙만 있으면 곧 계약이 성립하는 구체적·확정적 의사표시이다.제28회
② 상대방으로 하여금 청약을 하게 하려는 행위로써 확정된 의사표시가 없는 것을 청약의 유인이라 한다(상품목록의 배부, 상가나 아파트의 분양광고제28회 제32회 하도급계약에서 견적서 제출제32회)
③ 청약의 의사표시 속에 청약자가 명시적으로 표시될 필요 없다.(자동판매기의 설치)
④ 청약의 상대방은 불특정다수인에 대한 청약도 가능하다.제25회 제26회 제27회 제29회 제32회
⑤ 청약은 상대방에게 도달한 때 효력이 발생한다.제25회 제27회 제31회 제33회 또한 청약의 의사표시를 발송한 후 상대방에게 도달하기 전에 청약자가 사망하거나 제한능력자가 되어도 청약의 효력에는 영향을 미치지 아니한다.제26회 제29회 제31회
⑥ 청약은 청약의 효력이 발생한 경우(도달 후) 철회하지 못한다.제26회 제29회 제32회 그러나 도달 전이나 처음부터 철회권을 유보한 경우에는 철회할 수 있다.

2. 청약의 존속기간(승낙기간)

① 승낙기간이 정해져 있는 경우
  ㉠ 승낙의 기간을 정한 계약의 청약은 청약자가 그 기간 내에 승낙의 통지를 받지 못한 때에는 그 효력을 잃는다(계약 불성립).제26회 제27회
  ㉡ 승낙의 통지가 기간 후에 도달한 경우에 보통 그 기간 내에 도달할 수 있는 발송인 때에는 청약자는 지체없이 상대방에게 그 연착의 통지를 하여야 한다. 그러나 그 도달 전에 지연의 통지를 발송한 때에는 그러하지 아니하다.
  ㉢ 청약자가 연착의 통지를 하지 아니한 때에는 승낙의 통지는 연착되지 아니한 것으로 본다.

② 승낙의 기간을 정하지 아니한 경우에는 청약자가 상당한 기간 내에 승낙의 통지를 받지 못한 때에는 그 효력을 잃는다.제25회

3. 승낙

① 승낙의 상대방은 특정의 청약자에게 하여야 한다(불특정다수인에게는 불가능)제25회
② 청약의 상대방은 승낙여부에 대하여 회답할 의무가 있는 것은 아니므로 청약에 대한 회답이 없으면 승낙한 것으로 간주한다는 내용의 청약을 한 경우라도 상대방은 이에 구속되지 않는다.제28회 제29회 제31회
③ 연착된 승낙은 청약자가 새로운 청약으로 볼 수 있다.제25회 제31회
④ 새로운 조건을 붙이거나 변경을 가한 승낙은 청약의 거절과 동시에 새로운 청약으로 본다. 제24회 제28회 제33회

4. 승낙의 효력발생시기(계약성립시기)

① 격지자간의 계약은 승낙의 통지를 발송한 때에 성립한다.제26회 제29회 제33회
② 대화자간에는 승낙의 의사표시가 청약자에게 도달한 때에 계약이 성립한다.

❸ 기타의 방법에 의한 계약의 성립

1. 교차청약에 의한 계약성립

① 당사자간에 동일한 내용의 청약이 상호교차된 경우에는 양청약이 상대방에게 도달한 때에 계약이 성립한다.제24회 제28회 제32회
② 양 청약이 동시에 도달하지 않은 때에는 후에 도달한 청약이 도착시에 계약이 성립한다.

2. 의사실현에 의한 계약성립

① 청약자의 의사표시나 관습에 의하여 승낙의 통지가 필요하지 아니한 경우에는 계약은 승낙의 의사표시로 인정되는 사실이 있는 때에 성립한다.제24회
② 예를 들면 주문받은 물건을 송부하는 행위, 유료주차장에 차를 세워둔 경우

3 대표 기출문제

제28회 출제

01 계약의 성립에 관한 설명으로 틀린 것은? (다툼이 있으면 판례에 따름)

① 청약은 그에 대한 승낙만 있으면 계약이 성립하는 구체적·확정적 의사표시이어야 한다.

② 아파트 분양광고는 청약의 유인의 성질을 갖는 것이 일반적이다.

③ 당사자간에 동일한 내용의 청약이 상호교차된 경우, 양 청약이 상대방에게 발송한 때에 계약이 성립한다.

④ 승낙자가 청약에 대하여 조건을 붙여 승낙한 때에는 그 청약의 거절과 동시에 새로 청약한 것으로 본다.

⑤ 청약자가 미리 정한 기간 내에 이의를 하지 아니하면 승낙한 것으로 본다는 뜻을 청약시 표시하였더라도 이는 특별한 사정이 없는 한 상대방을 구속하지 않는다.

> **해설**
> ③ 당사자간에 동일한 내용의 청약이 상호교차된 경우에는 양청약이 상대방에게 도달한 때에 계약이 성립한다 (제533조).
>
> 답 ③

제31회 출제

02 甲은 승낙기간을 2020. 5. 8.로 하여 자신의 X주택을 乙에게 5억원에 팔겠다고 하고, 그 청약은 乙에게 2020. 5. 1. 도달하였다. 이에 관한 설명으로 틀린 것은? (다툼이 있으면 판례에 따름)

① 甲의 청약은 乙에게 도달한 때에 그 효력이 생긴다.

② 甲이 청약을 발송한 후 사망하였다면, 그 청약은 효력을 상실한다.

③ 甲이 乙에게 "2020. 5. 8.까지 이의가 없으면 승낙한 것으로 본다"고 표시한 경우, 乙이 그 기간까지 이의하지 않더라도 계약은 성립하지 않는다.

④ 乙이 2020. 5. 15. 승낙한 경우, 甲은 乙이 새로운 청약을 한 것으로 보고 이를 승낙함으로써 계약을 성립시킬 수 있다.

⑤ 乙이 5억원을 5천만원으로 잘못 읽어, 2020. 5. 8. 甲에게 5천만원에 매수한다는 승낙이 도달하더라도 계약은 성립하지 않는다.

해설

② 청약의 의사표시를 발송한 후 그것이 상대방에게 도달하기 전에 청약자가 사망하거나 제한능력자가 되어도 청약의 효력에는 영향을 미치지 아니한다(제111조 제2항).

정답 ②

---

4 출제 예상문제

01 계약의 성립에 관한 설명 중 틀린 것은? (다툼이 있는 경우에는 판례에 의함)

① 승낙자가 청약과 승낙이 불합치했음에도 합치하는 것으로 오신한 경우 계약은 성립하지 않는다.

② 청약은 처음부터 철회권을 유보한 경우에는 철회할 수 있다.

③ 계약을 체결하면서 그 계약으로 인한 법률효과에 관하여 제대로 알지 못하고 처분문서인 계약서를 작성하였다면 이는 당사자의 의사의 불합치에 해당하여 계약은 성립되지 않는다.

④ 매매계약에서는 매매목적물과 대금이 반드시 계약체결 당시에 구체적으로 특정될 필요는 없으며, 이를 사후에라도 구체적으로 특정 할 수 있는 방법과 기준이 정하여져 있으면 충분하다.

⑤ 불특정다수인에 대한 청약은 효력이 있다.

해설 ③ 계약을 체결함에 있어 당해 계약으로 인한 법률효과에 관하여 제대로 알지 못하였다 하여도 이는 계약체결에 관한 의사표시의 착오의 문제가 될 뿐이고 당사자의 의사의 불합치에 해당하지 않는다[2008다96291,96307].

정답 ③

02 계약에 관한 설명으로 틀린 것은? (다툼이 있으면 판례에 의함)

① 승낙의 기간을 정한 계약의 청약은 상대방이 그 기간 내에 승낙의 통지를 발송하지 않은 때에는 그 효력을 잃는다.

② 아파트의 분양광고 중 아파트의 외형·재질·구조 등에 관한 것으로서 분양자가 이행 가능한 것은 분양계약의 내용이 될 수 있다.

③ 승낙의 기간을 정하지 아니한 청약도 청약으로서 효력은 있다.

④ 매매계약 체결 당시 목적물과 대금이 구체적으로 확정되지 않았더라도, 사후에 구체적으로 확정될 수 있는 방법과 기준이 정해져 있더라도 계약의 성립을 인정할 수 있다.

⑤ 청약자의 의사표시나 관습에 의하여 승낙의 통지가 필요하지 아니한 경우에는 계약은 승낙의 의사표시로 인정되는 사실이 있는 때에 성립한다.

해설✦ ① 승낙의 기간을 정한 계약의 청약은 청약자가 그 기간 내에 승낙의 통지를 받지 못한 때에는 그 효력을 잃는다.

정답✦ ①

민법상 불능
(계약체결상의 과실책임·위험부담)

1 출제예상과 학습포인트

✦ 기출횟수

  제27회 제29회 제30회 제31회 제34회

✦ 제35회 출제예상

  2년에 한번 꼴로 출제되는 부분으로 제35회 출제가능성은 약 80%이다.

✦ 제35회 대비 중요도

  ★★

✦ 학습방법

  원시적 불능의 경우에는 원시적 전부불능인 경우와 원시적 일부불능으로 구분하여 각각의 경우에 무엇이 문제되는
  지를 확실하게 숙지하고 '계약체결상의 과실책임'을 정리하여야 한다. 후발적 불능은 채무자귀책사유인 경우와 그렇지
  않은 경우로 구분하여 각각의 경우에 문제되는 것이 무엇인 지를 정확하게 이해하고, 특히 '위험부담'을 완벽하게
  이해·숙지하여야 한다.

✦ 핵심쟁점

  ❶ 계약체결상의 과실책임
  ❷ 쌍무계약의 효력으로 위험부담 문제

2 핵심 내용

❶ 서설

1. 원시적 불능

① **전부불능** : 무효, 다만 계약체결상의 과실책임문제
② **일부불능** : 일부무효법리 적용, 단, 매매 등 유상계약은 전부유효하고 담보책임문제

2. 후발적 불능 : 유효

① 채무자 귀책사유(고의 또는 과실)이면 채무불이행책임(이행불능) → 계약해제, 손해배상
② 채무자의 귀책사유가 없으면 위험부담 문제(해제×, 손해배상×)

❷ 계약체결상의 과실책임

1. 요건

① 계약내용의 전부가 원시적 불능이어서 그 계약 전부가 무효여야 한다.

② 배상의무자는 원시적 불능에 대하여 알았거나 알 수 있었어야 한다.

③ 상대방(청구권자)은 선의·무과실이어야 한다.

④ 계약체결상의 과실책임은 원시적 전부불능으로 계약 전부가 무효인 경우에 문제되므로 부동산매매 계약에 있어서 실제면적이 계약면적에 미달하고 그 매매가 수량지정매매에 해당하는 경우, 부당이 득반환청구 또는 계약체결상의 과실책임을 구할 수 없다.

⑤ 또한 계약이 성립하지 아니한 경우, 그로 인하여 손해를 입은 당사자가 상대방이 계약이 성립되지 아니할 수 있다는 것을 알았거나 알 수 있었음을 이유로 민법 제535조를 유추적용하여 계약체결상 의 과실로 인한 손해배상청구를 할 수는 없다.

2. 효과

① 과실 있는 당사자(채무자)는 상대방이 그 계약의 유효를 믿었음으로 인하여 받은 손해(신뢰이익)를 배상하여야 한다.

② 그러나 그 배상액은 계약이 유효함으로 인하여 생길 이익액(이행이익)을 넘지 못한다.

3. 계약교섭단계에서의 부당파기

어느 일방이 계약의 교섭단계에서 상대방의 신뢰를 위배하여 상당한 이유 없이 계약의 체결을 거부하 여 손해를 입혔다면 이는 불법행위를 구성하며, 상대방에 대하여 신뢰이익의 손해를 배상하여야한다. (정신적 고통에 대한 손해 별도 배상)

❸ 위험부담(쌍무계약의 채무자 책임없는 후발적 불능의 경우) 제27회 제29회 제30회 제31회 제34회

1. 채무자 위험부담(원칙)

① 당사자의 일방의 채무가 당사자 쌍방의 책임 없는 사유로 이행할 수 없게 된 때에는 채무자는 상대 방의 이행을 청구하지 못한다.(상대방의 채무도 소멸)제27회

② 따라서 계약관계는 해소되고 이미 이행한 급부(계약금, 중도금 등)가 있으면 채무자는 부당이득을 이유로 반환하여야 한다.제27회 제30회 제34회

③ 만일 상대방이 주택을 인도받아 사용하고 있었던 경우에는 임료상당의 부당이득을 반환하여야 한다.

④ 대상청구권

　ㄱ 대상청구권은 이행을 불능하게 하는 사정의 결과로 채무자가 이행의 목적물에 대신하는 이익을 취득하는 경우에 채권자가 채무자에 대하여 그 이익을 청구할 수 있는 권리이다.

　ㄴ 가령 토지가 수용된 경우, 채권자(매수인)는 채무자인 매도인에게 수용보상금청구권의 양도나 수용보상금의 반환을 청구할 수 있다.제29회 그러나 수용보상금청구권 자체가 채권자(매수인)에게 귀속되는 것은 아니다.제29회

　ㄷ 쌍무계약의 당사자 일방이 대상청구권을 행사하려면 상대방에 대하여 반대급부를 이행할 의무가 있다.제30회 제31회

　ㄹ 대상청구권은 채권자의 권리이지 의무가 아니므로, 채권자는 제537조(채무자위험부담)에 의하여 자신의 채무를 면할 수도 있고, 또 대상청구권을 행사할 수도 있다.

2. 채권자 위험부담(예외)

① 채권자의 귀책사유로 이행이 불가능하게 되거나제27회 제31회 제34회 채권자의 수령지체 중에 당사자 쌍방의 귀책사유 없이 이행이 불가능하게 된 경우에는 채무자는 상대방의 이행을 청구할 수 있다.제27회 제31회 제34회

② 채무자는 자기의 채무를 면함으로써 이익을 얻은 때(양도소득세 등)에는 이를 채권자에게 상환하여야 한다.

3 　대표 기출문제

제30회 출제

01 **위험부담에 관한 설명으로 틀린 것은?** (다툼이 있으면 판례에 따름)

① 후발적 불능이 당사자 쌍방에게 책임없는 사유로 생긴 때에는 위험부담의 문제가 발생한다.

② 편무계약의 경우 원칙적으로 위험부담의 법리가 적용되지 않는다.

③ 당사자 일방이 대상청구권을 행사하려면 상대방에 대하여 반대급부를 이행할 의무가 있다.

④ 당사자 쌍방의 귀책사유 없는 이행불능으로 매매계약이 종료된 경우, 매도인은 이미 지급받은 계약금을 반환하지 않아도 된다.

⑤ 우리 민법은 채무자위험부담주의를 원칙으로 한다.

④ 당사자 쌍방의 귀책사유 없는 이행불능으로 매매계약이 종료된 경우, 계약관계는 해소되고 매도인이 이미 지급받은 급부(계약금, 중도금 등)가 있으면 매도인은 부당이득이 되므로 그 반환을 하여야 한다.

답 ④

---

02 甲과 乙은 甲 소유의 X토지에 대하여 매매계약을 체결하였으나 그 후 甲의 채무인 소유권이전등기의무의 이행이 불가능하게 되었다. 다음 설명 중 옳은 것을 모두 고른 것은? (다툼이 있으면 판례에 따름)

> ㄱ. 甲의 채무가 쌍방의 귀책사유 없이 불능이 된 경우, 이미 대금을 지급한 乙은 그 대금을 부당이득법리에 따라 반환청구할 수 있다.
> ㄴ. 甲의 채무가 乙의 귀책사유로 불능이 된 경우, 특별한 사정이 없는 한 甲은 乙에게 대금지급을 청구할 수 있다.
> ㄷ. 乙의 수령지체 중에 쌍방의 귀책사유 없이 甲의 채무가 불능이 된 경우, 甲은 乙에게 대금 지급을 청구할 수 없다.

① ㄱ   ② ㄷ   ③ ㄱ, ㄴ
④ ㄴ, ㄷ   ⑤ ㄱ, ㄴ, ㄷ

ㄷ. 채권자(乙)의 수령지체 중에 당사자 쌍방의 귀책사유 없이 이행이 불가능하게 된 경우에는 채무자(甲)는 상대방의 이행을 청구할 수 있다. 따라서 틀린 지문이다.
ㄱ, ㄴ 옳은 지문이다.

답 ③

4 출제 예상문제

01 甲이 乙에게 자신의 건물을 매도하는 계약을 체결한 후 소유권이전 및 인도전에 화재가 발생하여 건물이 전소되었다. 다음 설명 중 **틀린** 것은?

① 소유권이전은 불가능하게 되었으므로 乙은 더 이상 소유권이전을 청구할 수 없다.

② 양당사자의 책임 없는 사유로 화재가 발생한 경우, 甲은 乙에게 매매대금을 청구할 수 없다.

③ 乙의 과실로 인하여 화재가 발생한 경우, 甲은 乙에게 매매대금을 청구할 수 있다.

④ 乙의 채권자지체 중에 양당사자의 책임 없는 사유로 화재가 발생한 경우, 甲은 乙에게 매매대금을 청구할 수 있다.

⑤ ④의 경우 채권자지체 중이었으므로 甲은 자기의 채무를 면함으로써 얻은 이익을 乙에게 상환할 필요가 없다.

해설 ✦ ⑤ 이행불능이 채권자의 책임 있는 사유로 발생한 경우 채무자(매도인)는 자신의 채무를 면하지만 채권자(매수인)에 대한 반대급부를 청구할 수 있다(제538조 제1항 전단). 이 경우 채무자가 자기의 채무를 면함으로써 이익을 얻은 때에는 부당이득이 되므로, 그 이익은 채권자에게 상환하여야 한다(제538조 제2항).

정답 ✦ ⑤

02 甲은 자신의 토지를 乙에게 매도하였으나 소유권이전등기의무의 이행기가 도래하기 전에 그 토지에 대한 丙의 강제수용(재결수용)으로 보상금을 받게 되었다. 다음 설명 중 **틀린** 것은? (다툼이 있으면 판례에 의함)

① 甲의 乙에 대한 소유권이전의무는 소멸한다.

② 乙은 甲에게 보상금청구권의 양도를 청구할 수 있다.

③ 乙이 甲에게 보상금청구권의 양도를 청구하는 경우에는 乙의 대금지급의무를 이행할 필요가 없다.

④ 乙은 계약체결상의 과실을 이유로 신뢰이익의 배상을 청구할 수 없다.

⑤ 乙은 소유권이전의무의 불이행을 이유로 계약을 해제할 수 없다.

해설 ✦ ③ 대상청구권은 이행을 불능하게 하는 사정의 결과로 채무자가 이행의 목적물에 대신하는 이익을 취득하는 경우에 채권자가 채무자에 대하여 그 이익을 청구할 수 있는 권리이다. 이는 계약이 유효하게 존속됨을 전제로 인정되는 것이므로 당사자 일방이 대상청구권을 행사하려면 상대방에 대하여 반대급부를 이행할 의무가 있다[95다6601].

정답 ✦ ③

1 출제예상과 학습포인트

✦ 기출횟수

  제25회 제26회 제27회 제29회 제31회 제32회 제33회

✦ 제35회 출제예상

  3년에 2회 정도로 출제되는 부분인데 제34회에는 출제되지 않았으므로 제35회 출제가능성은 약 90%이다.

✦ 제35회 대비 중요도

  ★★★

✦ 학습방법

  동시이행의 항변권은 원칙적으로 쌍무계약의 효력이라는 점을 이해하고, 동시이행관계 또는 동시이행의 항변권 행사 여부를 구별하고 완벽하게 숙지하여야 한다.

✦ 핵심쟁점

  ❶ 동시이행관계(동시이행항변권) 인정 여부 정리
  ❷ 동시이행의 효과

2 핵심 내용

❶ 의의 및 요건

① 쌍방이 서로 대가적 의미 있는 채무(동시이행관계 있는 채무)를 부담하고 있는 경우에 ② 당사자 일방이 자기의 채무가 변제기에 있음에도 ③ 자기의 채무를 이행하거나 이행의 제공을 하지 아니한 채 상대방의 채무의 이행을 청구할 때에는 상대방은 자기의 채무이행을 거절할 수 있는 연기적 항변권(延期的 抗辯權)이다.

❷ 동시이행관계(동시이행항변권) 인정 여부

1. 인정되는 경우

① 원칙적으로 쌍방의 채무가 동일한 쌍무계약으로부터 발생한 것이어야 한다.

② 동시이행의 관계에 있는 쌍방의 채무가 채무의 동일성이 유지되는 한 인정(채권양도,제25회 채권압류 및 전부·추심, 이행불능으로 인한 손해배상채무제26회 등)

③ 수령지체에 빠진 자도 그 후의 상대방의 단순청구에 대해서는 동시이행의 항변권을 행사할 수 있다.

④ 전세권설정자의 전세금반환의무와전세권자의 목적물인도 및 전세권등기말소의무제29회

⑤ 모든 임대인의 보증금반환의무와 임차인의 목적물반환의무제31회 제32회

⑥ 가등기담보에서 채권자의 청산금지급의무와 채무자의 목적부동산에 대한 본등기 및 인도의무제29회

⑦ 가압류등기가 있는 부동산의 매매에서 소유권이전등기 및 가압류등기말소 의무와 대금지급의무

⑧ 계약의 해제·무효·취소로 인한 원상회복의무·부당이득반환의무 및 손해배상의무제25회 제29회

⑨ 구분소유적 공유관계가 해소되는 경우, 공유지분권자 상호간의 지분이전등기의무제29회 제25회 제33회

⑩ 선이행의무자는 상대방의 이행이 곤란할 현저한 사유가 있는 때 또는 선이행의무자가 이행지체 중 상대방의 변제기가 도래 한 경우(매수인이 중도금지급을 지체한 채 잔대금지급일을 경과한 경우, 매수인의 중도금 및 이에 대한 지연손해금과 잔대금지급채무는 매도인의 소유권이전등기의무와 동시이행 관계)에는 동시이행항변권을 행사할 수 있다.제25회 제26회

2. 부정되는 경우

① 당사자 쌍방이 각각 별개의 약정(다른 법률상 원인에 의해)으로 상대방에 대하여 채무를 지게 된 경우에는 동시이행의 항변권이 생기지 않는다(특약으로 가능).

② 채무변제와 담보권(저당권, 가등기담보, 양도담보)등기의 말소(변제가 선이행)제31회

③ 임차권등기명령에 의한 임차권등기의 말소와 임대인의 보증금반환의무제25회 제33회

④ 근저당권실행을 위한 경매가 무효가 된 경우, 낙찰자의 채무자에 대한 소유권 이전등기말소의무와 근저당권자의 낙찰자에 대한 배당금반환의무제29회

⑤ 상가건물 임차인의 임차목적물 반환의무와 임대인의 권리금 회수 방해로 인한 손해배상의무제33회

⑥ 매도인의 토지거래허가신청절차 협력의무와 매수인의 대금지급의무제31회 제32회

❸ 효과

1. 이행지체책임의 면제 : 동시이행항변권을 행사하지 않더라도 지체책임×

2. 이행거절의 항변권 : 행사 자유, 당사자가 원용하여야 법원에서 심리(직권×)제26회

3. 소송상의 효과(재판상 행사의 효과) : 일부승소의 판결(상환급부판결)제26회

4. 상계의 금지 : 동시이행의 항변권이 붙어있는 채권은 자동채권으로 상계금지

5. 동시이행의 항변권은 소멸시효의 진행에 영향을 미치지 않는다.

6. 동시이행의 항변권을 배제하는 당사자 사이의 특약은 유효하다.

3 대표 기출문제

제26회 출제

01 동시이행의 항변권에 관한 설명으로 옳은 것은? (다툼이 있으면 판례에 따름)

① 동시이행관계에 있는 쌍방의 채무 중 어느 한 채무가 이행불능이 되어 손해배상채무로 바뀌는 경우, 동시이행의 항변권은 소멸한다.

② 임대차 종료 후 보증금을 반환받지 못한 임차인이 동시이행의 항변권에 기하여 임차목적물을 점유하는 경우, 불법점유로 인한 손해배상책임을 진다.

③ 동시이행의 항변권은 당사자의 주장이 없어도 법원이 직권으로 고려할 사항이다.

④ 채권자의 이행청구소송에서 채무자가 주장한 동시이행의 항변이 받아들여진 경우, 채권자는 전부 패소판결을 받게 된다.

⑤ 선이행의무자가 이행을 지체하는 동안에 상대방의 채무의 변제기가 도래한 경우, 특별한 사정이 없는 한 쌍방의 의무는 동시이행관계가 된다.

> **해설**
> ⑤ 선이행의무자는 원칙적으로 동시이행항변권이 없으나, 예외적으로 상대방의 이행이 곤란할 현저한 사유가 있거나, 이행지체중에 상대방의 채무가 변제기에 도래한 경우에는 동시이행항변권을 행사할 수 있다.
> 답 ⑤

제33회 출제

02 특별한 사정이 없는 한 동시이행의 관계에 있는 경우를 모두 고른 것은? (다툼이 있으면 판례에 따름)

> ㄱ. 임대차계약 종료에 따른 임차인의 임차목적물 반환의무와 임대인의 권리금 회수 방해로 인한 손해배상의무
> ㄴ. 「주택임대차보호법」상 임차권등기명령에 따라 행해진 임차권등기의 말소의무와 임대차보증금 반환의무
> ㄷ. 구분소유적 공유관계의 해소로 인하여 공유지분권자 상호간에 발생한 지분이전등기의무

① ㄱ   ② ㄷ   ③ ㄱ, ㄴ   ④ ㄴ, ㄷ   ⑤ ㄱ, ㄴ, ㄷ

해설

ㄱ, ㄴ은 동시이행관계가 아니다.

답 ②

4 출제 예상문제

01 동시이행항변권에 관한 설명으로 틀린 것은? (다툼이 있으면 판례에 따름)

① 당사자 일방의 이행제공이 계속되지 않더라도 이미 과거에 유효한 이행의 제공이 있었던 경우, 상대방은 더 이상 동시이행의 항변권을 행사할 수 없다.

② 매수인이 부가가치세를 부담하기로 약정한 경우 부가가치세를 포함한 매매대금전부와 부동산소유권이전등기의무가 동시이행관계에 있다.

③ 쌍방의 채무가 별개의 계약에 기한 것이더라도 특약에 의해 동시이행의 항변권이 발생할 수 있다.

④ 근저당권 실행을 위한 경매가 무효인 경우, 낙찰자의 채무자에 대한 소유권이전등기말소의무와 근저당권자의 낙찰자에 대한 배당금반환의무는 동시이행의 관계가 아니다.

⑤ 가등기담보에 있어 채권자의 청산금지급의무와 채무자의 목적부동산에 대한 본등기 및 인도의무는 동시이행의 관계에 있다.

해설 ✦ ① 쌍무계약의 당사자 일방이 먼저 한번 현실의 제공을 하고, 상대방을 수령지체에 빠지게 하였다고 하더라도 그 이행의 제공이 계속되지 않는 경우는 과거에 이행의 제공이 있었다는 사실만으로 상대방이 가지는 동시이행의 항변권이 소멸하는 것은 아니다(대판 94다26646).

정답 ✦ ①

02 동시이행항변권에 관한 설명으로 틀린 것은? (다툼이 있으면 판례에 따름)

① 일방의 채무가 이행불능으로 되더라도, 그 채무는 손해배상으로서 동일성이 유지되는 한 동시이행의 항변권은 존속한다.

② 매수인이 선이행하여야 할 중도금지급을 하지 아니한 채 잔대금지급일을 경과한 경우에는, 매수인의 중도금 및 지연손해금과 잔대금의 지급채무는 매도인의 소유권이전등기의무와 동시이행관계에 있다.

③ 채무자가 동시이행항변권을 행사하여야 지체책임을 면할 수 있으며, 이행거절의사를 명시적으로 밝히지 않았다면 지체책임을 진다.

④ 쌍무계약에 있어서 한번 이행의 제공이 있었다는 사실만으로 상대방이 가진 동시이행의 항변권이 소멸한다고 할 수 없다.

⑤ 구분소유적 공유관계가 해소되는 경우, 공유지분권자 상호간의 지분이전등기의무는 동시이행관계에 있다.

해설 ✦ ③ 대가적 채무 간에 이행거절의 권능을 가지는 경우에는 비록 이행거절의 의사를 구체적으로 밝히지 아니하였다고 할지라도 이행거절권능의 존재 자체로 이행이체책임은 발생하지 않는다(대판 97다5541).

정답 ✦ ③

1 출제예상과 학습포인트

✦ 기출횟수

　제25회 ~ 제34회

✦ 제35회 출제예상

　거의 매년 출제되는 부분으로 제35회 출제가능성은 약 90%정이다.

✦ 제35회 대비 중요도

　★★★

✦ 학습방법

　사례를 통하여 제3자를 위한 계약을 이해하고, 특히 취소권이나 해제권을 행사하고 부당이득반환을 청구할 계약의 당사자를 파악한다. 또한 출연의 원인관계인 기본관계와 대가관계를 이해·숙지하고, 제3자의 법률상 지위를 정리하여야 한다.

✦ 핵심쟁점

　❶ 계약의 취소나 해제, 부당이득반환, 원상회복의 주체는 누구인가?
　❷ 기본관계와 대가관계 중 제3자를 위한 계약에 영향을 미치는 관계는 무엇인가?
　❸ 제3자(수익자)는 계약이 무효·취소·해제되는 경우 보호되는 제3자에 해당되는가?
　❹ 제3자가 권리를 취득하기 위한 요건과 권리취득 후 보호문제
　❺ 낙약자(채무자)가 수익자(제3자)에게 대항할 수 있는 항변사유는?

2 핵심 내용

❶ 의의

1. 예컨대, 甲이 자신의 건물을 乙과 매매계약을 체결하면서 乙로 하여금 제3자인 丙에게 매매대금을 지급하게 하고, 동시에 丙이 직접 乙에 대하여 그 대금청구권을 취득하도록 하는 약정을 하는 경우이다.

2. 위의 경우 채권자인 甲을 요약자, 채무자인 乙을 낙약자, 제3자인 丙을 수익자라 한다.

3. 제3자를 위한 계약의 당사자는 요약자와 낙약자이므로제33회 수익자의 동의 없이 계약을 취소나 해제할 수 있으며,제25회 제29회 제33회 그로 인한 부당이득반환청구권이나 원상회복청구권도 당사자 간(요약자와 낙약자)에만 행사할 수 있고 제3자인 수익자에게는 청구할 수 없다.

❷ 출연의 원인관계

1. 요약자(甲)와 낙약자(乙)의 관계를 기본관계(보상관계)라고 하며, 이 기본관계는 제3자를 위한 계약의 내용을 이루므로 그 의사표시의 하자·흠결은 계약의 효력에 영향을 미친다.제26회

2. 요약자(甲)와 수익자(丙)의 관계를 대가관계라 하며, 대가관계는 제3자를 위한 계약의 내용을 이루지 않으며 그 의사표시의 하자·흠결은 제3자를 위한 계약의 성립이나 효력에 영향을 미치지 않는다. 따라서 낙약자(채무자)는 요약자와 수익자 사이의 법률관계에 기한 항변으로 수익자에게 대항하지 못하고, 요약자도 대가관계의 부존재나 효력의 상실을 이유로 자신이 기본관계에 기하여 낙약자에게 부담하는 채무의 이행을 거부할 수 없다.

❸ 제3자를 위한 계약의 성립요건

1. 계약의 당사자인 요약자(甲)와 낙약자(乙) 사이에 계약이 유효하게 성립하고 있어야 한다.

2. 계약의 당사자가 제3자에 대하여 가진 채권에 관하여 그 채무를 면제하는 계약도 제3자를 위한 계약에 준하는 것으로 유효하다.제28회

3. 제3자에게 권리뿐만 아니라 부수적인 의무를 부담하게 하는 것도 가능하다.

4. 제3자는 태아처럼 계약 당시에 현존하거나 특정하지 않아도 무방하나제27회 제33회 권리취득시(수익의 의사표시)에는 권리능력을 가지고 현존·특정되어야 한다.

❹ 제3자(수익자, 丙)에 대한 효과

1. 제3자의 지위

① 계약의 당사자× : 취소권·해제권·원상회복이나 부당이득반환 당사자×제24회 제25회 제26회 제27회 제28회 제29회 제30회 제31회 제33회

② 제3자 보호규정에서의 제3자× : 당사자 간의 계약이 무효·취소·해제(비진의의사표시·허위표시·착오·사기·강박·해제)되어 제3자가 보호받는 경우에도 수익자는 제3자에 해당하지 않고 계약당사자와 마찬가지로 다루어진다.제30회

2. 제3자의 권리취득

① 제3자(수익자)의 권리는 제3자가 채무자(낙약자)제29회에 대하여 수익의 의사를 표시한 때에 생긴다.

② 제3자의 수익의 의사표시는 형성권으로서 제3자를 위한 계약의 성립요건이 아니고 제3자의 권리발생요건이다.

③ 수익의 의사표시 후에는 요약자와 낙약자는 제3자의 권리를 변경 또는 소멸시키지 못한다.제26회 제27회 따라서 甲과 乙이 계약을 합의해제하더라도 특별한 사정이 없는 한 丙에게는 효력이 없다. 제31회

④ 수익의 의사표시를 한 제3자는 낙약자에 대해 직접 자기에게 이행할 것을 청구할 수 있다.제24회 제25회 제28회 제30회 또한 채무자(낙약자)의 채무불이행이 있으면 제3자는 계약을 해제 할 수는 없으나 채무자에 대한 손해배상을 청구할 수 있다.제30회 제31회

5 낙약자(채무자, 乙)에 대한 효과

1. **제3자에 대한 최고권** : 낙약자(채무자)는 상당한 기간을 정하여 계약의 이익의 향수 여부의 확답을 제3자에게 최고할 수 있고, 채무자가 그 기간 내에 확답을 받지 못한 때에는 제3자가 계약의 이익을 받을 것을 거절한 것으로 본다.제24회 제25회 제27회

2. **계약관계(기본관계)에 기한 항변권** : 낙약자는 요약자와의 계약에 기한 항변으로 제3자에게 대항(거절)할 수 있다.제27회 제24회 제26회 제28회 제29회 제31회 제33회 그러나 낙약자는 요약자와 수익자 사이의 법률관계(대가관계)에 기한 항변으로 제3자에게 대항하지 못한다.제25회 제30회

3 대표 기출문제

제31회 출제

01 甲은 자신의 X부동산을 乙에게 매도하면서 대금채권을 丙에게 귀속시키기로 하고, 대금지급과 동시에 소유권이전등기를 해 주기로 했다. 그 후 丙은 乙에게 수익의 의사를 표시하였다. 이에 관한 설명으로 옳은 것은? (다툼이 있으면 판례에 따름)

① 甲과 乙은 특별한 사정이 없는 한 계약을 합의해제할 수 있다.

② 乙이 대금지급의무를 불이행한 경우, 丙은 계약을 해제할 수 있다.

③ 甲이 乙의 채무불이행을 이유로 계약을 해제한 경우, 丙은 乙에 대하여 손해배상을 청구할 수 있다.

④ 甲이 소유권이전등기를 지체하는 경우, 乙은 丙에 대한 대금지급을 거절할 수 없다.

⑤ 乙이 甲의 채무불이행을 이유로 계약을 해제한 경우, 乙은 이미 지급한 대금의 반환을 丙에게 청구할 수 있다.

해설

① 민법 제541조에 의하면, "민법 제539조에 의하여 제3자의 권리가 생긴 후에는 당사자는 이를 변경 또는 소멸시키지 못한다."라고 규정하고 있어, 계약 당사자는 제3자의 권리가 발생한 후에는 합의해제를 할 수 없고, 설사 합의해제를 하더라도 그로써 이미 제3자가 취득한 권리에는 아무런 영향을 미치지 못한다고 할 것이다(대판 1997. 10. 24. 97다28698).

② 수익자인 丙은 계약의 당사자가 아니므로 계약을 해제할 수 없다.

④ 낙약자는 요약자와의 계약 자체(기본관계)에 기한 항변으로 수익자인 제3자에게 대항할 수 있으므로(제542조), 甲이 소유권이전등기를 지체하는 경우, 乙은 丙에 대한 대금지급을 거절할 수 있다.

⑤ 乙은 丙에게 이미 지급한 대금의 반환을 청구할 수 없다.

답 ③

제34회 출제

02 甲은 그 소유의 토지를 乙에게 매도하면서 甲의 丙에 대한 채무변제를 위해 乙이 그 대금 전액을 丙에게 지급하기로 하는 제3자를 위한 계약을 乙과 체결하였고, 丙도 乙에 대해 수익의 의사표시를 하였다. 다음 설명 중 틀린 것은? (다툼이 있으면 판례에 따름)

① 乙은 甲과 丙 사이의 채무부존재의 항변으로 丙에게 대항할 수 없다.

② 丙은 乙의 채무불이행을 이유로 甲과 乙 사이의 계약을 해제할 수 없다.

③ 乙이 甲의 채무불이행을 이유로 계약을 해제한 경우, 특별한 사정이 없는 한 乙은 이미 이행한 급부의 반환을 丙에게 청구할 수 있다.

④ 甲이 乙의 채무불이행을 이유로 계약을 해제하면, 丙은 乙에게 채무불이행으로 인해 자신이 입은 손해의 배상을 청구할 수 있다.

⑤ 甲은 丙의 동의 없이도 乙의 채무불이행을 이유로 계약을 해제할 수 있다.

> **해설**
>
> ③ 수익자 丙은 계약의 당사자가 아니므로 乙이 甲의 채무불이행을 이유로 계약을 해제한 경우, 특별한 사정이 없는 한 乙은 이미 이행한 급부의 반환을 丙에게 청구할 수 없다.
>
> 답 ③

4 출제 예상문제

01 甲은 乙에게 자신의 토지를 1억원에 매도하기로 하고, 매매대금을 자신의 채권자 丙에게 지급하도록 乙과 약정하였다. 다음 설명 중 **틀린** 것은? (다툼이 있으면 판례에 따름)

① 甲과 丙사이의 법률관계가 존재하지 않거나 효력을 상실하더라도 乙은 丙에게 대항할 수 없다.

② 甲과 乙의 매매계약이 허위표시로서 무효이면 丙이 선의인 경우에도 丙에게 무효를 주장할 수 있다.

③ 甲의 채무불이행으로 乙이 매매계약을 해제한 경우, 乙은 이미 지급한 대금의 반환을 丙에게 청구할 수 없다.

④ 乙의 채무불이행으로 甲이 매매계약을 해제한 경우 수익의 의사표시를 한 丙은 乙에게 자기가 입은 손해배상을 청구할 수 있다.

⑤ 甲이 합의내용을 丙에게 통지하면 丙은 乙에 대하여 매매대금지급채권을 취득한다.

해설 ✦ ⑤ 제3자를 위한 계약에 의하여 수익자가 직접 권리를 취득하게 되지만, 그의 의사에 반하여 권리의 향수를 강제당하지 않는다. 따라서 수익자는 채무자(낙약자)에 대하여 수익의 의사표시를 하여야 권리를 취득한다(제539조 제2항).

정답 ✦ ⑤

02 제3자를 위한 계약에 관한 설명으로 **틀린** 것은? (다툼이 있으면 판례에 따름)

① 제3자가 하는 수익의 의사표시의 상대방은 요약자이다.

② 수익의 의사표시는 제3자를 위한 계약의 성립요건이 아니다.

③ 낙약자는 기본관계에 기한 항변으로 제3자에게 대항할 수 있다.

④ 수익자는 낙약자의 채무불이행을 이유로 계약을 해제할 수 없고, 요약자의 제한능력을 이유로 계약을 취소하지 못한다.

⑤ 수익의 의사표시를 함으로써 제3자에게 권리가 생긴 후에는 요약자와 낙약자의 합의만으로 그 권리를 소멸시키지 못한다.

해설 ✦ ① 제3자가 하는 수익의 의사표시의 상대방은 낙약자(채무자)이다(제539조).

정답 ✦ ①

1 출제예상과 학습포인트

✦ 기출횟수

　제25회 ~ 제34회

✦ 제35회 출제예상

　매년 출제되는 부분으로 제35회 출제가능성은 약 100%이다.

✦ 제35회 대비 중요도

　★★★

✦ 학습방법

　각종 해제의 개념을 정확히 이해하고, 특히 법정해제 중심으로 정리한다. 법정해제는 첫째, 법정해제사유(법정해제권 발생사유), 둘째, 해제권행사방법(해제의 의사표시), 셋째, 해제의 효과 순서대로 학습하고, 합의해제를 법정해제와 비교하여 정리하면 된다.

✦ 핵심쟁점

　❶ 이행지체로 인한 해제권의 발생요건

　❷ 이행불능의 경우 해제권의 발생요건

　❸ 해제권의 행사방법

　❹ 해제에 있어 보호되는 제3자

　❺ 해제효과로서 원상회복의 의미

　❻ 합의해제의 효과

2 핵심 내용

❶ 의의

1. 계약의 해제는 유효하게 성립하고 있는 계약의 효력을 당사자의 일방적 의사표시에 의하여 처음부터 계약이 성립하지 않았던 것과 같은 상태로 복귀시키는 것을 말한다(상대방 있는 단독행위).

2. 이러한 일방적 의사표시에 의해 계약을 해소시키는 권리를 '해제권'이라 하는데, 계약의 해제권은 일종의 형성권이다.

3. 해제권은 발생사유에 따라 법률의 규정에 의해 발생하는 '법정해제권'과 당사자간의 약정으로 해제권이 발생하는 것으로 미리 유보해둔 '약정해제권'이 있다.

▶ 각종 해제(법정해제, 약정해제, 합의해제)의 특성

> 1. 해제의 의사표시를 하여야 해제의 효과발생(자동으로 해제×)
> 2. 소급하여 계약효력 소멸(소유권은 자동으로 복귀, 제3자 보호)
> 3. 서로 영향을 미치지 않음

❷ 법정해제권의 발생(채무불이행)

1. 이행지체로 인한 해제권의 발생

① 당사자 일방이 그 채무를 이행기에 이행하지 아니하는 때에는 상대방은 상당한 기간을 정하여 그 이행을 최고하고 그 기간 내에 이행하지 아니한 때에는 계약을 해제할 수 있다.제33회

② 기간이 상당하지 않거나 기간을 정하지 않은 경우 최고로서 유효하고,제28회 이 경우에는 최고 후 객관적으로 상당한 기간이 지나면 해제권이 발생한다.

③ 과다최고의 경우에는 채무의 동일성이 인정되는 한 본래의 급부범위 내에서 최고의 효력이 인정되지만, 본래의 급부보다 과다한 정도가 현저한 경우에는 그 최고는 부적법하여 최고로서의 효력이 없다.

④ 최고를 요하지 않는 경우

　㉠ 채무자가 미리 이행하지 아니할 의사를 표시한 경우에는 최고를 요하지 아니한다.제21회 그러나 이행거절의 의사표시가 적법하게 철회된 경우에는 상대방으로서는 상당한 기간을 정하여 이행을 최고한 후가 아니면 채무불이행을 이유로 계약을 해제할 수 없다.제20회

　㉡ 계약의 성질 또는 당사자의 의사표시에 의하여 일정한 시일 또는 일정한 기간 내에 이행하지 아니하면 계약의 목적을 달성할 수 없을 경우(정기행위 - 결혼식에 입을 것을 명시한 예복의 주문 등)에 당사자 일방이 그 시기에 이행하지 아니한 때에는 상대방은 최고를 하지 아니하고 계약을 해제할 수 있다.제26회 제28회

2. 이행불능으로 인한 해제권의 발생

① 이행불능이 있으면 이행기를 기다리지 않고, 해제권자의 이행제공을 필요 없이,제22회 제25회 제31회 즉시(최고 없이) 해제할 수 있다.제20회 제29회

② 이행불능이 채무자의 책임 있는 사유로 인한 것이어야 한다. 따라서 매도인의 소유권이전의무가 수용이나 매수인의 귀책사유로 이행불능이 된 경우에 매수인은 이행불능을 이유로 계약을 해제할 수 없다.

③ 매매목적물인 부동산에 대한 근저당권설정등기나 가압류등기가 말소되지 아니하였다고 하여 바로 매도인의 소유권이전등기의무가 이행불능이 되었다고 할 수 없다.제22회

④ 쌍무계약에서 당사자의 일방이 이행을 제공하더라도 상대방이 채무를 이행할 수 없음이 명백한지의 여부는 계약해제시를 기준으로 판단하여야 한다.제28회

⑤ 일부가 이행 불능인 경우에는 이행이 가능한 나머지 부분만의 이행으로 계약의 목적을 달할 수 없을 때에만 계약 전부를 해제할 수 있다.제31회

3. 부수적 의무의 불이행과 해제권 발생 여부

채무불이행을 이유로 계약을 해제하려면 당해 채무가 계약의 목적 달성에 있어 필요불가결할 정도의 주된 채무여야 하고, 그렇지 않은 부수적 채무(토지거래허가에서 협력의무)를 불이행한 데에 지나지 않은 경우에는 계약을 해제할 수 없다.제20회

❸ 해제권의 행사(해제의 의사표시)

1. 해제의 의사표시는 철회하지 못한다. 다만, 착오, 사기, 강박 등을 이유로 취소할 수 있다.

2. 해제의 의사표시는 단독행위이므로 원칙적으로 조건이나 기한을 붙이지 못한다.

3. 해제의 의사표시를 소 제기에 의한 경우 그 소장(訴狀)이 피고에게 송달됨으로써 해제권을 행사하였다 할 것이고, 그 후에 원고가 그 소송을 취하하였다 하여 위 해제의 효력(소급무효)에 아무런 영향도 미치지 않는다.제22회

4. 당사자의 쌍방 또는 일방이 수인인 경우 그 전원으로부터 또는 전원에 대하여 하여야 한다.제20회 제26회 제28회 제29회 제31회

5. 다만, 공유자가 공유토지에 대한 매매계약을 체결한 경우. 특별한 사정이 없는 한 공유자 중 1인은 다른 공유자와 별개로 자신의 지분에 관하여 매매계약을 해제할 수 있다.제25회

6. 수인의 당사자 중 1인에 대하여 해제권이 소멸한 때에는 다른 당사자에 대하여도 소멸한다.

❹ 법정해제의 효과

1. 계약의 소급적 실효 제24회

① 따라서 일방당사자의 계약위반을 이유로 계약이 해제되었음에도 상대방이 계약상 의무의 이행을 구하는 경우 계약을 위반한 당사자도 당해 계약이 상대방의 해제로 소멸되었음을 들어 그 이행을 거절할 수 있다.제34회

② 계약이 해제되면 그 계약의 이행으로 변동이 생겼던 물권은 당연히 그 계약이 없었던 원상태로 복귀한다.제33회(원상회복청구권은 소유권에 기한 물권적 청구권).

③ 제3자 보호

㉠ 계약해제의 효력은 제3자의 권리를 해하지 못한다(제548조 제1항 단서).제33회

㉡ 여기서 제3자라 함은 해제된 계약으로부터 새로운 이해관계를 가졌을 뿐 아니라 등기·인도 등으로 완전한 권리 또는 대항력을 취득한 자를 말한다.제27회

㉢ 해제 전에는 제3자의 선의·악의를 불문하고 보호되지만, 해제 후에 해약당사자와 양립되지 아니하는 법률관계를 가지게 된 제3자는 선의만 보호되고 악의는 보호되지 않는다.제24회

제3자에 해당하는 경우	제3자에 해당하지 않는 경우
① 매매계약의 매수인으로부터 매수하여 소유권이전등기를 마친 자제33회 ② 매매계약에서 매수인의 채권자로 그 부동산을 가압류한 자제23회 제30회 ③ 매매계약에서 그 부동산에 대하여 저당권, 전세권, 가등기를 설정받은 자제27회 ④ 매매계약의 해제로 인하여 소유권을 상실하게 된 매수인으로부터 그 계약이 해제되기 전에 주택을 임차하여 대항요건을 갖춘 임차인제27회	① 해제로 인하여 소멸되는 계약상의 채권을 양도 받은 양수인, 압류, 가압류한 자제23회 제30회 ② 계약이 해제되기 전에 계약상의 채권을 양수하여 이를 피보전권리로 하여 처분금지가처분결정을 받은 자제23회 제26회 제30회 ③ 매매계약에 기한 매수인의 소유권이전등기청구권을 가압류한 자 ④ 미등기 무허가건물에 관한 매매계약이 해제되기 전에 매수인으로부터 무허가건물을 다시 매수하고 무허가건물관리대장에 소유자로 등재한 자 ⑤ 토지를 매도했다가 그 매매계약을 해제한 경우에 있어서 그 토지 위에 신축한 건물의 매수인제25회 제27회

참고 보호되는 제3자 비교

구분	비정상의사표시의 제3자	해제에서의 제3자
법규정	선의의 제3자에게 대항하지 못한다.	제3자의 권리를 해하지 못한다.
개념	비정상의사표시를 기초로 실질적으로 새로운 이해관계를 맺은 자 예 ① 부동산에 대하여 가압류한 자○ ② 채권에 대하여 가압류한 자○	새로운 이해관계를 가졌을 뿐 아니라 등기·인도 등으로 완전한 권리를 취득한 자 예 ① 부동산에 대하여 가압류한 자○ ② 채권에 대하여 가압류한 자×
선의여부	선의의 경우만 보호	해제 전에는 선의·악의 불문 보호, 해제 후에는 선의만 보호

2. 원상회복의무

① 계약이 해제되면 각 당사자는 받은 이익의 현존 여부나 선의·악의를 불문하고 받은 이익의 전부를 반환하여야 한다.제34회

② 원상회복의 방법은 원칙적으로 원물반환하여야 하고, 원물반환이 불가능한 경우에는 가액을 반환하여야 한다.

③ 금전인 경우에는 반환할 금전에는 그 받은 날로부터 이자를 가하여야 한다. 이자의 반환은 부당이득 반환의 성질을 가지는 것이다(반환지체로 인한 손해배상×).

④ 물건이 급부되어 있는 경우에는 과실(사용이익)도 반환하여야 한다.

3. 손해배상청구

① 계약의 해제는 손해배상의 청구에 영향을 미치지 아니한다.제28회 제31회 즉, 계약을 해제한 자는 원상회복을 청구하면서 손해가 발생한 경우에는 손해배상도 함께 청구할 수 있다.

② 손해배상의무는 채무불이행으로 인해 발생한 것으로서 '이행이익의 배상'을 구하는 것이 원칙이지만, 그에 갈음하여 그 계약이 이행되리라고 믿고 채권자가 지출한 비용 즉 '신뢰이익의 배상'을 구할 수도 있다.

4. 쌍방이 부담하는 원상회복의무, 손해배상의무는 동시이행관계 제26회

5 합의해제(해제계약) 제30회 제31회 제32회

1. 기존의 계약의 효력을 소멸시킬 것을 내용으로 하는 새로운 계약이다.제30회

2. 합의해제는 묵시적으로도 가능하다.(매도인이 수령한 계약금과 중도금을 공탁하였는데 매수인이 이의 없이 수령한 경우 등) 제31회

3. 합의해제의 효력은 그 합의해제의 내용에 의하여 다루어지는 것이고, 이에는 해제에 관한 민법의 규정은 적용되지 않는다.제30회 따라서 계약이 합의해제된 경우에는 특약이 없는 한 채무불이행으로 인한 손해배상을 청구할 수 없으며,제24회 제29회 제30회 제31회 반환할 금전에 그 받은 날로부터 이자를 가산할 의무도 없다.제26회 제29회 제30회 제31회

4. 그러나 합의해제로 계약은 소급적으로 소멸하므로, 이전되었던 소유권은 당연히 매도인에게 복귀하게 되고,제31회 합의해제로 제3자의 권리를 해할 수 없다.제25회 제30회 제31회

1. 해지는 계속적 채권계약(소비대차·사용대차·임대차·고용 등)에서 계약의 효력을 장래에 향하여 소멸시키는 계약당사자의 일방적 의사표시이다.
2. 계약의 당사자가 수인인 경우에 해지권의 행사는 전원으로부터 전원에 대하여 하여야 한다.
3. 당사자 일방이 계약을 해지한 때에는 계약은 장래에 대하여 그 효력을 잃는다.
4. 따라서 계약이 해지되면 원상회복의무는 없다.
5. 계약의 해지는 손해배상의 청구에 영향을 미치지 않는다(손해배상 청구 가능).

3 대표 기출문제

제26회 출제

01 계약의 해제에 관한 설명으로 틀린 것은? (다툼이 있으면 판례에 따름)

① 계약이 합의해제된 경우, 특약이 없는 한 반환할 금전에 그 받은 날로부터 이자를 붙여 지급할 의무가 없다.

② 계약의 상대방이 여럿인 경우, 해제권자는 그 전원에 대하여 해제권을 행사하여야 한다.

③ 매매계약의 해제로 인하여 양당사자가 부담하는 원상회복의무는 동시이행의 관계에 있다.

④ 성질상 일정한 기간 내에 이행하지 않으면 그 목적을 달성할 수 없는 계약에서 당사자 일방이 그 시기에 이행하지 않으면 해제의 의사표시가 없더라도 해제의 효과가 발생한다.

⑤ 매매대금채권이 양도된 후 매매계약이 해제된 경우, 그 양수인은 해제로 권리를 침해당하지 않는 제3자에 해당하지 않는다.

> **해설**
> ④ 성질상 일정한 기간 내에 이행하지 않으면 그 목적을 달성할 수 없는 계약(정기행위)에서 당사자 일방이 그 시기에 이행하지 않으면 최고 없이 계약을 해제할 수 있을 뿐이지 해제의 의사표시가 없더라도 해제의 효과가 발생하는 것은 아니다.
>
> 답 ④

제32회 출제

02 **합의해제에 관한 설명으로 틀린 것은?** (다툼이 있으면 판례에 따름)

① 부동산매매계약이 합의해제된 경우, 다른 약정이 없는 한 매도인은 수령한 대금에 이자를 붙여 반환할 필요가 없다.

② 당사자 쌍방은 자기 채무의 이행제공 없이 합의에 의해 계약을 해제할 수 있다.

③ 합의해제의 소급효는 법정해제의 경우와 같이 제3자의 권리를 해하지 못한다.

④ 계약이 합의해제된 경우 다른 사정이 없는 한, 합의해제시에 채무불이행으로 인한 손해배상을 청구할 수 있다.

⑤ 매도인이 잔금기일 경과 후 해제를 주장하며 수령한 대금을 공탁하고 매수인이 이의 없이 수령한 경우, 특별한 사정이 없는 한 합의해제된 것으로 본다.

> **해설**
>
> ④ 합의해제는 채무불이행으로 인한 해제가 아니므로 다른 사정이 없는 한, 합의해제시 에 채무불이행으로 인한 손해배상을 청구할 수 없다.
>
> 답 ④

4 출제 예상문제

01 **계약해제에 관한 설명으로 틀린 것은?** (다툼이 있으면 판례에 따름)

① 매매계약의 해제로 인하여 양당사자가 부담하는 원상회복의무는 동시이행의 관계에 있다.

② 매수인의 귀책사유에 의하여 매도인의 매매목적물에 관한 소유권이전의무가 이행불능된 경우, 매수인은 최고 없이 매매계약을 해제할 수 있다.

③ 채무자가 미리 이행거절의 의사를 표시하거나, 정기행위를 일정한 시기에 이행하지 않으면 상대방은 이행의 최고 없이 계약을 해제할 수 있다.

④ 매매목적물인 부동산이 가압류되었다는 사유만으로 매도인의 이행불능을 이유로 매매계약을 해제할 수는 없다.

⑤ 이행불능의 경우, 동시이행관계있는 채무라 하여도 그 이행의 제공을 할 필요없이 해제할 수 있다.

해설 ✦ ② 매수인의 귀책사유에 의하여 매도인의 매매목적물에 관한 소유권이전의무가 이행불능된 경우에는 위험부담의 문제이지 채무불이행이 아니므로 매수인은 매매계약을 해제할 수 없다.

정답 ✦ ②

02 계약해제에 관한 설명으로 틀린 것은? (다툼이 있으면 판례에 의함)

① 당사자 일방이 채무를 이행하지 않겠다는 의사를 명백히 표시하였다가 이를 적법하게 철회한 경우, 그 상대방은 최고 없이 계약을 해제할 수 없다.

② 토지거래허가를 요하는 계약의 당사자는 토지거래허가신청절차에 협력할 의무를 부담하지만, 협력의무불이행을 이유로 그 계약을 일방적으로 해제할 수 없다.

③ 계약해제로 반환할 금전에는 그 받은 날로부터 이자를 가하여야 하는데, 이는 반환의무의 이행지체로 인한 지연배상이다.

④ 부동산매매계약의 해제 후 해제를 원인으로 하는 소유권이전등기의 말소등기가 있기 전에 해제사실을 모르는 제3자가 저당권을 취득한 경우 해제는 그 제3자에 대해서 효력이 없다.

⑤ 해제권이 발생한 후에도 해제하기 전에 채무자가 이행지체로 인한 손해배상을 포함하는 이행의 제공을 하면 해제권은 소멸한다.

해설 ✦ ③ 금전인 경우에는 반환할 금전에는 그 받은 날로부터 이자를 가하여야 한다(제548조 제2항). 이자의 반환은 일종의 부당이득반환의 성질을 가지는 것이지 반환의무의 이행지체로 인한 손해배상은 아니다[2000다16275].

정답 ✦ ③

03 **계약해제 시 보호되는 제3자에 해당하지 <u>않는</u> 자를 모두 고른 것은?** (다툼이 있으면 판례에 따름)

> ㄱ. 계약해제 전 그 계약상의 채권을 양수하고 이를 피보전권리로 하여 처분금지가처분결 정을 받은 채권자
>
> ㄴ. 매매계약에 의하여 매수인 명의로 이전등기 된 부동산을 계약해제 전에 가압류 집행 한 자
>
> ㄷ. 토지매매계약의 해제의 경우 토지매수인으로부터 그 토지 위에 신축된 건물을 매수 한 자

① ㄱ   ② ㄱ, ㄴ   ③ ㄱ, ㄷ
④ ㄴ, ㄷ   ⑤ ㄱ, ㄴ, ㄷ

해설 ✦ 계약해제 시 보호되는 제3자라 함은 해제된 계약으로부터 생긴 법률적 효과를 기초로 하여 새로운 이해관계를 가졌을 뿐 아니라 등기·인도 등으로 완전한 권리를 취득한 자를 말한다[2000다16169].
    ㄴ. 매매계약에 의하여 매수인 명의로 이전등기 된 부동산을 계약해제 전에 가압류 집행한 자는 보호되는 제3자에 해당한다.

정답 ✦ ③

1 출제예상과 학습포인트

✦ 기출횟수
　제25회 제26회 제27회 제28회 제29회 제30회 제31회 제34회

✦ 제35회 출제예상
　3년에 2회정도로 출제되는 부분으로 제35회 출제가능성은 약 80%이다.

✦ 제35회 대비 중요도
　★★★

✦ 학습방법
　계약금의 성질을 이해하고, 특히 해약금에 의한 계약의 해제를 완벽하게 숙지하여야 한다.

✦ 핵심쟁점
　❶ 계약금의 성질
　❷ 이행의 착수의 의미와 이행착수에 해당여부
　❸ 계약금수령자가 해약금에 의한 해제를 하는 방법
　❹ 해약금에 의한 해제의 효과

2 핵심 내용

❶ 계약금계약

1. 계약금계약은 매매 등의 주된 계약에 부수하여 행해지는 종된 계약이다.제27회 제28회 제29회 따라서 주된 계약이 무효이거나 취소·해제되면 계약금계약도 효력을 잃는다. 다만, 반드시 주된 계약과 동시에 해야 하는 것은 아니고, 주된 계약 이후에도 가능하다.

2. 계약금계약은 요물계약이다.제25회 제29회 따라서 계약금을 지급하기로 약정은 하였으나 그 전부 또는 일부를 현실로 지급 하지 않은 상태에서는 '계약금계약'이 성립하지 않으므로 임의로 주계약을 해제를 할 수 없다.

257

❷ 계약금의 성질(기능)

1. **증약금** : 최소한의 당연한 성질(계약금은 언제나 증약금의 성질)제29회

2. **해약금의 성질** : 당사자 사이의 특별한 약정이 없는 한 해약금으로 추정제25회 제26회 제30회 제31회 (당사자는 해약금 배제특약 가능제27회 제28회)

3. **위약금의 성질** : 계약금을 위약금으로 한다는 약정이 있는 경우제27회 제28회(손해배상액의 예정으로 추정제31회)

❸ 해약금에 의한 계약의 해제(임의규정)

> **제565조 【해약금】** ① 매매의 당사자 일방이 계약당시에 금전 기타 물건을 계약금, 보증금 등의 명목으로 상대방에게 교부한 때에는 당사자간에 다른 약정이 없는 한 당사자의 일방이 이행에 착수할 때까지 교부자는 이를 포기하고 수령자는 그 배액을 상환하여 매매계약을 해제할 수 있다.

1. 해제의 시기(이행에 착수할 때까지)

① 이행의 준비만으로는 이행의 착수에 해당×, 잔대금의 전부를 준비하고서 소유권이전등기를 청구하는 경우, 중도금의 지급은 이행의 착수에 해당○제25회 제27회 제29회 제30회

② 이행기의 약정이 있다 하더라도 특별한 사정이 없는 한 그 이행기 전에 이행에 착수할 수도 있다.제31회

③ 매도인이 매수인에 대하여 매매잔대금의 지급을 구하는 소송을 제기한 것만으로는 이행에 착수하였다고 볼 수 없으므로 매수인은 계약금을 포기하고 계약을 해제할 수 있다.제26회

④ 계약금만 수수한 상태에서 당사자가 토지거래허가신청을 하여 그 허가를 받았다 하더라도, 그러한 사정만으로는 아직 이행의 착수가 있다고 할 수 없어 매도인으로서는 계약금의 배액을 상환하여 매매계약을 해제할 수 있다.제26회 제31회

⑤ 매매계약의 일부 이행에 착수한 당사자는 비록 상대방이 이행에 착수하지 않았다 하더라도 해제권을 행사할 수 없다.

2. 해제의 방법

① 교부자는 이를 포기하고 수령자는 그 배액을 상환하여 매매계약을 해제할 수 있다.

② 계약금 수령자(매도인)이 해제하는 경우에는 계약금의 배액을 제공해야하나 상대방이 이를 수령하지 않는다 하여 이를 공탁해야 하는 것은 아니다.제30회

③ 다만, 계약금의 일부만 지급된 경우 매도인이 매매계약을 해제할 수 있다 하여도 해약금의 기준이 되는 금원은 실제로 교부받은 금원이 아니라 '약정 계약금'이다.제28회

3. 해약금에 의한 해제의 효과

① 채권관계를 소급적으로 소멸케 하지만 아직 이행이 있기 전이므로 원상회복의무는 생기지 않는다. 제26회

② 채무불이행에 의한 해제가 아니므로 손해배상청구권은 발생하지 않는다. 제27회 제28회

③ 해약금계약이 있더라도 다른 약정사유나 채무불이행 등의 법정사유에 의한 해제를 방해하지 않는다. 즉, 약정해제권이나 법정해제권이 발생하면 그에 따른 해제도 가능하다. 제29회

3 대표 기출문제

제26회 출제

01 계약금에 관한 설명으로 틀린 것은? (다툼이 있으면 판례에 따름)

① 계약금은 별도의 약정이 없는 한 해약금으로 추정된다.

② 매매해약금에 관한 민법 규정은 임대차에도 적용된다.

③ 해약금에 기해 계약을 해제하는 경우에는 원상회복의 문제가 생기지 않는다.

④ 토지거래허가구역 내 토지에 관한 매매계약을 체결하고 계약금만 지급한 상태에서 거래허가를 받은 경우, 다른 약정이 없는 한 매도인은 계약금의 배액을 상환하고 계약을 해제할 수 없다.

⑤ 계약금만 수령한 매도인이 매수인에게 계약의 이행을 최고하고 매매잔금의 지급을 청구하는 소송을 제기한 경우, 다른 약정이 없는 한 매수인은 계약금을 포기하고 계약을 해제할 수 있다.

해설

④ 토지거래허가구역 내 토지에 관한 매매계약을 체결하고 계약금만 수수하고 거래허가를 받았다 하더라도, 그러한 사정만으로는 아직 이행의 착수가 있다고 볼 수 없으므로 매도인은 계약금의 배액을 상환하고 계약을 해제할 수 있다.

답 ④

02 甲은 2023. 9. 30. 乙에게 자신 소유의 X부동산을 3억원에 매도하되, 계약금 2천만원은 계약 당일, 중도금 2억원은 2023. 10. 30. 잔금 8천만원은 2023. 11. 30. 에 지급받기로 하는 매매계약을 체결하고, 乙로부터 계약 당일 계약금 전액을 지급받았다. 다음 설명 중 옳은 것을 모두 고른 것은? (특별한 사정은 없으며, 다툼이 있으면 판례에 따름)

> ㄱ. 乙이 2023. 10. 25. 중도금 2억원을 甲에게 지급한 경우, 乙은 2023. 10. 27. 계약금을 포기하더라도 계약을 해제할 수 없다.
>
> ㄴ. 乙이 2023. 10. 25. 중도금 2억원을 甲에게 지급한 경우, 甲은 2023. 10. 27. 계약금의 배액을 상환하더라도 계약을 해제할 수 없다.
>
> ㄷ. 乙이 계약 당시 중도금 중 1억원의 지급에 갈음하여 자신의 丙에 대한 대여금채권을 甲에게 양도하기로 약정하고 그 자리에 丙도 참석하였다면, 甲은 2023. 10. 27. 계약금의 배액을 상환하더라도 계약을 해제할 수 없다.

① ㄱ   ② ㄷ   ③ ㄱ, ㄴ
④ ㄴ, ㄷ   ⑤ ㄱ, ㄴ, ㄷ

해설

ㄱ, ㄴ 이행기의 약정이 있다 하더라도 특별한 사정이 없는 한 그 이행기 전에 이행에 착수할 수도 있으므로 중도금의 이행기를 2023. 10. 30을 정했더라도 2023. 10. 25 乙이 甲에게 중도금을 지급한 경우, 이행의 착수에 해당하여 甲과 乙 모두 계약금에 의한 계약의 해제를 할 수 없다.

ㄷ. 乙이 계약 당시 중도금 중 1억원의 지급에 갈음하여 자신의 丙에 대한 대여금채권을 甲에게 양도하기로 약정하고 그 자리에 丙도 참석한 경우도 이행의 착수에 해당하므로 甲은 계약금의 배액을 상환하고 계약을 해제할 수 없다.

답 ⑤

4 출제 예상문제

01 계약금에 관한 설명으로 틀린 것은? (다툼이 있으면 판례에 따름)

① 매도인이 매매계약의 이행에 착수한 바가 없더라도 중도금을 지급한 매수인은 계약금을 포기하고 매매계약을 해제할 수 없다.

② 매수인이 지급한 계약금이 언제나 해약금의 성질을 갖는 것은 아니다.

③ 매매계약이 취소되면 계약금계약의 효력도 소멸한다.

④ 해약금에 의한 해제의 경우에도 원칙적으로 원상회복의무가 발생하지만, 손해배상의 문제는 발생하지 않는다.

⑤ 계약금을 받은 매도인은 계약해제의 의사표시 외에 계약금 배액을 이행제공하여야 하나, 상대방이 수령하지 않는 경우에 공탁까지 할 필요는 없다.

해설 ✦ ④ 원칙적으로 원상회복의무는 생기지 않는다. 이행이 있기 전에 해제하기 때문이다. 또한 손해배상청구권도 발생하지 않는다. 채무불이행에 의한 해제가 아니기 때문이다.

정답 ✦ ④

02 계약금에 관한 설명으로 틀린 것은? (다툼이 있으면 판례에 따름)

① 계약금계약은 요물계약이다.

② 당사자간에 해약금 배제 특약은 유효하다.

③ 매도인이 매수인에게 이행을 최고하고 대금지급을 구하는 소송을 제기한 후에는 매수인은 계약금을 포기하고 계약을 해제할 수 없다.

④ 매매계약에서 계약금의 수수는 채무불이행을 이유로 하는 해제 및 그에 따른 손해배상을 배제하지 않는다.

⑤ 매수인이 잔금을 준비하여 등기절차를 밟기 위해 매도인에게 등기소에 동행할 것을 촉구하는 것은 이행의 착수라고 볼 수 있다.

해설 ✦ ③ 매도인이 매수인에게 매매잔대금의 지급을 구하는 소송을 제기한 것만으로 이행의 착수라고 볼 수 없으므로 매수인은 계약금을 포기하고 계약을 해제할 수 있다.

정답 ✦ ③

1 출제예상과 학습포인트

✦ 기출횟수

  제25회 제26회 제28회 제29회 제31회 제32회 제33회

✦ 제35회 출제예상

  3년에 2번 정도로 출제되는 부분으로 제34회에서는 출제되지 않았으므로 제35회 출제가능성은 약 90%이다.

✦ 제35회 대비 중요도

  ★★★

✦ 학습방법

  담보책임의 법적 성질을 이해하고, 권리하자에 대한 담보책임, 물건하자에 대한 담보책임, 경매에 있어서의 담보책임, 채권매도인의 담보책임을 완벽하게 이해하고 암기하여야 한다.

✦ 핵심쟁점

  ❶ 각 권리하자의 경우에 매수인이 행사할 수 있는 권리
  ❷ 법률적 제한 내지 장애는 권리의 하자인가? 물건의 하자인가?
  ❸ 종류물하자의 경우의 담보책임의 내용
  ❹ 경매의 경우 담보책임 부담자

2 핵심 내용

❶ 법적 성질

1. 매도인의 담보책임이란 매매의 목적인 권리나 물건에 하자가 있는 경우에 매도인이 매수인에 대해 부담하는 책임을 말한다.

2. 매도인의 담보책임은 매수인을 보호하기 위하여 특별히 인정하는 법정책임으로서 매도인은 고의·과실이 없더라도 책임을 지는 무과실책임이다.

3. 당사자 간의 담보책임을 면제, 감경, 가중하는 특약은 유효하다. 그러나 담보책임을 면하는 특약을 한 경우에도 매도인이 알고 고지하지 아니한 사실 및 제3자에게 권리를 설정 또는 양도한 행위에 대하여는 책임을 면하지 못한다.

4. 매도인의 귀책사유가 있는 경우에는 담보책임과 채무불이행책임이 경합한다.

5. 계약 자체가 무효인 경우에는 담보책임의 문제가 발생하지 아니한다.

6. 매도인의 하자담보책임에 기한 손해배상의 범위를 정함에 있어, 과실상계규정이 준용될 수 없다 하더라도 하자의 발생 및 그 확대에 가공한 매수인의 잘못을 참작할 수 있다.

❷ 권리하자에 대한 담보책임

1. 권리의 전부가 타인에게 속하는 경우

① 선의의 매수인 : 계약해제 및 손해배상청구

② 악의의 매수인 : 계약해제○, 손해배상청구×

③ 제척기간(행사기간) : 규정×

④ 선의의 매도인 보호

 ㉠ 선의의 매도인은 매수인에게 손해를 배상하고 계약을 해제할 수 있다.

 ㉡ 매수인이 악의인 때에는 매도인은 매수인에 대하여 그 권리를 이전할 수 없음을 통지하고 계약을 해제할 수 있다.

2. 권리의 일부가 타인에게 속하는 경우

① 선의의 매수인 : 잔존한 부분만이면 매수인이 이를 매수하지 아니하였을 때에는 선의의 매수인은 계약전부를 해제하고 손해배상을 청구할 수 있지만, 그렇지 않은 경우에는 대금감액과 손해배상을 청구할 수 있다.

② 악의의 매수인 : 대금감액청구○, 계약해제×, 손해배상청구×

③ 제척기간(행사기간) : 매수인이 선의인 경우에는 사실을 안 날로부터 1년내, 악의인 경우에는 계약한 날로부터 1년내에 행사하여야 한다.

3. 목적물의 수량부족·일부멸실의 경우

① 선의의 매수인 : 잔존한 부분만이면 매수인이 이를 매수하지 아니하였을 때에는 선의의 매수인은 계약전부를 해제하고 손해배상을 청구할 수 있지만, 그렇지 않은 경우에는 대금감액과 손해배상을 청구할 수 있다.(악의의 매수인×)

② 제척기간(행사기간) : 선의 매수인은 안 날로부터 1년내에 행사하여야 한다.

4. 용익권(지상권, 지역권, 전세권, 질권, 유치권, 등기된 임차권)에 의한 제한

① 선의의 매수인은 목적을 달성할 수 없는 경우에는 계약해제 및 손해배상을 청구할 수 있고, 목적달성할 수 있는 경우에는 손해배상만 청구할 수 있다.(악의의 매수인×)

PART 3 계약법

② 부동산을 위하여 존재할 지역권이 없는 경우에도 준용한다.

③ 제척기간(행사기간) : 선의 매수인은 안 날로부터 1년내에 행사하여야 한다.

5. 저당권·전세권의 행사로 소유권 상실

㉠ 저당권이 설정되어 있다는 것만으로는 담보책임이 발생하지 않는다.

㉡ 저당권의 실행으로 매수인이 소유권을 상실한 경우, 매수인의 선의·악의 불문하고 계약을 해제하고 손해배상을 청구할 수 있다.

㉢ 또는 매수인(선의·악의 불문)의 출재(변제)로 저당권 또는 전세권을 소멸케 하여 그 소유권을 보존한 때에는 그 출재상환청구와 함께 손해배상을 청구할 수 있다.

㉣ 가등기에 기한 본등기로 소유권을 상실한 경우나 가압류에 기한 강제집행으로 소유권 상실의 경우에도 적용한다.

㉤ 제척기간(행사기간) : 규정×

보충 권리의 담보책임 정리

1. 악의의 매수인에게 인정되는 담보책임
   (1) 전부 타인 권리 : 해제권
   (2) 일부 타인 권리 : 대금감액청구권
   (3) 저당권, 전세권 행사 : 손해배상청구권, 해제권, 출재액상환청구권
2. 제척기간(1년) → 재판상 청구를 위한 출소기간×
   (1) 제척기간의 규정이 없는 경우
       ① 전부 타인의 권리
       ② 저당권·전세권 실행
   (2) 기산일
       ① 선의 : 안 날로부터 1년
       ② 악의 : 계약일로부터 1년

---

❸ 물건하자에 대한 담보책임(하자담보책임)

1. 매매의 목적물 자체에 하자가 있는 경우에 발생하는 담보책임으로 하자담보책임이라 한다.

2. 건축을 목적으로 매매된 토지에 대하여 건축허가를 받을 수 없어 건축이 불가능한 경우, 위와 같은 법률적 제한은 '매매목적물의 하자'에 해당한다.(권리의 하자×)

3. 하자의 존부는 매매계약 성립시를 기준으로 판단한다.

4. 매수인은 선의·무과실이어야 한다.

5. 담보책임의 내용

① **특정물(특정 건물) 매매** : 목적을 달성할 수 없는 경우에는 계약을 해제하고 손해배상을 청구할 수 있지만 목적달성이 가능한 경우에는 손해배상청구만 할 수 있다.

② **종류물(에어컨 등) 매매** : 매매의 목적물을 종류로 지정한 경우에도 그 후 특정된 목적물에 하자가 있는 때에는 위 ㉠과 동일하다. 다만, 매수인은 계약의 해제 또는 손해배상의 청구를 하지 아니하고 하자 없는 물건을 청구할 수 있다.

6. 매수인은 그 사실을 안 날로부터 6개월 내에 행사하여야 한다.

7. 경매의 경우에는 적용하지 않는다.

④ 경매에 있어서의 담보책임

1. 권리의 하자의 경우에만 적용(물건의 하자인 경우에는 적용×)

2. 1차적으로 채무자(물상보증인 포함)에게 계약의 해제 또는 대금감액청구하고 채무자가 자력이 없는 경우에는 경락인은 2차적으로 배당을 받은 채권자에 대하여 그 대금전부나 일부의 반환을 청구할 수 있다.

3. 채무자가 물건 또는 권리의 흠결을 알고 고지하지 않거나 채권자가 이를 알고 경매를 청구한 때에는 경락인은 그 흠결을 안 채무자나 채권자에 대하여 '예외적'으로 손해배상을 청구할 수 있다.

4. 경매절차가 무효인 경우에는 담보책임의 문제가 발생하지 않는다.

⑤ 채권매도인의 담보책임

1. 채권의 매도인이 채무자의 자력을 담보한 때에는 매매계약당시의 자력을 담보한 것으로 추정한다.

2. 변제기에 도달하지 아니한 채권의 매도인이 채무자의 자력을 담보한 때에는 변제기의 자력을 담보한 것으로 추정한다.

제26회 출제

01 매도인의 담보책임에 관한 설명으로 옳은 것은? (다툼이 있으면 판례에 따름)

① 타인의 권리를 매도한 자가 그 전부를 취득하여 매수인에게 이전할 수 없는 경우, 악의의 매수인은 계약을 해제할 수 없다.

② 저당권이 설정된 부동산의 매수인이 저당권의 행사로 그 소유권을 취득할 수 없는 경우, 악의의 매수인은 특별한 사정이 없는 한 계약을 해제하고 손해배상을 청구할 수 있다.

③ 매매목적인 권리의 전부가 타인에게 속하여 권리의 전부를 이전할 수 없게 된 경우, 매도인은 선의의 매수인에게 신뢰이익을 배상하여야 한다.

④ 매매목적 부동산에 전세권이 설정된 경우, 계약의 목적 달성 여부와 관계없이, 선의의 매수인은 계약을 해제할 수 있다.

⑤ 권리의 일부가 타인에게 속한 경우, 선의의 매수인이 갖는 손해배상청구권은 계약한 날로부터 1년 내에 행사되어야 한다.

해설

② 저당권 또는 전세권의 행사로 인하여 매수인이 그 소유권을 취득할 수 없거나 취득한 소유권을 잃은 때에는 매수인은 선·악의에 관계없이 계약을 해제할 수 있고(제576조 제1항), 손해를 받은 때에는 그 배상을 청구할 수 있다(제576조 제3항).

① 타인의 권리를 매도한 자가 그 전부를 취득하여 매수인에게 이전할 수 없는 경우, 악의의 매수인도 계약을 해제할 수 있다.

③ 매도인이 매수인에게 배상하여야 할 손해액은 원칙적으로 매도인이 매매의 목적이 된 권리를 취득하여 매수인에게 이전할 수 없게 된 때의 이행불능이 된 권리의 시가, 즉 이행이익 상당액이다(대판 92다37727).

④ 매매목적 부동산에 용익권이 설정된 경우, 그로 인하여 계약의 목적을 달성할 수 없는 경우에 한하여, 선의의 매수인은 계약을 해제할 수 있다.

⑤ 권리의 일부가 타인에게 속한 경우, 선의의 매수인이 갖는 손해배상청구권은 사실을 안 날로부터 1년 내에 행사되어야 한다.

답 ②

제33회 출제

02 권리의 하자에 대한 매도인의 담보책임과 관련하여 '악의의 매수인에게 인정되는 권리'로 옳은 것을 모두 고른 것은?

> ㄱ. 권리의 전부가 타인에게 속하여 매수인에게 이전할 수 없는 경우 - 계약해제권
> ㄴ. 권리의 일부가 타인에게 속하여 그 권리의 일부를 매수인에게 이전할 수 없는 경우
>   - 대금감액청구권
> ㄷ. 목적물에 설정된 저당권의 실행으로 인하여 매수인이 소유권을 취득할 수 없는 경우
>   - 계약해제권
> ㄹ. 목적물에 설정된 지상권에 의해 매수인의 권리행사가 제한되어 계약의 목적을 달성할
>   수 없는 경우 - 계약해제권

① ㄱ, ㄴ   ② ㄱ, ㄹ   ③ ㄴ, ㄷ   ④ ㄷ, ㄹ   ⑤ ㄱ, ㄴ, ㄷ

해설

ㄹ. 용익적 권리에 의하여 제한되어 있는 경우에는 '선의의 매수인'에게만 담보책임에 따른 권리가 인정되고, 악의의
매수인에게는 권리가 인정되지 않는다(제575조).

ㄱ, ㄴ, ㄷ 옳은 지문이다.

답 ⑤

4 출제 예상문제

01 甲·乙 사이에 X토지 1,000㎡의 매매계약이 성립되었다. 매도인 甲의 담보책임에 관한 설명으로 **틀린** 것은?

① X토지 전부가 丙의 소유이고 甲이 이를 乙에게 이전할 수 없는 경우, 乙의 선의·악의를 묻지 않고 계약을 해제할 수 있다.

② 甲·乙이 수량을 지정한 매매를 하였는데 X토지가 800㎡ 밖에 되지 않는 경우, 乙은 선의·악의를 묻지 않고 대금의 감액을 청구할 수 있다.

③ X토지의 300㎡가 丙의 소유이고 甲이 이를 乙에게 이전할 수 없는 경우, 乙은 선의·악의를 묻지 않고 대금의 감액을 청구할 수 있다.

④ X토지 위에 지상권이 설정되어 있는 경우, 甲은 악의인 乙에 대하여 담보책임을 지지 않는다.

⑤ X토지 위에 저당권이 존재하여도 그것만으로는 담보책임의 문제는 생기지 않는다.

해설 ✦ ② 제574조의 수량부족, 일부멸실의 경우의 매도인의 담보책임은 선의의 매수인만 보호된다. 즉 수량부족의 경우 선의의 매수인에게만 대금감액청구권이 인정된다.

정답 ✦ ②

02 甲은 경매절차에서 저당목적물인 乙 소유의 X토지를 매각받고, 그 소유권이전등기가 경료되었다. 다음 중 **틀린** 것은? (다툼이 있으면 판례에 의함)

① 甲은 X토지의 물건의 하자를 이유로 담보책임을 물을 수 없음이 원칙이다.

② 채무자 乙이 권리의 하자를 알고 고지하지 않았다면 甲은 乙에게 손해배상을 청구할 수 있다.

③ 경매절차가 무효인 경우, 甲은 담보책임을 물을 수 없다.

④ 담보책임이 인정되는 경우, 甲은 乙의 자력 유무를 고려함이 없이 곧바로 배당채권자에게 대금의 전부 또는 일부의 상환을 청구할 수 있다.

⑤ 만약 乙이 물상보증인인 경우, 담보책임으로 인해 매매 계약이 해제되면 그 대금반환채무는 乙이 부담한다.

해설 ✦ ④ 경매의 경우 경락인은 제1차적으로 채무자에게 계약의 해제 또는 대금감액의 청구를 할 수 있다(제578조 제1항). 그러나 채무자가 자력이 없는 때에는 경락인은 대금의 배당을 받은 채권자에 대하여 그 대금전부나 일부의 반환을 청구할 수 있다(제578조 제2항).

정답 ✦ ④

1 출제예상과 학습포인트

✦ 기출횟수

　제26회 제27회(환매) 제30회(환매) 제32회(환매) 제33회(환매) 제34회(2문제)

✦ 제35회 출제예상

　약 2년에 한번 씩 출제된다. 제35회 출제가능성은 약 70% 정도이다.

✦ 제35회 대비 중요도

　★★

✦ 학습방법

　매매의 효력은 법조문 중심으로 숙지하고, 환매는 개념을 이해하면서 정리하면 된다.

✦ 핵심쟁점

　❶ 매매계약의 비용은 누가 부담하는가?

　❷ 매매목적물의 인도 전 과실은 누구에게 귀속되는가?

　❸ 환매권 등기의 의미와 효력

　❹ 환매기간과 환매기간 연장 가능여부

　❺ 환매비용

2 핵심 내용

❶ 매매의 효력

1. 매매계약에 관한 비용(목적물측량비용·계약서작성비용·중개수수료 등)은 당사자 쌍방이 균분하여 부담한다. 제24회 제25회 제26회 제34회 그러나 부동산등기비용은 이행에 관한 비용이며 통상매수인이 부담한다.

2. 매매계약이 있은 후 목적물의 인도 전에 목적물에서 발생하는 과실은 매도인에게 속한다.제26회 제30회 그러나 매수인이 이미 매매대금을 지급하였으나 매도인이 목적물을 인도하지 않는 동안의 과실은 매수인에게 속한다.제30회 제34회

3. 매매의 목적물의 인도와 동시에 대금을 지급할 경우에는 그 인도장소에서 이를 지급하여야 한다. 제24회 제25회 제26회

4. 목적물에 권리를 주장하는 자가 있어서 매수인이 매수한 권리의 전부나 일부를 잃을 염려가 있는 때에는 매수인은 대금의 전부나 일부의 지급을 거절할 수 있다. 그러나 매도인이 상당한 담보를 제공한 때에는 대금지급을 거절할 수 없다.

5. 매수인은 대금지급 전 목적물의 인도를 받은 날로부터 대금의 이자를 지급하여야 한다. 그러나 대금의 지급에 대하여 기한이 있거나 매수인이 대금지급을 거절할 정당한 사유가 있는 때에는 이자 지급의무가 없다.제34회

6. 매매의 당사자 일방에 대한 의무이행의 기한이 있는 때에는 상대방의 의무이행에 대하여도 동일한 기한이 있는 것으로 추정한다.제25회

❷ 환매 제27회, 제30회, 제32회 제33회 제34회

1. 환매란 매도인이 매매계약과 동시에 매수인과의 특약으로 환매할 권리(환매권)를 보류한 경우에 일정한 기간 내에 그 환매권을 행사하여 그 매매목적물을 다시 사오는 것을 말한다.

2. 환매특약은 매매계약과 반드시 동시에 하여야 한다.제27회 제30회 제33회

3. 환매특약은 매매계약에 종된 계약이므로 매매계약이 무효·취소·해제되면 환매특약도 실효된다.제33회

4. 환매권은 양도할 수 있고,제34회 부동산에 관하여 매매등기와 아울러 환매특약의 등기를 한 때에는 제3자에 대하여 효력이 있다.제27회 다만, 환매특약의 등기에는 처분금지효력이 없으므로 매수인은 자신으로부터 토지를 매수한 자의 소유권이전등기청구를 거절할 수 없다.제30회 제32회

5. 환매기간은 부동산은 5년,제22회 제32회 제33회 동산은 3년을 초과하지 못하며, 이를 초과한 경우 각각 5년, 3년으로 단축된다.제27회 또한 환매기간을 정한 때에는 다시 이를 연장하지 못한다.제30회

6. 환매대금은 매매대금 및 매수인이 부담한 매매비용으로 하지만제27회 제32회 당사자 간의 약정이 있으면 그 약정에 의한다.

7. 환매목적물의 과실과 대금의 이자는 특별한 약정이 없으면 이를 상계한 것으로 본다.제33회 따라서 환매대금에 대금의 이자는 포함되지 않는다.제22회

8. 매도인은 기간 내에 대금과 매매비용을 매수인에게 제공하지 아니하면 환매할 권리를 잃는다.

3 대표 기출문제

제30회 출제

01 甲은 그 소유의 X토지에 대하여 乙과 매매계약을 체결하였다. 다음 설명 중 틀린 것은? (다툼이 있으면 판례에 따름)

① X토지가 인도되지 않고 대금도 완제되지 않은 경우, 특별한 사정이 없는 한 乙은 인도의무의 지체로 인한 손해배상을 청구할 수 없다.

② 乙이 대금지급을 거절할 정당한 사유가 있는 경우, X토지를 미리 인도받았더라도 그 대금에 대한 이자를 지급할 의무는 없다.

③ X토지가 인도되지 않았다면, 특별한 사정이 없는 한 乙이 잔대금지급을 지체하여도 甲은 잔대금의 이자상당액의 손해배상청구를 할 수 없다.

④ X토지를 아직 인도받지 못한 乙이 미리 소유권이전등기를 경료받았다고 하여도 매매대금을 완제하지 않은 이상 X토지에서 발생하는 과실은 甲에게 귀속된다.

⑤ X토지가 인도되지 않았다면 乙이 대금을 완제하더라도 특별한 사정이 없는 한 X토지에서 발생하는 과실은 甲에게 귀속된다.

> **해설**
>
> ⑤ 매수인이 매매대금을 완납한 때에는 목적물이 인도되지 않았다 하더라도 매매대금완납 후부터 그 과실의 수취권은 매수인에게 귀속된다[93다28928]. 따라서 乙이 대금을 완제한 경우 특별한 사정이 없는 한 X토지에서 발생하는 과실은 乙에게 귀속된다.
>
> 답⑤

제32회 출제

02 **甲은 자기 소유 X토지를 3억원에 乙에게 매도하면서 동시에 환매할 권리를 보유하기로 약정하고 乙이 X토지에 대한 소유권 이전등기를 마쳤다. 이에 관한 설명으로 틀린 것은?** (다툼이 있으면 판례에 따름)

① 특별한 약정이 없는 한, 甲은 환매기간 내에 그가 수령한 3억원과 乙이 부담한 매매비용을 반환하고 X토지를 환매할 수 있다.

② 甲과 乙이 환매기간을 정하지 아니할 경우 그 기간은 5년으로 한다.

③ 환매등기는 乙명의의 소유권이전등기에 대한 부기등기의 형식으로 한다.

④ 만일 甲의 환매등기 후 丙이 乙로부터 X토지를 매수하였다면, 乙은 환매등기를 이유로 丙의 X토지에 대한 소유권이전등기청구를 거절할 수 있다.

⑤ 만일 甲의 환매등기 후 丁이 X토지에 乙에 대한 채권을 담보하기 위하여 저당권을 설정하였다면, 甲이 적법하게 환매권을 행사하여 X토지의 소유권이전등기를 마친 경우 丁의 저당권은 소멸한다.

> **해설**
>
> ④ 매매등기와 환매특약등기가 경료되었다 하여 매수인(乙)이 그 부동산을 처분할 수 없는 것은 아니다. 따라서 환매특약등기가 된 부동산을 매수인이 제3자(丙)에게 다시 매도하였다면, 그 부동산 매수인(乙)은 제3자(丙)에 대하여 환매특약의 등기사실을 들어 소유권이전등기절차 이행을 거절할 수 없다.
>
> 답 ④

4 출제 예상문제

01 매매에 관한 설명으로 <u>틀린</u> 것은? (다툼이 있으면 판례에 따름)

① 매매비용을 매수인이 전부 부담한다는 약정은 특별한 사정이 없는 한 유효하다.

② 매매의 당사자 일방에 대한 의무이행의 기한이 있는 때에는 상대방의 의무이행에 대하여도 동일한 기한이 있는 것으로 추정된다.

③ 매매목적물의 인도와 동시에 대금을 지급할 경우, 매도인의 주소지에서 대금을 지급하여야 한다.

④ 매매목적물이 인도되지 않고 대금도 완제되지 않은 경우, 목적물로부터 생긴 과실은 매도인에게 속한다.

⑤ 당사자 사이에 행사기간을 정하지 않은 매매의 예약완결권은 그 예약이 성립한 때로부터 10년 내에 행사하여야 한다.

해설 ✦ ③ 매매의 목적물의 인도와 동시에 대금을 지급할 경우에는 그 인도장소에서 이를 지급하여야 한다(제586조).

정답 ✦ ③

02 부동산환매에 관한 설명으로 <u>틀린</u> 것은? (다툼이 있으면 판례에 따름)

① 부동산에 대한 매매등기와 동시에 환매권 보류를 등기하지 않더라도 제3자에게 대항할 수 있다.

② 매매계약이 취소되어 효력을 상실하면 그에 부수하는 환매특약도 효력을 상실한다.

③ 환매기간을 7년으로 정한 때에는 5년으로 단축된다.

④ 환매시 목적물의 과실과 대금의 이자는 특별한 약정이 없으면 이를 상계한 것으로 본다.

⑤ 특별한 약정이 없는 한, 환매대금에는 매수인이 부담한 매매비용이 포함된다.

해설 ✦ ① 매매의 목적물이 부동산인 경우에 매매등기와 동시에 환매권의 보류를 등기한 때에는 제3자에 대하여 그 효력이 있다(제592조).

정답 ✦ ①

1 출제예상과 학습포인트

✦ 기출횟수

　제25회 제27회 제28회 제32회

✦ 제35회 출제예상

　약 2 ~ 3년에 한번 정도 출제된다. 제35회 출제가능성은 약 80%이다.

✦ 제35회 대비 중요도

　★★

✦ 학습방법

　교환계약은 유상, 쌍무계약으로 매매와 거의 동일하게 생각하면서 공부하면 된다.

✦ 핵심쟁점

　❶ 교환계약의 성질

　❷ 보충금

　❸ 교환계약의 당사자 일방이 보충금에 갈음하여 상대방의 교환목적물에 관한 근저당권의 피담보채무를
　　인수하기로 약정한 경우의 법률관계

2 핵심 내용

1. 교환은 당사자 쌍방이 금전 이외의 재산권을 상호이전할 것을 약정함으로써 그 효력이 생긴다(낙성·
쌍무·유상·불요식의 계약).제25회 제32회

2. 유상계약이므로 매매에 관한 규정이 준용되고(담보책임제24회 제25회 제27회 제28회 등), 쌍무계약이므로
동시이행의 항변권제27회 및 위험부담제25회 제27회 제28회에 관한 규정이 준용된다.

3. 당사자 일방이 보충금지급의 특약을 한 경우에는 그 보충금에 관해서는 매매대금에 관한 규정이
준용된다제25회 제27회 제32회(매매계약으로 전환이 아님제24회).

　① 교환계약의 당사자 일방이 교환목적물의 차액에 해당하는 금원의 지급에 갈음하여 상대방으로
　　부터 이전받을 교환목적물에 관한 근저당권의 피담보채무를 인수하기로 약정한 경우, 그 차액
　　을 제외한 나머지 재산권을 이전함으로써 교환계약상의 의무를 다한 것이 된다.

② 위 피담보채무를 인수한 자가 변제를 게을리 하여 근저당권이 실행될 염려가 있어 상대방이 부득이 피담보채무를 변제한 경우, 이를 이유로 교환계약을 해제할 수도 있다.

4. 교환계약을 체결하려는 당사자는 특별한 사정이 없는 한, 일방 당사자가 자기가 소유하는 목적물의 시가를 묵비하여 상대방에게 고지하지 아니하거나, 혹은 허위로 시가보다 높은 가액을 시가라고 고지하였다 하더라도, 이는 상대방의 의사결정에 불법적인 간섭을 한 것이라고 볼 수 없다.제32회 (사기가 아니다)

3 대표 기출문제

01 甲은 자신의 X건물을 乙소유 Y토지와 서로 교환하기로 합의하면서 가액차이로 발생한 보충금의 지급에 갈음하여 Y토지에 설정된 저당권의 피담보채무를 이행인수하기로 약정하였다. 다음 설명 중 옳은 것은? (다툼이 있으면 판례에 따름)

① 교환계약체결 후 甲의 귀책사유 없이 X건물이 멸실되더라도 위험부담의 법리는 적용되지 않는다.

② 甲이 보충금을 제외한 X건물의 소유권을 乙이에게 이전하면 특별한 사정이 없는 한 계약상의 의무를 한 것이 된다.

③ 甲과 乙은 특약이 없는 한 목적물의 하자에 대하여 상대방에게 담보책임을 부담하지 않는다.

④ 甲이 피담보채무의 변제를 게을리하여 저당권이 실행될 염려가 있어 乙이 그 피담보채무를 변제하였더라도 乙은 교환계약을 해제할 수 없다.

⑤ 乙이 시가보다 조금 높게 Y토지의 가액을 고지해서 甲이 보충금을 지급하기로 약정했다면 甲은 乙에게 불법행위에 기한 손해배상청구가 가능하다.

해설

② 교환계약에서 당사자의 일방이 교환 목적물인 각 재산권의 차액에 해당하는 금원인 보충금의 지급에 갈음하여 상대방으로부터 이전받을 목적물에 관한 근저당권의 피담보채무를 인수하기로 약정한 경우, 특별한 사정이 없는 한 채무를 인수한 일방은 위 보충금을 제외한 나머지 재산권을 상대방에게 이전하여 줌으로써 교환계약상의 의무를 다한 것이 된다[98다13877].

① 교환계약도 쌍무계약이므로 위험부담의 법리가 적용된다.

③ 교환계약은 유상계약이므로 매도인의 담보책임이 준용된다.

④ 피담보채무를 인수한 교환계약의 당사자 일방이 인수채무인 근저당권의 피담보채무의 변제를 게을리함으로써 교환 목적물에 관하여 설정된 근저당권의 실행으로 임의경매절차가 개시되었거나 개시될 염려가 있어 상대방이 이를 막기 위하여 부득이 피담보채무를 변제한 경우에는, 상대방은 교환계약을 해제할 수도 있다[98다13877].

⑤ 일반적으로 교환계약을 체결하려는 당사자는 특별한 사정이 없는 한, 일방 당사자가 자기가 소유하는 목적물의 시가를 묵비하여 상대방에게 고지하지 아니하거나, 혹은 허위로 시가보다 높은 가액을 시가라고 고지하였다 하더라도, 이는 상대방의 의사결정에 불법적인 간섭을 한 것이라고 볼 수 없으므로 불법행위가 성립한다고 볼 수 없다[99다38583].

답 ②

제32회 출제

02 부동산의 교환계약에 관한 설명으로 옳은 것을 모두 고른 것은? (다툼이 있으면 판례에 따름)

> ㄱ. 유상·쌍무계약이다.
> ㄴ. 일방이 금전의 보충지급을 약정한 경우 그 금전에 대하여는 매매대금에 관한 규정을 준용한다.
> ㄷ. 다른 약정이 없는 한 각 당사자는 목적물의 하자에 대해 담보책임을 부담한다.
> ㄹ. 당사자가 자기 소유 목적물의 시가를 묵비하여 상대방에게 고지하지 않은 경우, 특별한 사정이 없는 한 상대방의 의사결정에 불법적인 간섭을 한 것이다.

① ㄱ, ㄴ   ② ㄷ, ㄹ   ③ ㄱ, ㄴ, ㄷ
④ ㄴ, ㄷ, ㄹ   ⑤ ㄱ, ㄴ, ㄷ, ㄹ

해설

ㄹ. 교환계약에서 당사자가 자기 소유 목적물의 시가를 묵비하여 상대방에게 고지하지 않은 경우, 특별한 사정이 없는 한 상대방의 의사결정에 불법적인 간섭을 한 것이 아니다. 즉, 사기가 아니다.

답 ③

4 출제 예상문제

01 甲은 자신의 2억원 상당 건물을 乙의 토지와 교환하는 계약을 체결하면서 乙로부터 1억원을 보충하여 지급받기로 하였다. 다음 설명 중 **틀린** 것은? (다툼이 있으면 판례에 의함)

① 甲·乙 사이의 계약은 불요식계약이다.

② 甲과 乙은 특별한 사정이 없는 한 서로 하자담보책임을 진다.

③ 乙의 보충금 1억원의 미지급은 교환계약의 해제사유에 해당된다.

④ 계약체결 후 건물이 乙의 과실로 소실되었다면, 乙의 보충금지급의무는 소멸한다.

⑤ 보충금의 지급기한을 정하지 않았다면, 乙은 건물을 인도받은 날부터 지급하지 않은 보충금의 이자를 甲에게 지급해야 한다.

해설 ✦ ④ 교환계약은 쌍무계약이므로 위험부담에 관한 규정이 적용된다. 따라서 계약체결 후 건물이 채권자 乙의 과실로 소실되었다면, 甲은 乙에게 건물의 매매대금 상당액을 청구할수 있으므로 乙의 보충금지급의무는 소멸하지 않는다(제538조 제1항 전문).

정답 ✦ ④

✦ 기출횟수

제25회 제27회 제29회 제30회 제32회 제33회 제34회

✦ 제35회 출제예상

거의 매년 출제된다. 제35회 출제가능성은 약 90% 이상이다.

✦ 제35회 대비 중요도

★★★

✦ 학습방법

임대차의 효력은 임대인의 의무와 임차인의 권리 중심으로 정리한다. 특히, 임차인의 비용상환청구권, 부속물매수청구권, 지상물매수청구권은 반드시 숙지하여야 한다.

✦ 핵심쟁점

❶ 임차권의 대항력 발생요건

❷ 임차인의 비용상환청구권

❸ 임차인의 부속물매수청구권과 지상물매수청구권의 주체, 성격 등 비교

❹ 부속물매수청구 대상인 부속물의 의미

❺ 지상물매수청구권 행사절차와 그 대상

❻ 임차인의 차임지급의무와 목적물반환의무

2 핵심 내용

❶ 임차인의 권리

1. 임차권의 대항력 제26회 제32회

① 부동산임차인은 반대의 약정이 없으면 임대인에 대하여 임대차 등기절차에 협력하여 줄 것을 청구할 수 있고 이를 등기하면 그 때부터 제3자에게 대항할 수 있다.제32회

② 건물의 소유를 목적으로 하는 토지임대차의 경우에는 그 지상건물을 등기한 때에는 토지임차권은 대항력을 가진다.제26회 제32회

2. 임차인의 비용상환청구권 제25회 제27회

① 필요비는 임대차 종료와 관계없이 즉시 청구할 수 있다.제26회

② 유익비는 임대차 종료시에 가액증가가 현존하는 때에 한하여 청구할 수 있다.제27회 이 경우 법원은 임대인의 청구에 의하여 상당한 상환기간을 허여할 수 있다.

③ 비용상환청구는 임대인이 목적물을 반환받은 날로부터 6개월 내에 행사해야 한다.제27회

④ 적법한 임차인은 비용상환청구권에 관하여 유치권을 가진다. 다만, 유익비의 경우 법원이 상당한 기간을 허여한 경우에는 유치권은 행사할 수 없다.

⑤ 당사자 특약으로 배제가능(임의규정) → 임차인이 임차목적물을 반환할 때에 원상복구하기로 약정한 경우 또는 건물임차인이 자신의 비용을 들여 증축한 부분을 임대인소유로 귀속시키기로 하는 약정은 임차인의 유익비상환청구권을 포기하기로 특약한 것으로 유효하다.제29회

3. 건물 기타 공작물 임차인의 부속물매수청구권 제29회 제30회 제33회

① 임대인의 동의를 얻어 임차물에 부속한 물건 또는 임대인으로부터 매수한 부속물에 대하여제29회 제30회 임대차 종료시에제26회 임대인에 대하여 그 부속물의 매수를 청구할 수 있다.

② 부속물은 임차인 소유에 속하는 건물의 구성부분이 아닌 독립된 물건으로서제27회 제29회 건물의 객관적 편익을 가져오게 하는 물건이어야 하고, 임차인의 '특수목적'에 사용하기 위해 부속된 것은 매수대상인 부속물에 해당하지 않는다.제30회

③ 임차인을 보호하기 위한 권리이므로 부속물매수청구권은 형성권으로 임차인의 일방적 의사표시로 효력이 발생하고, 10년의 제척기간 내에 행사하면 된다.

④ 부속물매수청구권에 기하여 유치권은 성립하지 않으며, 임차인의 채무불이행으로 해지된 경우에는 행사할 수 없다.제29회 제31회

⑤ 편면적 강행규정 : 이에 위반하는 약정으로 임차인에게 불리한 것은 무효이다.제27회 제30회 다만, 부속물매수청구권을 포기하는 대신 임대차계약의 보증금 및 차임을 파격적으로 저렴하게 하는 등 특약의 내용이 임차인에게 불리하지 않은 것은 유효이다.

⑥ 일시사용을 위한 임대차에는 인정되지 않는다.제27회

4. 토지임차인의 지상물매수청구권 제24회 제25회 제30회 제34회

① 건물 등 소유 목적의 토지임차인은 기간만료시 그 지상물이 현존하는 경우에 한하여 임대인에 대하여 갱신청구를 할 수 있으며,제30회 임대인이 이를 거절한 경우에는 지상물매수를 청구할 수 있다.제24회

② 기간의 약정이 없는 임대차에서 임대인이 해지통고를 하여 임대차가 종료된 경우 갱신청구 없이 곧바로 지상물매수청구를 할 수 있다.제24회 제25회

③ 매수청구의 대상

  ㉠ 지상건물은 임대인의 동의여부 불문,제24회 무허가건물,제25회 제30회 제34회 객관적으로 가치 있는
    지 여부, 임대인에게 소용이 있는 지 여부 불문, 근저당권이 설정되어 있는 건물○제25회

  ㉡ 건물이 임차지 외에 다른 토지에 걸쳐있는 경우에는 임차지상에 있는 건물 부분 중 구분소유의
    객체가 될 수 있는 부분에 한하여 매수청구대상○제30회 제34회

④ 지상물매수청구권은 지상물의 소유자인 임차인에 한하여 행사할 수 있다. 따라서 임차인이 지상물
  의 소유권을 타인에게 이전한 경우에 임차인은 행사할 수 없다.제24회

⑤ 행사의 상대방은 임대차 종료시 토지소유자인 임대인이다. 다만, 토지임차권이 대항력을 갖춘 경우
  (등기한 경우) 임차권 소멸 후 그 토지를 양수한 자에게도 행사할 수 있다.제25회 제29회

⑥ 행사에 특정의 방식을 요하지 않으므로 재판상·재판외에서도 행사할 수 있고, 임대인이 제기한
  토지인도 및 건물철거청구소송에서 임차인이 패소하였다 하더라도, 그 판결에 의하여 건물철거가
  집행되지 아니한 이상 임차인은 건물매수청구권을 청구할 수 있다.

⑦ 임차인의 채무불이행으로 계약 종료시에는 행사할 수 없다.제25회 제30회 제34회

⑧ 행사효과

  ㉠ 형성권이므로 그 행사로 지상물에 관한 매매가 성립한다(임대인의 승낙 불요).제30회 매매가액은
    매수청구권 행사 당시의 시가 상당액이지 임대인의 건물철거비용, 건물신축비용 등 모든 비용
    을 보상할 의무를 부담하는 것도 아니고, 건물에 근저당권이 설정되어 있더라도 근저당권의
    채권최고액이나 피담보채무액을 공제한 금액을 매수가격으로 정할 것은 아니다.

  ㉡ 토지임차인이 매수청구권을 행사한 경우 임차인은 지상건물 등의 점유·사용을 통하여 그 부지
    를 계속하여 점유·사용하는 한 그로 인한 부당이득으로서 부지의 임료 상당액을 반환해야 할
    의무가 있다.제34회

⑨ **편면적 강행규정** : 임대차기간 만료시 임차인이 지상건물을 철거하거나 지상시설 일체를 포기하기로
  약정한 경우는 무효이다.제24회 제34회

▶ **임차인의 권리 비교**

구분	행사주체	규정 성질	권리성질	임차인 채무불이행시	유치권행사
비용상환청구권	모든 임차인	임의규정	청구권	행사 가능	○
부속물매수청구권	건물 임차인	강행규정	형성권	행사 불가	×
지상물매수청구권	토지임차인	강행규정	형성권	행사 불가	×

② 임차인의 의무

1. 임차인의 차임지급의무

① 차임연체액이 2기의 차임액에 달하는 경우 임대인은 계약을 해지할 수 있다(편면적 강행규정). 제31회 제32회

② 수인이 공동하여 물건을 차용한 때에는 연대하여 그 의무를 부담한다. 제31회

2. 경제사정의 변경과 당사자의 차임증감청구권

① 차임의 증액을 청구하였을 때에 당사자 사이에 협의가 성립되지 않아서 법원이 결정해 주는 경우에 그 효력은 청구시(증액청구의 의사표시가 상대방에게 도달한 때)에 발생한다. 제31회

② 편면적 강행규정(차임증액금지특약은 유효, 차임감액금지특약은 무효)

3. 임차인의 임차물반환의무

① 임대차종료로 인한 임차인의 원상회복의무에는 임차인은 임차건물부분에서의 영업허가에 대하여 폐업신고절차를 이행할 의무도 포함한다.

② 임대차 종료시 임차인의 임대차목적물 반환의무가 이행불능이 된 경우 임차인이 그 이행불능으로 인한 손해배상책임을 면하려면 그 이행불능이 임차인의 귀책사유로 말미암은 것이 아님을 입증할 책임이 있다.

3 대표 기출문제

제27회 출제

01 임차인의 부속물매수청구권과 유익비상환청구권에 관한 설명으로 옳은 것은? (다툼이 있으면 판례에 따름)

① 유익비상환청구권은 임대차 종료 시에 행사할 수 있다.

② 부속된 물건이 임차물의 구성부분으로 일체가 된 경우 특별한 약정이 없는 한, 부속물매수청구의 대상이 된다.

③ 임대차 기간 중에 부속물매수청구권을 배제하는 당사자의 약정은 임차인에게 불리하더라도 유효하다.

④ 일시사용을 위한 것임이 명백한 임대차의 임차인은 부속물의 매수를 청구할 수 있다.

⑤ 유익비상환청구권은 임대인이 목적물을 반환받은 날로부터 1년 내에 행사하여야 한다.

해설

① 필요비는 임대차의 종료를 기다리지 않고 '즉시' 상환을 청구할 수 있으나, 유익비상환청구권은 임대차 종료 시에 행사할 수 있다(제626조). 옳은 지문이다.

② 부속물이란 건물의 구성부분이 아니면서 건물의 사용에 객관적인 편익를 가져오게 하는 물건을 말한다. 따라서 부속된 물건이 임차물의 구성부분으로 일체가 된 경우 특별한 약정이 없는 한, 독립성이 없으므로 부속물매수청구권의 대상이 되지 않는다.

③ 부속물매수청구권에 관한 규정은 편면적 강행규정으로 이에 위반하는 약정으로 임차인에게 불리한 것은 무효이다.

④ 부속물매수청구권은 일시사용을 위한 것임이 명백한 임대차에는 적용되지 않는다.

⑤ 임대인이 목적물을 반환받은 날로부터 6개월 내에 필요비와 유익비의 상환을 청구해야 한다(제617조).

📖 ①

제34회 출제

02 甲은 건물 소유를 목적으로 乙 소유의 X토지를 임차한 후, 그 지상에 Y건물을 신축하여 소유하고 있다. 위 임대차계약이 종료된 후, 甲이 乙에게 Y건물에 관하여 지상물매수청구권을 행사하는 경우에 관한 설명으로 틀린 것은? (다툼이 있으면 판례에 따름)

① 특별한 사정이 없는 한 Y건물이 미등기 무허가건물이라도 매수청구권의 대상이 될 수 있다.

② 임대차기간이 만료되면 甲이 Y건물을 철거하기로 한 약정은 특별한 사정이 없는 한 무효이다.

③ Y건물이 X토지와 제3자 소유의 토지 위에 걸쳐서 건립 되었다면, 甲은 Y건물 전체에 대하여 매수청구를 할 수 있다.

④ 甲의 차임연체를 이유로 임대차계약이 해지된 경우, 甲은 매수청구권을 행사할 수 없다.

⑤ 甲이 적법하게 매수청구권을 행사한 후에도 Y건물의 점유·사용을 통하여 X토지를 계속하여 점유·사용하였다면, 甲은 乙에게 X토지 임료 상당액의 부당이득 반환의무를 진다.

해설

③ 임차인 소유건물이 임대인이 임대한 토지 외에 임차인 또는 제3자 소유의 토지 위에 걸쳐서 건립되어 있는 경우에는 임차지상에 서 있는 건물부분 중 구분소유의 객체가 될 수 있는 부분에 한해 임차인에게 매수청구가 허용된다[93다42634].

📖 ③

4 출제 예상문제

01 임대인·임차인의 권리와 의무에 관한 설명 중 **틀린** 것은? (다툼이 있으면 판례에 따름)

① 임대차가 묵시로 갱신된 경우, 전임대차에 대하여 제3자가 제공한 담보는 원칙적으로 소멸한다.

② 임차건물이 화재로 손실된 경우에 있어서 그 화재의 발생원인이 불명인 때에도 임차인이 그 책임을 면하려면 그 임차건물의 보존에 관하여 선량한 관리자의 주의의무를 다하였음을 입증하여야 한다.

③ 건물임대차에서 임차인이 증축부분에 대한 원상회복의무를 면하는 대신 유익비상환청구권을 포기하기로 하는 약정은 특별한 사정이 없는 한 유효하다.

④ 부속된 물건이 임차물의 구성부분으로 일체가 된 경우 특별한 약정이 없는 한, 부속물매수청구의 대상이 된다.

⑤ 일시사용을 위한 임대차에서는 부속물매수청구권이 인정되지 않는다.

해설 ✦ ④ 부속물은 임차인 소유에 속하는 건물의 구성부분이 아닌 독립된 물건으로서 건물의 객관적 편익을 가져오게 하는 물건이어야 하고, 임차인의 '특수목적'에 사용하기 위해 부속된 것은 매수대상인 부속물에 해당하지 않는다.

정답 ✦ ④

02 **건물의 소유를 목적으로 하는 토지임차인의 지상물매수청구권에 관한 설명으로 틀린 것은?** (다툼이 있으면 판례에 따름)

① 행정관청의 허가를 받은 적법한 건물이 아니더라도 토지 임차인의 지상물매수청구권의 대상이 될 수 있다.

② 기간의 정함이 없는 임대차가 임대인의 해지통고로 소멸한 경우에 임차인은 즉시 매수청구를 할 수 있다.

③ 근저당권이 설정된 건물의 매수가격은 당사자 간의 합의가 없다면 매수청구권 행사 당시 건물의 시가 상당액에서 근저당권의 피담보채무액을 공제한 금액이다.

④ 토지임차인이 자기 소유의 지상 건물에 보존등기를 하였다면, 임대차 종료 후 임대인이 토지소유권을 제3자에게 이전한 경우 그 제3자에게 지상물의 매수를 청구할 수 있다.

⑤ 임차인이 토지 위에 건립된 건물을 타인에게 양도하여 건물의 소유권이 이전되었다면, 임차인은 지상물매수청구권을 행사할 수 없다.

해설 ✦ ③ 매수대금은 매수청구권 행사 당시 건물이 현존하는 대로의 상태에서 평가된 시가 상당액을 의미하고 근저당권의 채권최고액이나 피담보채무액을 공제한 금액을 매수가격으로 정할 것은 아니며, 위 근저당권의 말소등기가 될 때까지 그 채권최고액에 상당한 대금의 지급을 거절할 수 있다(대판 2007다4356).

정답 ✦ ③

1 출제예상과 학습포인트

✦ 기출횟수

제26회 제27회 제28회 제29회 제32회

✦ 제35회 출제예상

2년에 1번 정도씩 출제되는 부분으로 제35회 출제가능성은 약 80% 이상이다.

✦ 제35회 대비 중요도

★★★

✦ 학습방법

임대인의 동의 없이 임차권의 양도·임차물의 전대한 경우의 법률관계와 임대인의 동의있는 임차물의 전대의 경우의 법률관계를 임대인과 임차인 사이, 임차인과 양수인(전차인)사이, 임대인과 양수인(전차인)사이로 구별하면서 정리해 두어야 한다.

✦ 핵심쟁점

❶ 임대인의 동의없이 임차권양도나 전대를 한 경우 임대인의 임대차해지권 발생여부

❷ 임대인의 동의없는 임차권양도나 전대의 효력

❸ 임대인의 동의없는 임차권양도나 전대의 경우 임대인은 양수인(전차인)에게 손해배상 또는 부당이득반환청구 가능한가?

❹ 임대인의 동의있는 전대의 경우 임대인의 보호문제

❺ 임대인의 동의있는 전대의 경우 전차인의 보호문제

2 핵심 내용

❶ 임대인의 동의 없는 양도·전대 제24회 제27회 제28회 제29회

甲소유의 건물을 임차하고 있던 乙이 甲의 동의 없이 이를 다시 丙에게 전대하였다.(X건물에 대한 임차권을 丙에게 양도하였다)

1. 임대인(甲)과 임차인(乙)과의 관계

① 임대인은 계약을 해지할 수 있다.제27회

② 다만, 그 위반행위가 임대인에 대한 배신적 행위라고 인정할 수 없는 특별한 사정이 있는 경우에는 해지권은 발생하지 않는다. 즉, 임차인과 그 양수인이 부부로서 임차건물에 동거하면서 함께 영업을 하고 있는 때에는 임대인의 해지권은 발생하지 않는다.제28회

③ 또한, 임차건물의 소부분을 타인에게 사용하게 하는 경우에는 임대인의 동의를 요하지 않으므로 임대인의 해지권은 발생하지 않는다.

④ 임대인이 임대차계약을 해지하지 않는 한 임대차 관계는 소멸하지 않는다.제27회 제28회

2. 임차인(乙)과 전차인 또는 양수인(丙)의 관계

① 전대차(양도)계약은 유효하게 성립하고,제28회 제29회다만, 임대인에게 대항하지 못할 뿐이다.

② 임차인은 임대인의 동의를 받아줄 의무를 부담한다.제27회 제28회 임대인의 동의를 얻지 못한 경우에 임차인은 전차인(또는 양수인)에 대하여 담보책임을 진다.

3. 임대인(甲)과 전차인 또는 양수인(丙)의 관계

① 임대인에 대하여 전차인의 점유는 불법점유가 되어 임대인은 방해배제청구를 할 수 있다.

② 임대차계약이 존속하는 한도 내에서는 임대인은 제3자에게 불법점유를 이유로 한 차임상당의 손해배상청구나 부당이득반환청구를 할 수 없다.제24회 제27회 제29회

❷ **임대인의 동의 있는 전대** 제26회 제32회

> 乙은 甲소유의 건물 전체를 임차하고 있던 중 甲의 동의를 얻어 이를 다시 丙에게 전대(轉貸)하였다.

1. 임대인(甲)과 임차인(乙)과의 관계

① 임대인과 임차인과의 관계는 전대차로 인하여 아무런 영향을 받지 않는다. 따라서 임대인은 임차인에 대하여 차임청구를 하면 족하다.

② 또한 임차인은 임대인에 대하여 임차물 보관의무를 부담한다.

2. 임차인(乙)과 전차인(丙)과의 관계

임차인과 전차인의 관계는 전대차계약의 내용에 따라 정해진다. 따라서 전차인은 임차인에 대하여 전차인으로서의 권리·의무를 갖는다.

3. 임대인(甲)과 전차인(丙)과의 관계

① 전차인은 전대차관계를 가지고 임대인에게 대항할 수 있으나 임대인과 전차인 사이에 직접 임대차 관계가 성립하지는 않는다.

② 그러나 임대인 보호를 위해서 전차인은 임대인에 대하여 직접 의무만을 부담하고제32회, 직접 권리는 갖지 않는다. 따라서 전차인(丙)이 임대인(甲)에게 직접 차임을 지급하면 그 한도에서 임차인(乙)에 대한 차임채무를 면하나, 전대차계약상의 차임지급시기 전에 임차인(乙)에 대한 차임의 지급으로써 임대인(甲)에게 대항하지 못한다.

4. 전차인 보호를 위한 특칙

① 원칙적으로 임차인의 임차권이 소멸하면 전차인의 전차권도 소멸하지만, 임대인과 임차인의 합의로 임대차계약을 종료한 후에는 전차인의 권리는 소멸하지 않는다.제26회 제32회

② 임대차계약이 해지의 통고로 인하여 종료된 경우에 임대인은 전차인에 대하여 그 사유를 통지하지 않으면 해지로써 전차인에게 대항하지 못한다.

③ 그러나 임차인의 2기의 차임연체로 임대인이 임대차계약을 해지하는 경우에는 전차인에 대하여 그 사유를 통지하지 않더라도 해지로써 전차인에게 대항할 수 있다.제26회 제32회

④ 임차인이 임대인의 동의를 얻어 임차물을 전대한 경우, 전차인은 전대인과의 합의로 차임이 감액되었음을 임대인에게 주장할 수 있다.

⑤ 임대차 기간 및 전대차 기간이 모두 만료된 경우에 전차인은 목적물을 임대인에게 직접 명도함으로써 임차인(전대인)에 대한 목적물 명도의무를 면한다.제26회

⑥ 전차인의 부속물매수청구권 : 건물 기타 공작물의 전차인이 임대인의 동의를 얻어 이에 부속한 물건이나 임대인으로부터 매수하였거나 임대인의 동의를 얻어 임차인으로부터 매수한 부속물에 대하여 임대인에게 매수할 것을 청구할 수 있다.제26회

⑦ 전차인의 임대청구권과 지상물매수청구권 : 임대차 및 전대차의 기간이 동시에 만료되고 건물·수목 기타 지상시설이 현존한 때에는 전차인은 임대인에 대하여 전전대차와 동일한 조건으로 임대할 것을 청구할 수 있다.제32회 이 때 임대인이 임대할 것을 원하지 않으면 전차인은 상당한 가액으로 공작물이나 수목의 매수를 청구할 수 있다.

3 대표 기출문제

제28회 출제

01 甲은 자신의 X건물을 乙에게 임대하였고, 乙은 甲의 동의 없이 X건물에 대한 임차권을 丙에게 양도하였다. 다음 설명 중 **틀린** 것은? (다툼이 있으면 판례에 따름)

① 乙은 丙에게 甲의 동의를 받아 줄 의무가 있다.

② 乙과 丙사이의 임차권 양도계약은 유동적 무효이다.

③ 甲은 乙에게 차임의 지급을 청구할 수 있다.

④ 만약 丙이 乙의 배우자이고 X건물에서 동거하면서 함께 가구점을 경영하고 있다면, 甲은 임대차계약을 해지할 수 없다.

⑤ 만약 乙이 甲의 동의를 받아 임차권을 丙에게 양도하였다면, 이미 발생된 乙의 연체차임채무는 특약이 없는 한 丙에게 이전되지 않는다.

> **해설**
>
> ② 임대인의 동의를 받지 않고 임차권을 양도한 계약도 이로써 임대인에게 대항할 수 없을 뿐 임차인과 양수인 사이에는 유효한 것이고 이 경우 임차인은 양수인을 위하여 임대인의 동의를 받아 줄 의무가 있다[85다카1812].
>
> 답 ②

제32회 출제

02 甲은 자기 소유 X창고건물 전부를 乙에게 월차임 60만원에 3년간 임대하였고, 乙은 甲의 동의를 얻어 X건물 전부를 丙에게 월차임 70만원에 2년간 전대하였다. 이에 관한 설명으로 **틀린** 것은? (단 이에 관한 특약은 없으며, 다툼이 있으면 판례에 따름)

① 甲과 乙의 합의로 임대차 계약을 종료한 경우 丙의 권리는 소멸한다.

② 丙은 직접 甲에 대해 월차임 60만원을 지급할 의무를 부담한다.

③ 甲은 乙에게 월차임 60만원의 지급을 청구할 수 있다.

④ 甲에 대한 차임연체액이 120만원에 달하여 甲이 임대차 계약을 해지한 경우, 丙에게 그 사유를 통지하지 않아도 해지로써 丙에게 대항할 수 있다.

⑤ 전대차 기간이 만료한 경우 丙은 甲에게 전전대차(前轉貸借)와 동일한 조건으로 임대할 것을 청구할 수 없다.

4 출제 예상문제

01 건물임차인 乙이 임대인 甲의 동의를 얻지 않고 임차건물을 丙에게 전대한 경우의 설명으로 틀린 것은?

① 乙은 丙에게 건물을 인도하여 丙이 사용·수익할 수 있도록 할 의무가 있다.

② 乙과 丙의 전대차계약은 유효이다.

③ 甲은 乙과의 임대차계약을 해지하지 않고 丙에 대하여 불법점유를 이유로 차임상당의 손해 배상을 청구할 수 있다.

④ 만약 乙이 甲의 동의를 얻지 않고 부득이한 사정으로 배우자 丁에게 건물을 전대한 경우, 乙 의 행위가 甲에 대한 배신적 행위라고 볼 수 없다면 甲은 임대차계약을 해지할 수 없다.

⑤ 乙이 건물의 소부분을 丙에게 사용하게 한 경우에 甲은 이를 이유로 임대차계약을 해지할 수 없다.

해설 ✦ ③ 무단전대의 경우 임대인은 임대차계약을 해지할 수 있으나 임대차계약이 존속하는 동안에는 甲은 丙에게 차임 상당의 부당이득반환이나 손해배상을 청구할 수 없다.

정답 ✦ ③

02 乙은 甲소유의 건물 전체를 임차하고 있던 중 甲의 동의를 얻어 이를 다시 丙에게 전대(轉貸)하였다. 다음 중 **틀린** 것은?

① 丙은 전대차계약상의 차임지급시기를 기준으로 하여 그 전에 乙에 대하여 지급한 차임으로 甲에게 대항할 수 없다.

② 甲이 乙과 임대차계약을 합의해지하더라도 丙의 전차권은 소멸하지 않는다.

③ 甲의 해지의 통고로 임대차계약이 종료된 경우에 甲은 丙에 대하여 그 사유를 통지하지 않으면 해지로써 丙에게 대항하지 못한다.

④ 乙의 차임연체액이 2기의 차임액에 달하여 甲이 임대차계약을 해지하는 경우, 甲은 丙에 대해 그 사유를 통지하지 않으면 해지로써 대항할 수 없다.

⑤ 丙이 건물상용의 편익을 위하여 甲의 동의를 얻어 건물에 물건을 부속했다면, 丙은 전대차 종료시 甲에게 그 매수를 청구할 수 있다.

해설 ✦ ④ 임차인의 2기의 차임연체로 임대인이 임대차계약을 해지하는 경우에는 전차인에 대하여 그 사유를 통지하지 않더라도 해지로써 전차인에게 대항할 수 있다.

정답 ✦ ④

PART 4
민사특별법

1 출제예상과 학습포인트

✦ 기출횟수

제25회 ~ 제34회

✦ 제35회 출제예상

매년 출제 된다. 제35회 출제가능성은 약 100%이다.

✦ 제35회 대비 중요도

★★★

✦ 학습방법

임차인을 보호하기 위한 강행규정임을 고려해서 대항력, 보증금의 우선상환, 존속기간의 보장 등을 중점적으로 정리하여야 한다.

✦ 핵심쟁점

❶ 대항력 발생요건으로서 주민등록

❷ 대항력의 내용

❸ 보증금의 우선상환의 내용

❹ 임차권등기명령제도

❺ 법정갱신(묵시적 갱신)과 계약갱신요구권

2 핵심 내용

❶ 적용범위

1. 주거용 건물의 임대차에 적용

① 주거용 건물 여부는 공부상의 표시만을 기준으로 할 것이 아니라 실제용도에 따라 정한다.

② 또한 주거용 건물에 해당하는지 여부는 그 계약을 체결하는 때를 기준으로 판단한다. 따라서 근저당권이 설정된 사무실용 건물이 주거용 건물로 용도 변경된 후 이를 임차한 소액임차인은 특별한 사정이 없는 한 보증금 중 일정액을 근저당권자에 우선하여 변제받을 수 있다.제27회

③ 미등기 또는 무허가 주택에도 적용된다.제27회

2. 적법한 임대차에 적용

① 주택의 소유자는 아니지만 적법한 임대권한을 가진 사람과 임대차계약을 체결한 경우도 적용된다 (적법한 임대권한을 가진 명의신탁자, 인도받은 미등기 매수인 등).제27회

② 미등기 전세에도 준용한다.

3. 임차인이 법인인 경우

① 원칙적으로 법인에는 적용되지 아니한다. 따라서 법인의 직원이 주민등록을 마쳤다 하여 이를 법인의 주민등록으로 볼 수 없다.

② 예외적으로 ㉠ 저소득층의 무주택자에게 전세 임대 주택을 지원하는 '한국토지주택공사'와 주택사업을 목적으로 설립된 '지방공사'와 ㉡ 「중소기업기본법」 제2조에 따른 중소기업에 해당하는 법인의 경우에는 적용된다.

4. 일시사용을 위한 임대차에는 적용되지 아니한다.제24회 제27회

❷ 대항력

1. 대항력의 요건과 대항력 발생시기

① 임차인이 주택의 인도와 주민등록을 마친 때(전입신고를 한 때)에는 그 다음날부터 제3자에 대하여 효력이 생긴다.

② 다음날은 '다음날 오전 0시'를 의미한다.제32회 따라서 주택임차인의 인도와 전입신고와 제3자의 저당권설정등기가 같은 날 이루어졌다면 저당권이 우선한다.

③ 자기 명의의 주택을 매도하면서 동시에 그 주택을 임차하는 경우, 매도인이 임차인으로서 가지는 대항력은 매수인 명의의 소유권이전등기가 마쳐진 그 다음날부터 효력이 생긴다.제32회

④ 그러나 甲의 주택을 임차한 乙이 丙에게 전대차한 후에 임차인(乙)명의로 소유권이전등기를 한 경우에 전차인 丙은 임차인(乙)의 소유권이전등기가 경료되는 즉시 임차인으로서의 대항력을 취득한다.

2. 주민등록(공시방법)에 관한 문제

① 주민등록과 등기부상 주택의 표시가 일치하여야 한다.

② 주민등록은 공동생활을 하고 있는 가족의 주민등록도 포함한다.제32회

③ 주택임차인이 임대인의 승낙을 받아 임차주택을 전대하고 그 전차인이 주택을 인도받아 자신의 주민등록을 마쳐야 임차인은 대항력을 취득한다.(임차인이 타인의 점유를 매개로 하여 간접점유하는 경우에도 대항력은 인정)제32회

④ 공동주택(아파트, 연립, 다세대)은 지번 뿐 아니라 동·호수까지 정확히 기재하여야 하나, 다가구용 단독주택은 지번만 기재하는 것으로 충분하다.

⑤ 다가구용 단독주택 일부를 임차한 임차인이 대항력을 취득하였다면, 나중에 다가구용 단독주택이 다세대 주택으로 변경되었다는 사정만으로 임차인이 이미 취득한 대항력을 상실하지 않는다.제33회

⑥ 주민등록은 행정청에 도달한 때가 아니라 행정청이 '수리'한 때에 효력이 발생한다.제26회

⑦ 따라서 임차인은 올바르게 전입신고를 하였으나 담당공무원의 착오로 다른 지번에 주민등록한 경우에는 대항력을 인정한다.

⑧ 외국인의 경우에는 구 출입국관리법에 따라서 한 외국인등록이나 체류지변경신고에 대해서 주택임대차의 대항력 취득요건으로 규정하고 있는 주민등록과 동일한 법적 효과가 인정된다.

3. 대항요건(인도와 주민등록)의 존속기간

① 인도와 주민등록은 효력존속요건으로 대항력 취득시에만 구비하면 족한 것이 아니고, 배당요구종기까지 계속되어야 한다.

② 주민등록이 직권으로 말소된 경우에도 원칙적으로 그 대항력은 상실된다고 할 것이지만, 직권말소 후 주민등록법 소정의 이의절차에 따라 그 말소된 주민등록이 회복되거나 재등록이 이루어진 경우에는 소급하여 그 대항력이 유지된다고 할 것이다.

4. 대항력의 내용

① 임차주택의 양수인은 임대인의 지위를 승계한 것으로 본다.

② 따라서 종전의 임대인은 임대차관계에서 벗어나 보증금을 반환할 의무가 없고,제31회 임차주택의 양수인이 보증금을 반환할 의무를 부담한다.

③ 다만, 임차인이 임대인의 지위승계를 원하지 않는 경우에는 임차인이 임차주택의 양도사실을 안 때로부터 상당한 기간 내에 이의를 제기함으로써 승계되는 임대차관계의 구속으로부터 벗어날 수 있으며, 그러한 경우에는 양도인의 임차인에 대한 보증금반환채무는 소멸하지 않는다.

④ 임차인의 임대차보증금반환채권이 가압류된 상태에서 임대주택이 양도되면 양수인이 채권가압류의 제3채무자의 지위도 승계한다.제24회 제31회 따라서 임차인의 보증금반환채권이 가압류된 상태에서 그 주택이 양도된 경우, 가압류채권자는 양수인에 대하여만 가압류의 효력을 주장할 수 있다.제28회

⑤ 주택의 임차인이 대항력을 구비한 후 임차 주택의 양수인이 임차인에게 임대차보증금을 반환하였다 하더라도, 이는 자신의 채무를 변제한 것에 불과할 뿐이므로 임차주택의 양수인은 양도인에 대하여 부당이득반환을 청구할 수 없다.제31회

⑥ 대항력을 갖춘 임차인이 당해 주택을 양수한 때에는 임차인이 임대인의 자신에 대한 보증금반환채무를 인수하게 되어, 결국 임차인의 보증금반환채권은 혼동으로 인하여 소멸하게 된다.제28회

⑦ 주택의 공동임차인 중 1인이 대항력 요건을 갖춘 상태에서 임차 건물이 양도되는 경우, 공동임차인에 대한 보증금반환채무 전부가 임대인의 지위를 승계한 양수인에게 이전되고 양도인의 채무는 소멸한다.

⑧ 임차인이 대항력을 갖춘 후에 그 임차주택이 양도되어 양수인이 임차보증금반환채무를 부담하게 된 후에 임차인이 주민등록을 다른 곳으로 옮겼다 하여 이미 발생한 양수인의 임차보증금반환채무가 소멸하는 것은 아니다.제33회

⑨ 임차건물의 소유권이 이전되기 전에 이미 발생한 연체차임이나 관리비 등은 별도의 채권양도절차가 없는 한 원칙적으로 양수인에게 이전되지 않는다.제31회

5. 임대인의 지위를 승계 받는 양수인 해당여부

① 해당되는 경우(임대인이 보증금반환의무를 면하는 경우) : ⓐ 미등기무허가 주택의 양수인으로 그 주택에 대하여 아직 소유권이전등기를 하지 못한 경우도 주택의 양수인으로 임대인의 지위를 승계한다. ⓑ 매매로 소유권을 취득한 매수인으로부터 주택을 임차받아 대항요건을 갖춘 후 계약해제로 소유권을 회복한 매도인 ⓒ 주택의 명의신탁자가 임대차계약을 체결한 후 명의수탁자가 주택에 대한 처분권한을 종국적으로 이전받은 명의수탁자

② 해당되지 않는 경우 : ⓐ 경매절차에서 임차주택의 대지만을 매수한 자 ⓑ 주택의 양도담보권자제31회 등은 임대인의 지위를 승계 받지 않으므로 보증금을 반환할 의무가 없고, 따라서 임대인은 보증금반환의무를 면하지 못한다.

6. 경매에서의 대항력

① 임차인이 대항요건을 갖추었다 하여도 경매에 있어서는 선순위 담보물권 등이 있는 경우에는 대항력이 인정되지 않는다.제26회

② 따라서 선순위로 저당권이 설정된 주택을 임차하여 대항요건을 갖춘 임차인일지라도 후순위저당권이 실행되어 매수인이 된 자에게 대항할 수 없다. 또한 대항력을 갖춘 임차인(1순위)이 저당권설정등기(2순위) 이후에 보증금을 증액한 경우, 임차인은 증액한 임차보증금으로써는 건물을 경락받은 소유자에게 대항할 수 없다.

③ 그러나 대항요건을 갖춘 임차권보다 선순위의 저당권이 있는 경우 선순위 저당권이 경매개시결정 전에 소멸하였다면 임차권의 대항력이 소멸하지 않는다.

❸ 보증금의 우선변제권 및 최우선변제권

1. 우선변제적 효력 발생요건 및 발생시기

① 대항요건과 임대차계약증서상의 확정일자를 갖춘 임차인은 경매 또는 공매를 할 때에 임차주택(대지를 포함한다)의 환가대금에서 후순위권리자나 그 밖의 채권자보다 우선하여 보증금을 변제받을 권리가 있다.

② 확정일자는 임대차의 존재사실을 제3자에게 공시하고자 하는 것은 아니므로 임대차계약서에 임대차 목적물을 표시하면서 아파트의 명칭과 그 전유부분의 동·호수를 누락하였더라도 확정일자의 요건을 갖추었다고 볼 수 있다.

③ 임차인에게 우선변제권이 인정되기 위하여 대항요건과 임대차계약증서상의 확정일자를 갖추는 것 외에 계약 당시 임차보증금이 전액 지급되어 있을 것을 요구하지는 않는다.

④ 우선변제적 효력이 발생되려면 대항력 발생이 전제되어야 한다. 따라서 주택임차인이 주택인도와 주민등록을 마친 당일 또는 그 이전에 임대차계약증서상에 확정일자를 갖춘 경우, 우선변제권은 주택의 인도와 주민등록을 마친 다음 날을 기준으로 발생한다. 그러나 대항요건을 갖춘 후 확정일자를 받은 경우에는 확정일자 받은 날부터 우선변제권이 발생한다.

2. 우선변제권의 내용

① 대항요건 및 확정일자를 갖춘 주택임차권자는 임대차 성립당시 임대인 소유였던 대지가 타인에게 양도되어 임차주택과 대지 소유자가 달라지더라도, 또한 임차주택과 별도로 그 대지만이 경매될 경우에도 대지의 환가대금에 대해 우선변제권을 행사할 수 있다.제24회 제26회 제28회 제33회

② 그러나 대지에 저당권이 설정된 후 신축된 건물의 임차인에게는 대지의 환가대금에서 보증금 중 일정액의 우선변제가 인정되지 않는다.

③ 우선변제권이 있는 임차인은 배당요구를 하여야 하며, 배당요구를 하지 않으면 배당금으로부터 우선변제를 받지 못한다.

④ 우선변제권을 가진 임차인으로부터 임차권과 분리하여 임차보증금반환채권만을 양수한 채권양수인이 주택임대차보호법상의 우선변제권을 행사할 수 있는 임차인에 해당한다고 볼 수 없다.

⑤ 금융기관 등이 우선변제권을 취득한 임차인의 보증금반환채권을 계약으로 양수한 경우에는 양수한 금액의 범위에서 우선변제권을 승계한다.

⑥ 임차주택의 경매 또는 공매시 환가대금으로부터 보증금을 수령하기 위해서는 임차주택을 양수인에게 인도하여야 한다.제30회

　　비교 임차인이 강제경매를 신청하는 경우 반대의무의 이행 또는 이행의 제공을 집행개시요건으로 하지 않는다.(주택 반환할 필요 없이 경매신청 가능)

3. 임대차정보제공신청 및 임대인의 정보 제시 의무

① 주택의 임대차에 이해관계가 있는 자는 임대인의 동의 없이 확정일자부여기관에 해당 주택의 확정일자 부여일, 차임 및 보증금 등 정보의 제공을 요청할 수 있다.

② 임대차계약을 체결하려는 자는 임대인의 동의를 받아 확정일자부여기관에 위 ①의 정보제공을 요청할 수 있다.

③ 임대차계약을 체결할 때 임대인은 ㉠ 해당 주택의 확정일자 부여일, 차임 및 보증금 등 정보와 ㉡ 납세증명서를 임차인에게 제시하여야 한다.

④ 다만, 임대인이 정보제공신청이나 미납세액의 열람에 동의함으로써 이를 갈음할 수 있다.

4. 임차인이 전세권등기를 한 경우(별개의 권리)

① 최선순위 전세권자로서의 지위와 대항력을 갖춘 주택임차인으로서의 지위를 함께 가진 자가 전세권자로서 배당요구를 하여 전세권이 매각으로 소멸되었다 하더라도 변제받지 못한 나머지 보증금에 기하여 대항력을 행사할 수 있다.

② 주택임대차보호법상 임차인으로서의 지위와 전세권자로서의 지위를 함께 가지고 있는 자가 그 중 임차인으로서의 지위에 기하여 경매법원에 배당요구를 하였다면 배당요구를 하지 아니한 전세권에 관하여는 배당요구가 있는 것으로 볼 수 없다.

5. 소액임차인의 최우선변제권

① 소액임차인을 보호하기 위하여 보증금 중 일정액에 대해서는 순위에 관계없이 선순위담보권자보다도 우선하여 경매절차에서 배당을 받을 수 있는 것을 말한다.

② 이 경우 임차인은 주택에 대한 경매신청의 등기 전에 대항요건(주택의 인도와 주민등록)을 갖추면 족하고, 확정일자까지는 필요 없다.제26회

③ 소액임차인의 범위와 보증금 중 일정액의 범위는 서울의 경우 보증금 1억6천5백만원 이하에 5천5백만원을 최우선변제 받을 수 있다.

④ 다만, 보증금 중 일정액의 범위와 기준은 주택가액(대지포함)의 2분의 1을 넘지 못한다.

⑤ 소액임차인의 소액보증금반환채권은 배당요구가 필요한 배당요구채권에 해당한다. 따라서 소액임차인이 배당요구를 하지 않아 배당에서 제외된 경우, 후순위채권자를 상대로 부당이득반환을 청구할 수 없다.

⑥ 임대차보증금의 감액으로 소액임차인에 해당하게 된 경우, 특별한 사정이 없으면 소액임차인으로서 보호받을 수 있다.제24회

④ 임차권등기명령

1. 임대차가 종료된 후 보증금을 반환 받지 못한 임차인은 임차주택의 소재지를 관할하는 법원에 임차권등기명령을 신청할 수 있다.제29회

2. 임차인은 임차권등기명령의 신청 및 그에 따른 임차권등기와 관련하여 소요된 비용을 임대인에게 청구할 수 있다.제31회

3. 임차권등기명령에 따른 임차권등기가 경료되면 임차인은 대항력 및 우선변제권을 취득한다. 다만, 임차권등기 전에 이미 대항력 및 우선변제권을 취득한 경우에는 그 대항력 및 우선변제권이 그대로 유지되며, 임차권등기 이후에 대항요건을 상실하더라도 이미 취득한 대항력 및 우선변제권을 상실하지 아니한다.제31회

4. 임차권등기명령의 집행에 의한 임차권등기가 경료된 주택을 그 이후에 임차한 임차인은 소액보증금의 최우선변제를 받을 권리가 없다.제26회

5. 임차권등기명령에 의하여 임차권등기를 한 임차인은 별도로 배당요구를 하지 않아도 당연히 배당받을 채권자에 속하는 것으로 본다.제31회

6. 임대인의 보증금반환의무와 임차인의 임차권등기말소의무는 보증금반환의무가 선이행의무이다(동시이행관계×).제31회

⑤ 존속기간의 보장

1. 임대차기간

기간을 정하지 아니하거나 2년 미만으로 정한 임대차는 그 기간을 2년으로 본다.제30회 다만, 임차인은 2년 미만으로 정한 기간이 유효함을 주장할 수 있다.제29회 제30회

2. 법정(묵시적)갱신

① 임대인이 임대차 종료 6개월 전부터 2개월 전까지의 기간에 갱신거절 등의 통지를 하지 아니하거나 임차인이 임대차기간 종료 2개월 전까지 통지하지 아니하고 임대차 기간이 끝난 경우에는 그 기간이 끝난 때에 전 임대차와 동일한 조건으로 다시 임대차한 것으로 본다.

② 법정갱신의 경우 임대차의 존속기간은 2년으로 본다.제24회 제28회 제29회 그러나 임차인은 언제든지 계약의 해지를 통고할 수 있고,제29회 제30회 이때 임대인이 그 통지를 받은 날로부터 3월이 경과하면 그 효력이 발생한다.

③ 2기의 차임액에 달하도록 차임을 연체하거나 기타 임차인으로서의 의무를 현저히 위반한 임차인에 대하여는 법정갱신은 인정되지 않는다.제30회

3. 임차인의 계약갱신 요구(제6조의3)제32회

① 의의 : 임대인은 임차인이 임대차기간이 끝나기 6개월 전부터 2개월 전까지의 기간 이내에 계약갱신을 요구할 경우 정당한 사유 없이 거절하지 못한다.제32회

② 임대인의 거절사유 : 다만, 다음 각 호의 어느 하나에 해당하는 경우에는 거절할 수 있다.

  ㉠ 임차인이 2기의 차임액에 해당하는 금액에 이르도록 차임을 연체한 사실이 있는 경우

  ㉡ 임차인이 거짓이나 그 밖의 부정한 방법으로 임차한 경우

  ㉢ 임차인이 임대인의 동의 없이 목적 주택의 전부 또는 일부를 전대(轉貸)한 경우제32회

  ㉣ 임차인이 임차한 주택의 전부 또는 일부를 고의나 중대한 과실로 파손한 경우

  ㉤ 임차한 주택의 전부 또는 일부가 멸실되어 임대차의 목적을 달성하지 못할 경우

  ㉥ 임대인이 목적 주택의 전부 또는 대부분을 철거하거나 재건축하기 위하여 목적 주택의 점유를 회복할 필요가 있는 경우

  ㉦ 임대인(임대인의 직계존속·직계비속을 포함한다)이 목적 주택에 실제 거주하려는 경우

  ㉧ 서로 합의하여 임대인이 임차인에게 상당한 보상을 제공한 경우

  ㉨ 그 밖에 임차인이 임차인으로서의 의무를 현저히 위반하거나 임대차를 계속하기 어려운 중대한 사유가 있는 경우

③ 임차인의 갱신요구 후에 임대인의 지위를 승계한 양수인의 갱신요구를 거절여부

  ㉠ 임대인의 거절사유가 임차인의 갱신요구권 행사 후에 발생한 때에도 임대인은 위 기간 내라면 갱신거절권을 행사할 수 있다.

  ㉡ 또한 거절할 수 있는 '임대인'을 임차인이 갱신을 요구할 당시의 임대인만으로 제한하여 해석하기 어렵고, 임대인의 지위를 승계한 양수인도 이에 포함된다 할 것이다.

  ㉢ 따라서 임대인의 지위를 승계한 임차주택의 양수인도 그 주택에 실제 거주하려는 경우 위 갱신거절 기간 내에 실제거주사유를 들어 임차인의 계약갱신 요구를 거절할 수 있다.

④ 임대인의 실제거주위반으로 인한 손해배상책임

  ㉠ 거절 당시 당사자 간에 손해배상액의 예정에 관한 합의가 이루어 진 경우에는 그 합의된 금액에 의한다.

  ㉡ 손해배상액의 예정에 관한 합의가 이루어지지 않는 경우에는 법정배상액 중 큰 금액으로 한다.

⑤ 계약갱신 요구행사의 효과 및 제한

  ㉠ 갱신되는 임대차는 전 임대차와 동일한 조건으로 다시 계약된 것으로 본다. 다만, 차임과 보증금은 20분의 1의 범위에서 증감할 수 있다.

  ㉡ 이 경우 갱신되는 임대차의 존속기간은 2년으로 본다. 다만, 임차인은 언제든지 임대인에게 계약해지를 통지할 수 있고, 임대인이 그 통지를 받은 날부터 3개월이 지나면 해지의 효력이 발생한다.

  ㉢ 임차인은 계약갱신요구권을 1회에 한하여 행사할 수 있다.제32회

❻ 차임 등의 증감청구권 및 임차권의 승계

1. 차임 등의 증감청구권

① 차임이나 보증금의 증액을 청구하는 경우에는 약정한 차임 등의 20분의 1(5%)을 초과할 수 없다.

② 이 증액청구는 임대차계약 또는 약정한 차임의 증액이 있은 후 1년 이내에는 하지 못한다.

2. 임차권의 승계

① 상속권자가 없는 경우

그 주택에서 가정공동생활을 하던 사실상의 혼인관계에 있는 자는 임차인의 권리와 의무를 승계한다.

② 상속권자가 있는 경우

㉠ 상속권자가 가정공동생활을 하고 있으면 상속권자만 승계한다.제28회

㉡ 상속권자가 그 주택에서 가정공동생활을 하지 아니한 때에는 그 주택에서 가정공동생활을 하던 사실상의 혼인관계에 있는 자와 2촌 이내의 친족이 공동으로 승계한다.

3 대표 기출문제

제32회 출제

01 주택임대차보호법상의 대항력에 관한 설명으로 틀린 것은? (단 일시사용을 위한 임대차가 아니고 임차권등기가 이루어지지 아니한 경우를 전제하며 다툼이 있으면 판례에 따름)

① 임차인이 타인의 점유를 매개로 임차주택을 간접점유하는 경우에도 대항요건인 점유가 인정될 수 있다.

② 임차인이 지위를 강화하고자 별도로 전세권 설정등기를 마친 후 '주택임대차보호법'상의 대항요건을 상실한 경우, '주택임대차보호법'상의 대항력을 상실한다.

③ 주민등록을 마치고 거주하던 자기 명의의 주택을 매도한 자가 매도와 동시에 이를 다시 임차하기로 약정한 경우, 매수인 명의의 소유권 이전등기 여부와 관계없이 대항력이 인정된다.

④ 임차인이 주택의 인도와 주민등록을 마친 때에는 그 다음 날 오전 영시부터 대항력이 생긴다.

⑤ 임차인이 가족과 함께 임차주택의 점유를 계속하면서 가족의 주민등록은 그대로 둔 채 임차인의 주민등록만 일시적으로 옮긴 경우 대항력을 상실하지 않는다.

③ 주민등록을 마친 주택소유자가 그 주택을 타인에게 매도함과 동시에 이를 임차하여 잔금수령일부터 임차인으로서 거주하는 경우에는 매수인에게 소유권이전등기를 경료해 준 날 이후에야 비로소 그 주민등록이 임대차 공시방법 으로서 효력이 있다[98다32939].

답 ③

제34회 출제

02 甲은 2023.1.5. 乙로부터 그 소유의 X주택을 보증금 2억원, 월 임료50만원, 기간은 계약일로 부터 1년으로 정하여 임차하는 내용의 계약을 체결하고, 당일 乙에게 보증금을 지급함과 동시 에 X주택을 인도받아 주민등록을 마치고 확정일자를 받았다. 다음 중 주택임차보호법의 적용에 관한 설명으로 **틀린** 것은? (다툼이 있으면 판례에 따름)

① 甲은 2023. 1. 6. 오전 영시부터 대항력을 취득한다.

② 제3자에 의해 2023. 5. 9. 경매가 개시되어 X주택이 매각된 경우, 甲은 경매절차에서 배당 요구를 하지 않아도 보증금에 대해 우선변제를 받을 수 있다.

③ 乙이 X주택을 丙에게 매도하고 소유권이전등기를 마친 경우, 乙은 특별한 사정이 없는 한 보증금반환의무를 면한다.

④ 甲이 2기의 차임액에 달하는 차임을 연체하면 묵시적 갱신이 인정되지 않는다.

⑤ 묵시적 갱신이 된 경우, 갱신된 임대차계약의 존속기간은 2년이다.

② 주택임대차보호법에 의하여 우선변제권이 있는 임차인은 경매절차에서 배당요구를 하여야 우선변제를 받을 수 있다. 따라서 틀린 지문이다.

답 ②

4 출제 예상문제

01 주택임대차보호법에 관한 설명으로 <u>틀린</u> 것은? (다툼이 있으면 판례에 따름)

① 주민등록의 신고는 행정청에 도달한 때가 아니라, 행정청이 수리한 때 효력이 발생한다.

② 등기명령의 집행에 따라 주택 전부에 대해 타인 명의의 임차권등기가 끝난 뒤 소액보증금을 내고 그 주택을 임차한 자도 최우선변제권을 행사할 수 있다.

③ 점포로 사용되던 건물에 근저당권이 설정된 후 주택으로 용도 변경된 경우, 이후 임차한 소액임차인은 보증금 중 일정액을 근저당권자보다 우선하여 변제받을 권리가 있다.

④ 임차인의 갱신요구에 의해 갱신되는 임대차의 존속기간은 2년으로 본다. 다만, 임차인은 언제든지 임대인에게 계약해지를 통지할 수 있다.

⑤ 임대차 성립 시에 임차주택과 그 대지가 임대인의 소유인 경우, 대항력과 확정일자를 갖춘 임차인은 대지만 경매되더라도 그 매각대금으로부터 우선변제를 받을 수 있다.

해설 ✦ ② 등기명령의 집행에 따라 주택 전부에 대해 타인 명의의 임차권등기가 끝난 뒤 소액보증금을 내고 그 주택을 임차한 자는 최우선변제권을 행사할 수 없다.

정답 ✦ ②

02 주택임대차보호법에 관한 설명으로 <u>틀린</u> 것은? (다툼이 있으면 판례에 의함)

① 주택의 전부를 일시적으로 사용하기 위한 임대차인의 것이 명백한 경우에는 이 법이 적용되지 않는다.

② 임대차 성립당시 임대인의 소유였던 대지가 타인에게 양도되어 임차주택과 대지의 소유자가 서로 달라진 경우에 대항력과 확정일자를 갖춘 임차인이더라도 대지의 경매대금에 대하여 우선변제권을 행사할 수 없다.

③ 대항력을 갖춘 임차인이 당해 주택을 양수한 경우, 임차인의 보증금반환채권은 혼동으로 인하여 소멸하게 된다.

④ 우선변제권을 가진 주택임차인으로부터 임차권과 분리하여 임차보증금반환채권만을 양수한 채권양수인은 주택임대차보호법상의 우선변제권을 행사할 수 있는 임차인에 해당하지 않는다.

⑤ 임대차계약이 묵시적으로 갱신되면 그 임대차의 존속기간은 2년으로 본다.

해설 ✦ ② 우선변제권은 임대차 성립시의 임차 목적물인 임차주택 및 대지의 가액을 기초로 임차인을 보호하고자 인정되는 것이므로, 임대차 성립당시 임대인의 소유였던 대지가 타인에게 양도되어 임차주택과 대지의 소유자가 서로 달라진 경우에도 임차인은 대지의 경매대금에 대하여 우선변제권을 행사할 수 있다.
또한 대지만 경매되더라도 그 매각대금으로부터 우선변제를 받을 수 있다.

정답 ✦ ②

03 주택임대차보호법에 관한 설명으로 **틀린** 것은? (다툼이 있으면 판례에 의함)

① 주택의 전부를 일시적으로 사용하기 위한 임대차인의 것이 명백한 경우에는 이 법이 적용되지 않는다.

② 「주택임대차보호법」상 대항력을 갖춘 임차인의 임대차보증금반환채권이 가압류된 상태에서 주택이 양도된 경우, 양수인은 채권가압류의 제3채무자 지위를 승계한다.

③ 주민등록이 직권말소 후 주민등록법 소정의 이의절차에 따라 그 말소된 주민등록이 재등록이 이루어진 경우에는 재등록한 때에는 소급하여 그 대항력이 유지된다.

④ 주택의 공동임차인 중 1인이 대항력을 갖춘 상태에서 임차 건물이 양도되는 경우, 대항력을 갖춘 임차인에 대한 보증금반환채무만이 임대인의 지위를 승계한 양수인에게 이전된다.

⑤ 대지에 저당권이 설정된 후 신축된 주택의 임차인에게는 대지의 환가대금에서 보증금 중 일정액의 우선변제가 인정되지 않는다.

해설 ✦ ④ 주택의 공동임차인 중 1인이 대항력 요건을 갖춘 상태에서 임차 건물이 양도되는 경우, 공동임차인에 대한 보증금반환채무 전부가 임대인의 지위를 승계한 양수인에게 이전되고 양도인의 채무는 소멸한다.

정답 ✦ ④

46 상가건물임대차보호법

1 출제예상과 학습포인트

✦ 기출횟수

　제25회 ~ 제34회

✦ 제35회 출제예상

　매년 출제 된다. 제35회 출제가능성은 100%이다.

✦ 제35회 대비 중요도

　★★★

✦ 학습방법

주택임대차보호법과 마찬가지로 소액보증금의 임차인보호를 위한 법으로 유사한 부분이 많으므로 비교하면서 공부하면 된다. 특히, 주택임대차보호법과 차이점(보증금액에 따른 적용여부, 권리금 등)을 염두에 두고 그 부분을 집중적으로 학습할 필요가 있다.

✦ 핵심쟁점

❶ 대통령령에서 정한 보증금 초과한 임대차에 적용대상여부
❷ 대항력
❸ 법정갱신(묵시적 갱신)과 계약갱신요구권
❹ 권리금 회수기회 보호

2 핵심 내용

❶ 적용범위

1. 사업자등록의 대상이 되는 상가건물

① 이 법은 사업자등록의 대상이 되는 상가건물의 임대차(임대차목적물의 주된 부분을 영업용으로 사용하는 경우를 포함한다)에 대하여 적용한다.제27회

② 상가건물 임대차보호법이 적용되는 상가건물에 해당하는지는 공부상 표시가 아닌 건물의 현황·용도 등에 비추어 실질적으로 판단하여야 한다.

③ 단순히 상품의 보관·제조·가공 등 사실행위만이 이루어지는 공장·창고 등은 영업용으로 사용하는 경우라고 할 수 없으나 그곳에서 그러한 사실행위와 더불어 영리를 목적으로 하는 활동이 함께 이루어진다면 적용대상인 상가건물에 해당한다.

④ 사업자등록의 대상은 자연인(외국인 포함)은 물론 법인도 포함하고 있으므로 상가건물임대차보호법은 임차인이 법인인 경우에도 적용된다 할 것이다.

⑤ 다만, 일시사용을 위한 임대차임이 명백한 경우에는 적용하지 아니한다.

2. 보증금액의 제한

① 다만, 다음의 보증금액을 초과하는 임대차에 대하여는 적용하지 아니하다.

  ㉠ 서울특별시 : 9억원

  ㉡ 「수도권정비계획법」에 따른 과밀억제권역(서울특별시는 제외한다) 및 부산광역시 : 6억 9천만원

  ㉢ 광역시(「수도권정비계획법」에 따른 과밀억제권역에 포함된 지역과 군지역, 부산광역시는 제외한다), 세종특별자치시,제33회 파주시, 화성시, 안산시, 용인시, 김포시 및 광주시: 5억 4천만원

  ㉣ 그 밖의 지역 : 3억 7천만원

② 보증금 외에 월차임이 있는 경우 월 차임액에 100을 곱한 금액을 보증금으로 환산하여 적용범위를 정한다.

3. 보증금액초과 상가건물임대차에도 적용되는 경우 제28회 제32회 제33회 제34회

① 권리금, 대항력,제33회 표준계약서 작성, 3기 차임연체와 해지, 계약갱신요구 등은 보증금액을 초과하는 임대차에 대하여도 적용한다.

② 다만, 대통령령으로 정한 보증금액을 초과하는 임대차에서 기간을 정하지 않은 경우에는 상가건물임대차보호법상 최단기간규정(1년)이 적용되지 않고 민법의 적용을 받으므로 임대차기간이 정해져 있음을 전제로 기간 만료 6개월 전부터 1개월 전까지 사이에 행사하도록 규정된 임차인의 계약갱신요구권은 발생할 여지가 없다.제34회

❷ 대항력

1. 건물의 인도와 「부가가치세법」 등에 따른 사업자등록을 신청하면 그 다음 날부터 제3자에 대하여 효력이 생긴다.

2. 사업자등록은 배당요구의 종기까지 존속하고 있어야 한다.제31회

3. 상가건물을 임차하고 사업자등록을 마친 사업자가 임차건물의 전대차한 경우, 임차인이 상가건물 임대차보호법상의 대항력 및 우선변제권을 유지하기 위해서는 전차인이 그 명의로 사업자등록을 하여야 한다.제31회

4. 사업자가 폐업신고를 하였다가 다시 같은 상호 및 등록번호로 사업자등록을 하였다고 하더라도 상가건물임대차보호법상의 대항력 및 우선변제권이 그대로 존속한다고 할 수 없고,제31회 다시 사업자등록을 한 다음 날부터 대항력이 발생한다.

❸ 보증금의 회수

1. 대항요건을 갖추고 관할 세무서장으로부터 임대차계약서상의 확정일자를 받은 임차인은 경매 또는 공매시 임차건물(임대인 소유의 대지를 포함한다)의 환가대금에서 후순위권리자나 그 밖의 채권자보다 우선하여 보증금을 변제받을 권리가 있다.

2. 건물에 대한 경매신청의 등기 전에 대항요건(건물의 인도와 사업자등록)을 갖춘 임차인은 보증금 중 일정액을 다른 담보물권자보다 우선하여 변제받을 권리가 있다(확정일자는 불필요).

3. 최우선변제를 받을 수 있는 범위는 서울특별시의 경우 보증금 6천 5백만원 이하에 2천 200만원으로 한다.

❹ 존속기간의 보장

1. 최단기간의 제한

① 기간을 정하지 아니하거나 기간을 1년 미만으로 정한 임대차는 그 기간을 1년으로 본다.

② 다만, 임차인은 1년 미만으로 정한 기간이 유효함을 주장할 수 있다.

2. 임차인의 계약갱신요구권

① 의의

　㉠ 임대인은 임차인이 임대차기간이 만료되기 6개월 전부터 1개월 전까지 사이에 행하는 계약갱신 요구에 대하여 정당한 사유 없이 이를 거절하지 못한다.

　㉡ 임대인이 먼저 갱신거절의 통지를 하더라도 임차인은 갱신요구권을 행사할 수 있다.

② 임대인의 거절사유

　㉠ 임차인이 3기의 차임액(주택은 2기)에 달하도록 차임을 연체한 사실이 있는 때제25회

　㉡ 임차인이 임차한 건물의 전부 또는 일부를 고의 또는 중대한 과실로 파손한 경우(경과실로 파손한 경우에는 거절×)제32회

ⓒ 임대인 직접거주 제외하고 주택임대차와 동일

③ 행사의 범위 및 효과

㉠ 임차인의 계약갱신요구권은 최초의 임대차기간을 포함한 전체 임대차기간이 10년을 초과하지 않는 범위 내에서만 행사할 수 있다(주택은 1회에 한하여 행사).제30회

㉡ 갱신되는 임대차는 전 임대차와 동일한 조건으로 다시 계약된 것으로 본다(주택은 2년으로 본다). 다만, 차임과 보증금은 100분의 5 범위 안에서 증감할 수 있다.

㉢ 상가건물의 공유자인 임대인이 임차인에게 갱신거절의 통지를 하는 행위는 공유물의 관리행위에 해당하여 공유자의 지분의 과반수로써 결정하여야 한다.

3. 법정(묵시적)갱신

① 임대인이 기간 만료 전 6월 전부터 1월까지 사이에 임차인에 대하여 통지를 하지 아니한 경우에는 그 기간이 만료된 때에 전임대차와 동일한 조건으로 다시 임대차한 것으로 본다.

② 이 경우 임대차의 존속기간은 1년으로 본다. 다만, 임차인은 언제든지 계약해지의 통고를 할 수 있고, 임대인이 그 통고를 받은 날부터 3개월이 경과하면 그 효력이 발생한다.제30회

③ 갱신요구권을 행사하는 경우에 전체기간을 10년으로 제한하는 규정은 법정갱신에 대해서는 적용되지 않는다.

참고 지상권, 전세권, 임대차, 주택임대차, 상가임대차 기간 비교

구분	지상권	전세권	임차권	주택임차권	상가임차권
기간제한	최단기 (30, 15, 5)	① 최장 : 10년 (토지, 건물) ② 최단 : 1년 (건물만)	제한 없음	최단기 : 2년	최단기 : 1년
기간 정함 없는 경우	최단기간으로 본다.	언제든지 소멸 통고(6월 경과)	언제든지 해지 통고(임대인 6월, 임차인 1월 경과)	2년	1년
법정갱신	없음	① 건물만 인정 ② 기간 정×	기간 정×	① 기간 : 2년 ② 임차인만 언제든지 해지통고 (3월 경과)	① 기간 : 1년 ② 임차인만 언제든지 해지통고 (3월 경과)

❺ 권리금의 보호

1. 임대인의 권리금 회수 방해행위 금지

① 임대인은 임대차기간이 끝나기 6개월 전부터 임대차 종료시까지 다음의 어느 하나에 해당하는 행위를 함으로써 권리금계약에 따라 임차인이 주선한 신규임차인이 되려는 자로부터 권리금을 지급받는 것을 방해하여서는 아니 된다.

    ㉠ 임차인이 주선한 신규임차인이 되려는 자에게 권리금을 요구하거나 임차인이 주선한 신규임차인이 되려는 자로부터 권리금을 수수하는 행위

    ㉡ 임차인이 주선한 신규임차인이 되려는 자로 하여금 임차인에게 권리금을 지급하지 못하게 하는 행위

    ㉢ 임차인이 주선한 신규임차인이 되려는 자에게 현저히 고액의 차임과 보증금을 요구하는 행위

    ㉣ 정당한 사유 없이 임대인이 임차인이 주선한 신규임차인이 되려는 자와 임대차계약의 체결을 거절하는 행위

2. 허용되는 경우

① 갱신거절사유에 해당되는 경우, 임대임은 권리금회수의 기회를 보장할 필요가 없다.제30회

② 다음 어느 하나에 해당하는 경우에는 위 ㉣의 정당한 사유가 있는 것으로 본다. 즉, 임대차계약의 체결을 거절할 수 있는 정당한 사유가 있는 경우는 다음과 같다.제29회

    ㉠ 임차인이 주선한 신규임차인이 되려는 자가 보증금 또는 차임을 지급할 자력이 없는 경우제29회

    ㉡ 임차인이 주선한 신규임차인이 되려는 자가 임차인으로서의 의무를 위반할 우려가 있거나 그 밖에 임대차를 유지하기 어려운 상당한 사유가 있는 경우제29회

    ㉢ 임대차목적물인 상가건물을 1년 6개월 이상 영리목적으로 사용하지 아니한 경우제29회

    ㉣ 임대인이 선택한 신규임차인이 임차인과 권리금계약을 체결하고 그 권리금을 지급한 경우제29회

3. 임대인의 손해배상책임

① 임대인이 권리금 회수방해 행위를 하여 임차인에게 손해를 발생하게 한 때에는 그 손해를 배상할 책임이 있다. 이 경우 그 손해배상액은 신규임차인이 임차인에게 지급하기로 한 권리금과 임대차 종료 당시의 권리금 중 낮은 금액을 넘지 못한다.

② 임차인의 임대인에게 손해배상을 청구할 권리는 임대차가 종료한 날부터 3년제26회 이내에 행사하지 아니하면 시효의 완성으로 소멸한다.제27회

4. 기타 권리금 관련 사항

① 전체 임대차기간이 10년을 초과하여 임차인이 계약갱신요구권을 행사할 수 없는 경우에도 임대인은 권리금 회수기회 보호의무를 부담한다.

② 임차인의 임차목적물 반환의무와 임대인의 권리금 회수 방해로 인한 손해배상의무는 그 사이에 이행상 견련관계를 인정하기 어렵다. 즉, 동시이행관계가 아니다.

③ 전통시장 내 영세상인도 권리금 적용대상에 포함한다.

---

3 대표 기출문제

제28회 수정

01 甲이 2020.2.10. 乙소유의 X상가건물을 乙로부터 보증금 10억원에 임차하여 상가건물임대차보호법상의 대항요건을 갖추고 영업하고 있다. 다음 설명 중 **틀린** 것은?

① 甲의 계약갱신요구권은 최초의 임대차기간을 포함한 전체 임대차기간이 10년을 초과하지 아니하는 범위에서만 행사할 수 있다.

② 甲과 乙사이에 임대차기간을 6개월로 정한 경우, 乙은 그 기간이 유효함을 주장할 수 있다.

③ 甲의 계약갱신요구권에 따라 갱신되는 임대차는 전 임대차와 동일한 조건으로 다시 계약된 것으로 본다.

④ 임대차종료 후 보증금이 반환되지 않은 경우 甲은 X건물의 소재지 관할법원에 임차권등기명령을 신청할 수 없다.

⑤ X건물이 경매로 매각된 경우, 甲은 특별한 사정이 없는 한 보증금에 대해 일반채권자보다 우선하여 변제받을 수 있다.

해설

상가건물임대차보호법 적용범위에 관한 문제이다. 상가건물임대차보호법은 원칙적으로 대통령령으로 정하는 보증금액(9억원)을 초과하는 임대차에 대하여는 적용하지 아니하지만(제2조 제1항 후단), 예외적으로 대항력(법 제3조), 계약갱신요구 등(법 제10조 제1항, 제2항, 제3항), 계약갱신시 차임 및 보증금의 증감청구(법 제10조의2), 권리금(법 제10조의3 내지 제10조의7), 차임연체와 해지(법 제10조의8), 표준계약서 작성 등(법 제19조)은 보증금 여부에 관계없이 모든 상가건물임대차에 적용된다(제2조 제3항).

⑤ 대통령령이 정하는 보증금액이 초과하는 상가건물임대차에 대항력은 적용되지만 우선변제력은 적용되지 않는다. 또한 상가건물임대차보호법이 적용되는 보증금액이라도 대항요건만 갖추고 있기 때문에 경매절차에서 보증금에 대해 우선변제 받을 수 없다.

정답 ⑤

제30회 출제

02 상가건물 임대차보호법에 관한 설명으로 옳은 것은?

① 임대차계약을 체결하려는 자는 임대인의 동의 없이도 관할 세무서장에게 해당 상가건물의 임대차에 관한 정보제공을 요구할 수 있다.

② 임차인이 임차한 건물을 중대한 과실로 전부 파손한 경우, 임대임은 권리금회수의 기회를 보장할 필요가 없다.

③ 임차인은 임대인에게 계약갱신을 요구할 수 있으나 전체 임대차기간이 7년을 초과해서는 안된다.

④ 임대차가 종료한 후 보증금이 반환되지 않은 때에는 임차인은 관할 세무서에 임차권등기명령을 신청할 수 있다.

⑤ 임대차계약이 묵시적으로 갱신된 경우, 임차인의 계약 해지의 통고가 있으면 즉시 해지의 효력이 발생한다.

해설

② 제10조 제1항 각 호의 어느 하나(갱신거절사유)에 해당하는 사유가 있는 경우에는 임대인은 임차인의 권리금회수 기회를 보장할 필요가 없다(법 제10조의4 제1항 단서). 따라서 임차인이 임차한 건물을 중대한 과실로 전부 파손한 경우, 임대인의 계약갱신거절사유에 해당하므로 임대임은 권리금회수의 기회를 보장할 필요가 없다.

① 임대차계약을 체결하려는 자는 임대인의 동의를 받아(동의 없이도×) 세무서장에게 해당 상가건물의 임대차에 관한 정보제공을 요구할 수 있다(법 제4조 제4항).

③ 임차인은 임대인에게 계약갱신을 요구할 수 있으나 전체 임대차기간이 10년(7년×)을 초과해서는 안된다.

④ 임대차가 종료한 후 보증금이 반환되지 않은 때에는 임차인은 임차건물의 소재지를 관할하는 지방법원, 지방법원지원 또는 시·군법원에(관할 세무서에×) 임차권등기명령을 신청할 수 있다.

⑤ 임대차계약이 묵시적으로 갱신된 경우, 임차인의 계약 해지의 통고가 있으면 임대인이 그 통고를 받은 날부터 3개월이 경과하면(즉시×) 해지의 효력이 발생한다.

답 ②

4 출제 예상문제

01 상가건물임대차보호법의 내용으로 틀린 것은?

① 사업자등록의 대상이 되지 않는 건물에 대해서는 위 법이 적용되지 않는다.

② 기간을 정하지 아니하거나 기간을 1년 미만으로 정한 임대차는 그 기간을 1년으로 본다.

③ 임차인의 계약갱신요구권은 최초의 임대차기간을 포함한 전체 임대차기간이 10년을 초과하지 않는 범위 내에서만 행사할 수 있다.

④ 임차인의 계약갱신요구에 의하여 갱신되는 임대차의 존속기간은 1년으로 하지만 임차인은 언제든지 임대인에게 계약해지를 통지할 수 있다.

⑤ 갱신요구권을 행사하는 경우에 전체기간을 10년으로 제한하는 규정은 법정갱신에 대해서는 적용되지 않는다.

해설 ✦ ④ 상가임차인의 갱신요구에 의해 갱신되는 임대차는 전 임대차와 동일한 조건으로 다시 계약된 것으로 본다. 따라서 갱신되는 임대차의 존속기간도 전 임대차와 동일하다.

정답 ✦ ④

02 상가건물 임대차보호법에 관한 설명으로 <u>틀린</u> 것은?

① 계약갱신요구에 관한 규정(제10조)은 전대인(轉貸人)과 전차인(轉借人)의 전대차관계에 적용한다.

② 임차인이 3기의 차임액에 해당하는 금액에 이르도록 차임을 연체한 사실이 있는 경우, 임대임은 권리금회수의 기회를 보장할 필요가 없다.

③ 임대인의 권리금 회수방해행위로 인하여 임차인에게 손해를 배상할 책임이 있는 경우, 그 손해배상액은 신규임차인이 임차인에게 지급하기로 한 권리금과 임대차 종료 당시의 권리금 중 낮은 금액을 넘지 못한다.

④ 임대차목적물인 상가건물을 6개월 동안 영리 목적으로 사용하지 아니한 경우, 임대인은 임차인이 주선한 신규임차인으로 되려는 자와 임대차계약의 체결을 거절할 수 있다.

⑤ 임대차기간이 만료되기 6개월 전부터 1개월 전까지 사이에 임대인의 갱신 거절의 통지가 있는 때에도 특별한 사유가 없는 한 임차인은 계약갱신요구권을 행사할 수 있다.

해설 ✦ ④ 임대인은 임대차목적물인 상가건물을 1년 6개월 이상 영리목적으로 사용하지 아니한 경우에 임차인이 주선한 신규임차인으로 되려는 자와 임대차계약의 체결을 거절할 수 있다.

〈임대인의 임대차계약의 체결 거절사유〉
㉠ 임차인이 주선한 신규임차인이 되려는 자가 보증금 또는 차임을 지급할 자력이 없는 경우
㉡ 임차인이 주선한 신규임차인이 되려는 자가 임차인으로서의 의무를 위반할 우려가 있거나 그 밖에 임대차를 유지하기 어려운 상당한 사유가 있는 경우
㉢ 임대차목적물인 상가건물을 1년 6개월 이상 영리목적으로 사용하지 아니한 경우
㉣ 임대인이 선택한 신규임차인이 임차인과 권리금계약을 체결하고 그 권리금을 지급한 경우

정답 ✦ ④

47 가등기담보 등에 관한 법률

1 출제예상과 학습포인트

✦ **기출횟수**

　제25회 ~ 제34회

✦ **제35회 출제예상**

　매년 출제 된다. 제35회 출제가능성은 100%이다.

✦ **제35회 대비 중요도**

　★★★

✦ **학습방법**

　가등기담보권도 기본 성질은 담보물권으로서 저당권과 동일한 성질을 갖고 있다는 것을 이해하면서 채무자를 보호하기 위한 가등기담보법에 따른 권리취득에 의한 실행(귀속청산)절차와 내용을 숙지하여야 한다.

✦ **핵심쟁점**

　❶ 가등기담보권(양도담보권)의 경우 부동산의 사용·수익권(과실수취권)은 누구에게 귀속하는가?
　❷ 가등기담보 등에 관한 법률의 적용범위
　❸ 권리취득에 의한 실행(귀속청산)의 경우 실행통지에 관한 사항
　❹ 후순위권리자 보호 문제

2 핵심 내용

❶ 가등기담보의 의의 및 가등기담보권의 성질

1. 가등기담보의 의의

채권담보를 위해 저당권을 설정하지 않고 부동산에 대하여 채권자 앞으로 소유권이전의 가등기를 하거나(가등기담보) 아니면 아예 소유권이전등기를 하는(양도담보) 변칙적 담보형식이다.

2. 가등기담보권의 성질

① **담보물권성** : 가등기담보권은 저당권에 유사한 특수저당권으로 본다. 따라서 경매청구권·우선변제권·별제권·부종성·수반성^{제33회}·불가분성·물상대위성^{제31회} 등을 갖는다.

② 용익관계

　㉠ 가등기담보권이 실행될 때까지는 목적물의 소유권이 담보권설정자에게 있으므로, 담보권설정자는 목적물을 자유롭게 사용·수익할 수 있고 과실을 수취할 수 있다.

　㉡ 따라서 양도담보의 경우 다른 약정이 없는 이상 목적부동산을 임대할 권한은 양도담보설정자에게 있고, 양도담보권자는 채무자나 채무자로부터 그 사용·수익할 수 있는 권한을 승계한 자에 대하여는 임료 상당의 손해배상이나 부당이득반환청구를 할 수 없다.제29회 제31회

　㉢ 그러나 양도담보권자는 담보권의 실행을 위하여 담보채무자가 아닌 제3자에 대하여도 담보물의 인도를 구할 수 있다.제29회 제31회

③ 담보목적물에 대한 과실수취권 등을 포함한 사용·수익권은 청산절차의 종료와 함께 채권자에게 귀속된다.제26회 제30회

❷ 가등기담보법의 적용범위제34회

1. 소비대차에 의한 채권(차용금, 대여금) 담보일 것

① 따라서 공사대금채권,제26회 제33회 매매대금채권,제34회 물품대금채권을 담보할 목적으로 가등기가 경료된 경우에는 적용되지 않는다.

② 가등기담보 채권자가 가등기담보권을 실행하기 이전에 가등기담보 채무자의 제3자에 대한 선순위 가등기담보채무를 대위변제하여 구상권이 발생하였다면 특별한 사정이 없는 한 이 구상권도 가등기담보계약에 의하여 담보된다.

2. 등기·등록에 의하여 공시되는 물건이나 재산권일 것

① 명칭에 관계없이 재산권 이전형 변칙담보에 적용된다(가등기담보, 양도담보, 매도담보). 단, 등기·등록할 수 없는 동산양도담보에는 적용되지 않는다.

② 부동산소유권 이외의 권리의 취득을 목적으로 하는 담보계약에도 준용된다. 그러나 질권, 저당권 및 전세권의 취득을 목적으로 하는 경우에는 적용되지 않는다.

3. 예약 당시 담보목적물의 가액이 피담보채권액(차용액 및 이자)을 초과할 것

① 예약 당시 목적물에 선순위근저당권이 있는 경우에는 목적물의 가액에서 선순위근저당권의 피담보채권액을 공제한 나머지 가액이 차용액 및 이자의 합산액을 초과한 경우에 적용된다.

② 따라서 가등기담보 부동산에 대한 예약 당시의 시가가 그 피담보채무액에 미달하는 경우에는 청산금평가액의 통지 및 청산금지급 등의 절차를 이행할 여지가 없다.제32회

③ 권리취득에 의한 실행(귀속청산)

1. 실행통지

① 통지할 내용

    ㉠ 통지사항은 청산금 평가액이다. 이는 목적부동산의 평가액에서 선순위담보권과 가등기담보권자의 채권액을 공제한 금액이다.

    ㉡ 청산금통지에는 통지 당시의 담보목적부동산의 평가액과 「민법」 제360조에 규정된 채권액(원본, 이자, 위약금, 채무불이행으로 인한 손해배상 등)을 밝혀야 한다.제27회

    ㉢ 실행통지 당시의 부동산의 평가액이 피담보채권액에 미달하여 청산금이 없다고 인정되는 경우에는 그 뜻을 통지하여야 한다.제30회

    ㉣ 담보목적 부동산이 둘 이상인 경우에는 각 부동산의 소유권이전에 의하여 소멸시키려는 채권과 그 비용을 밝혀야 한다.제27회

    ㉤ 채권자가 나름대로 평가한 청산금의 액수가 객관적인 청산금의 평가액에 미치지 못한다고 하더라도 담보권실행의 통지로서의 효력이 있으며,제30회 청산기간이 정상적으로 진행된다.

② 통지시기 및 통지방법

    ㉠ 통지시기는 채권의 변제기 후에 언제라도 상관없다.

    ㉡ 통지방법은 제한이 없으므로 서면 또는 구두의 통지 모두 가능하다.

③ 통지의 상대방

    ㉠ 실행통지의 상대방은 '채무자 등', 즉 채무자, 담보가등기목적부동산의 물상보증인, 담보가등기 후 소유권을 취득한 제3자이다.

    ㉡ 통지의 상대방이 수인인 경우 이들 모두에게 하여야 하며 일부에 대하여 통지를 하지 않으면 통지로서의 효력이 없다.

④ 통지의 구속력

    ㉠ 채권자는 그가 통지한 청산금의 금액에 관하여 다툴 수 없다.제24회 제33회

    ㉡ 그러나 통지의 상대방인 채무자 등은 채권자가 통지한 청산금액을 다투고 정당하게 평가된 청산금을 지급받을 때까지 목적부동산의 소유권이전등기 및 인도채무의 이행을 거절하거나제24회 채권자에게 정당하게 평가된 청산금을 청구할 수도 있다.

2. 청산기간의 경과

① 채권자가 담보목적 부동산의 소유권을 취득하기 위하여는 가등기담보권의 실행통지가 상대방에게 도달한 날로부터 2개월이 지나야 한다.

② 후순위권리자는 청산기간 내에 그의 채권의 변제기 도래 전이라도 경매를 청구할 수 있다.

3. 청산(청산금 지급 및 본등기에 의한 권리취득)

① **청산금** : 통지 당시의 담보목적부동산의 가액 - (피담보채권액 + 선순위 채권액)제30회

  ✦ 후순위 채권액은 공제되는 피담보책권액에 포함×

② **청산금청구권자** : 설정자(채무자 또는 물상보증인) 또는 제3취득자 및 후순위권리자(가등기 후의 저당권자, 전세권자, 가등기담보권자, 임차인 등)

  ✦ 선순위담보권자는 청산금채권자에서 제외

③ **권리취득**

  ㉠ 청산금의 지급과 부동산의 소유권이전등기 및 인도는 동시이행관계에 있다.

  ㉡ 청산금이 없는 경우에는 청산기간이 경과함으로써 청산절차는 종료되고, 채권자는 반대급부의 제공 없이 채무자에 대하여 소유권이전등기청구권 및 목적물인도청구권을 가진다.

4. 채무자 등의 말소청구권

① 채무자나 물상보증인 또는 제3취득자는 청산금을 지급받을 때까지 설사 청산기간이 지났다 하더라도 자신의 채무를 변제하고 소유권이전등기나 가등기의 말소를 청구할 수 있다.

② 다만, 채무의 변제기로부터 10년이 경과한 때와 선의의 제3자가 소유권을 취득한 때에는 그러하지 아니하다.제20회 제29회

③ 청산절차 없이 담보목적부동산을 처분하여 선의의 제3자에게 소유권을 취득하게 한 채권자는 채무자에게 불법행위책임을 진다.제22회

5. 후순위권리자 보호

① **실행통지 사실의 통지**

  ㉠ 가등기담보권자가 실행통지를 한 후에는 지체 없이 후순위권리자에게 그 통지의 사실과 내용 및 도달일을 통지하여야 한다.

  ㉡ 가등기담보권자가 채무자에게 청산통지를 하였다는 사실 등을 후순위권리자에게 통지하지 아니한 경우에 후순위권리자가 존재한다는 사유만으로 채무자에게 담보권의 실행을 거부할 권원을 부여하는 것은 아니다.

② **경매신청** : 후순위권리자는 청산기간에 한정하여 그의 채권이 변제기 도래 전이라도 경매를 청구할 수 있다.제20회 제25회 제26회 제28회

③ **청산금에 대한 권리행사**

  ㉠ 후순위권리자는 채무자 등이 지급받을 청산금에 대하여 청산금 지급시까지 그 권리를 행사할 수 있고, 채권자는 후순위권리자의 요구가 있는 때에는 이를 지급하여야 한다.

  ㉡ 채권자가 후순위권리자로부터 명세와 증서를 받고 후순위권리자에게 청산금을 지급한 때에는 그 범위에서 청산금채무는 소멸한다.

④ 청산금에 대한 처분제한

　　㉠ 채무자가 청산기간이 지나기 전에 한 청산금에 관한 권리의 양도나 그 밖의 처분은 이로써 후순위권리자에게 대항하지 못한다.제28회 제32회

　　㉡ 채권자가 청산기간이 지나기 전에 청산금을 지급한 경우 또는 실행통지의 통지를 하지 아니하고 청산금을 지급한 경우에도 후순위권리자에게 대항하지 못한다.

6. 편면적 강행규정

① 가등기담보법의 청산절차를 거치지 않고 가등기담보권자가 경료한 소유권이전등기는 무효이다.제22회 제28회 다만, 그 후라도 청산절차를 마치면 그 소유권이전등기는 유효한 등기로 된다.제23회

② 그러나 청산기간이 경과한 후에는 청산금의 지급을 면제하는 것과 같은 무청산의 특약은 유효하다.

④ 경매에 의한 실행

1. 담보가등기권리자는 담보목적부동산의 경매를 청구할 수 있다.제25회 제33회 이 경우 경매에 관하여는 담보가등기권리를 저당권으로 본다.

2. 담보가등기를 마친 부동산에 대하여 강제경매 등의 개시결정이 있는 경우에 그 경매의 신청이 청산금을 지급하기 전에 행하여진 경우에는 담보가등기권리자는 그 가등기에 따른 본등기를 청구할 수 없다.제25회

3. 담보가등기를 마친 부동산에 대하여 강제경매 등이 행하여진 경우에는 담보가등기권리는 그 부동산의 매각에 의하여 소멸한다.제24회 제25회 제28회 제32회

3 대표 기출문제

제34회 출제

01 **가등기담보 등에 관한 법률이 원칙적으로 적용되는 것은?** (단, 이자는 고려하지 않으며, 다툼이 있으면 판례에 따름)

① 1억원을 차용하면서 부동산에 관하여 가등기나 소유권 이전등기를 하지 않는 경우

② 매매대금채무 1억원의 담보로 2억원 상당의 부동산 소유권이전등기를 한 경우

③ 차용금재무 1억원의 담보로 2억원 상당의 부동산에 대해 대물변제예약을 하고 가등기한 경우

④ 차용금채무 3억원의 담보로 이미 2억원의 다른 채무에 대한 저당권이 설정된 4억원 상당의 부동산에 대해 대물변제예약을 하고 가등기한 경우

⑤ 1억원을 차용하면서 2억원 상당의 그림을 양도담보로 제공한 경우

> **해설**
>
> ③ 「가등기담보 등에 관한 법률」은 피담보채권이 소비대차에 의한 채권(차용금채권)이어야 하고, 등기 또는 등록되는 부동산으로 예약 당시 담보목적물의 가액이 피담보채권액(차용액 및 이자)을 초과하는 경우에 적용된다.
> ① 가등기나 소유권 이전등기를 하지 않았으므로 적용되지 않는다.
> ② 매매대금채권이나 공사대금채권을 담보하기 위하여 담보가등기를 한 경우에는 「가등기담보 등에 관한 법률」이 적용되지 않는다.
> ④ 예약 당시 목적물의 가액(4억원)에서 선순위근저당권의 피담보채권액(2억원)을 공제한 나머지 가액(2억원)이 차용액 및 이자의 합산액(3억원)에 미달하므로 적용되지 않는다.
> ⑤ 동산에 대한 양도담보에는 「가등기담보 등에 관한 법률」이 적용되지 않는다.
>
> 답 ③

제28회 출제

02 甲은 乙에게 빌려준 1,000만원을 담보하기 위해 乙소유의 X토지(시가 1억원)에 가등기를 마친 다음, 丙이 X토지에 대해 저당권을 취득하였다. 다음 설명 중 옳은 것은? (다툼이 있으면 판례에 따름)

① 乙의 채무변제의무와 甲의 가등기말소의무는 동시이행의 관계에 있다.

② 甲이 청산기간이 지나기 전에 가등기에 의한 본등기를 마치면 그 본등기는 무효이다.

③ 乙이 청산기간이 지나기 전에 한 청산금에 관한 권리의 양도는 이로써 丙에게 대항할 수 있다.

④ 丙은 청산기간이 지나면 그의 피담보채권 변제기가 도래하기 전이라도 X토지의 경매를 청구할 수 있다.

⑤ 甲의 가등기담보권 실행을 위한 경매절차에서 X토지의 소유권을 丁이 취득한 경우, 甲의 가등기담보권은 소멸하지 않는다.

해설

② 청산절차에 관한 규정을 위반하여 담보가등기에 기한 본등기가 이루어진 경우에는 그 본등기는 무효라고 할 것이고, 다만 후에 가등기담보법에 따른 청산절차를 마치면 무효인 본등기는 실체적 법률관계에 부합하는 유효한 등기가 될 수 있다[2009다90160,90177].

① 채무자 乙의 채무변제의무는 채권자 甲의 가등기말소의무보다 선이행할 의무이다.

③ 채무자 乙이 청산기간이 지나기 전에 한 청산금에 관한 권리의 양도나 그 밖의 처분은 이로써 후순위권리자 丙에게 대항하지 못한다(가등기담보 등에 관한 법률 제7조 제1항).

④ 후순위권리자 丙은 청산기간에 한정하여 그 피담보채권의 변제기 도래 전이라도 담보목적부동산의 경매를 청구할 수 있다(법 제12조 제2항).

⑤ 가등기담보권은 경매절차에서 저당권과 동일하므로 담보가등기를 마친 부동산에 대하여 경매 등이 행하여진 경우에는 담보가등기권리는 그 부동산의 매각에 의하여 소멸한다.

답 ②

제33회 출제

03 가등기담보 등에 관한 법률이 적용되는 가등기담보에 관한 설명으로 옳은 것은? (다툼이 있으면 판례에 따름)

① 채무자가 아닌 제3자는 가등기담보권의 설정자가 될 수 없다.

② 귀속청산에서 변제기 후 청산금의 평가액을 채무자에게 통지한 경우, 채권자는 그가 통지한 청산금의 금액에 관하여 다툴 수 있다.

③ 공사대금채권을 담보하기 위하여 담보가등기를 한 경우, 「가등기담보 등에 관한 법률」이 적용된다.

④ 가등기담보권자는 특별한 사정이 없는 한 가등기담보권을 그 피담보채권과 함께 제3자에게 양도할 수 있다.

⑤ 가등기담보권자는 담보목적물에 대한 경매를 청구할 수 없다.

> **해설**
>
> ④ 가등기담보권은 저당권과 같이 수반성을 가지므로 피담보채권과 함께 제3자에게 양도할 수 있다.
>
> ① 채무자 아닌 제3자도 설정자가 될 수 있다.
>
> ② 청산금의 평가액을 채무자에게 통지한 채권자는 그가 통지한 청산금의 금액에 관하여 다툴 수 없다.
>
> ③ 공사대금채권이나 매매대금채권을 담보하기 위하여 담보가등기를 한 경우에는 「가등기담보 등에 관한 법률」이 적용되지 않는다.
>
> ⑤ 가등기담보권자는 담보목적물에 대한 경매를 청구할 수 있다.
>
> 답 ④

4 출제 예상문제

01 「가등기담보 등에 관한 법률」에 관한 설명으로 틀린 것은? (다툼이 있으면 판례에 의함)

① 가등기담보권이 설정된 경우, 설정자는 담보권자에 대하여 그 목적물의 소유권을 자유롭게 행사할 수 있다.

② 채무의 변제기가 지난 때부터 10년이 경과함으로써 채무자 등의 말소청구권이 소멸한 경우라도 채무자는 채권자에게 청산금의 지급을 청구할 수 있다.

③ 채무자가 청산기간이 지나기 전에 한 청산금에 관한 권리의 양도는 이로써 후순위권리자에게 대항할 수 있다.

④ 실행통지의 상대방이 채무자 등 여러 명인 경우, 그 모두에 대하여 실행통지를 하여야 통지
로서의 효력이 발생한다.

⑤ 후순위권리자는 청산기간에 한정하여 그 피담보채권의 변제기가 도래하기 전이라도 담보목
적 부동산의 경매를 청구할 수 있다.

해설 ✦ ③ 채무자가 청산기간이 지나기 전에 한 청산금에 관한 권리의 양도나 그 밖의 처분은 이로써 후순위권리자에게
대항하지 못한다.

정답 ✦ ③

02 가등기담보 등에 관한 법률에 관한 설명으로 **틀린** 것은? (다툼이 있으면 판례에 따름)

① 채권자가 담보권을 실행하여 소유권을 취득하기 위해서는 청산금의 평가액을 채무자 등에
게 통지하고, 그 통지가 채무자 등에게 도달한 날부터 2개월이 지나야 한다.

② 부동산의 평가액이 채권액에 미달하여 청산금이 없다고 인정되는 때에는 그 뜻을 통지하여
야 한다.

③ 채권담보의 목적으로 부동산 소유권을 이전한 경우, 그 부동산에 대한 사용수익권은 담보권
설정자에게 있음이 원칙이다.

④ 채권자가 채무자에게 지급할 청산금을 계산함에 있어서는 후순위권리자의 채권액을 고려하
여야 한다.

⑤ 담보부동산에 대하여 강제경매가 되면, 담보가등기권리는 그 부동산의 매각에 의하여 소멸
한다.

해설 ✦ ④ 채권자가 채무자에게 지급할 청산금을 계산함에 있어서는 선순위권리자의 채권액은 고려하여야 하지만, 후순위
권리자의 권리는 직권말소되므로 후순위권리자의 채권액은 고려대상이 아니다.

정답 ✦ ④

1 출제예상과 학습포인트

✦ 기출횟수

제25회 ~ 제34회

✦ 제35회 출제예상

매년 출제 된다. 제35회 출제가능성은 100%이다.

✦ 제35회 대비 중요도

★★★

✦ 학습방법

무효인 명의신탁의 유형을 2자간 명의신탁, 3자간등기명의신탁, 계약명의신탁으로 나누어 법률관계를 정리하고, 유효인 명의신탁의 경우의 법률관계와 명의신탁에 해당되지 않는 것으로 상호명의신탁(구분소유적 공유관계)을 이해하고 정리하여야 한다.

✦ 핵심쟁점

❶ 3자간등기명의신탁의 법률관계
❷ 계약명의신탁의 법률관계
❸ 상호명의신탁의 법률관계

2 핵심 내용

❶ 명의신탁의 의의 및 명의신탁의 금지

1. 명의신탁의 의의

① 부동산에 관한 소유권이나 그 밖의 물권을제26회 보유한 자 또는 사실상 취득하거나 취득하려고 하는 자(실권리자)가 타인과의 사이에서 대내적으로는 실권리자가 부동산에 관한 물권을 보유하거나 보유하기로 하고 그에 관한 등기(가등기를 포함)는 그 타인의 명의로 하기로 하는 약정을 말한다.

② 명의신탁의 유형은 2자간 명의신탁, 3자간 등기명의신탁(중간생략등기형 명의신탁), 계약명의신탁 등이 있다.

2. 명의신탁의 원칙적 무효

① 명의신탁약정과 이러한 약정에 의한 등기도 무효로 한다(다만, 명의신탁이 반사회질서행위는 아니다).
② 명의신탁약정 및 이에 따라 행해진 등기에 의한 물권변동은 무효지만 그 무효로서 제3자에 대항하지 못한다.(제3자는 선의·악의 불문 권리 취득)제26회 제34회

❷ 이전형 명의신탁(양자간 명의신탁) 제26회 제31회 제34회

1. 의의 : 명의신탁자 甲이 자신 소유 부동산을 명의수탁자 乙명의로 등기한 경우

2. 당사자간 법률관계

① 명의신탁약정과 명의수탁자 명의의 소유권이전등기는 무효이므로 대내, 대외적으로 명의신탁자가 소유자이다.
② 명의신탁이 무효이므로 신탁자는 명의신탁해지를 원인으로 소유권이전등기를 청구할 수 없다.
③ 그러나 명의신탁자는 명의수탁자명의 등기말소를 청구하거나 진정명의회복을 원인으로 소유권이전등기를 구할 수 있다.
④ 명의수탁자가 수탁받은 물건을 처분한 경우, 제3자는 선의, 악의를 불문하고 유효하게 권리를 취득하고, 명의신탁자는 명의수탁자에게 손해배상 등을 청구할 수 있다.
⑤ 양자간 등기명의신탁에서 명의수탁자가 신탁부동산을 처분하여 제3취득자가 유효하게 소유권을 취득하여 명의신탁자가 신탁부동산에 대한 소유권을 상실하였다면, 명의신탁자의 소유권에 기한 물권적 청구권(말소등기청구권)도 더 이상 그 존재 자체가 인정되지 않는다. 따라서 그 후 명의수탁자가 우연히 신탁부동산의 소유권을 다시 취득하였다고 하더라도 여전히 물권적 청구권은 그 존재 자체가 인정되지 않는다.

❸ 3자간 등기명의신탁(중간생략형 명의신탁) 제24회 제25회 제30회

1. 의의 : 甲은 乙과 명의신탁약정을 하고 丙소유의 X부동산을 매수하면서 丙에게 부탁하여 직접 乙명의로 소유권이전등기를 하는 경우

2. 당사자간의 법률관계

① 명의신탁약정과 수탁자(乙)명의의 이전등기(물권변동)는 무효이다. 따라서 매도인 丙이 소유자이다.
② 매도인(丙)과 명의신탁자간(甲)의 관계 : 매도인(丙)과 명의신탁자(甲) 사이의 매매계약은 유효하므로 명의신탁자는(甲) 매도인(丙)에 대하여 매매계약에 기한 소유권이전등기를 청구할 수 있고 매도인(丙)은 여전히 명의신탁자(甲)에 대하여 소유권이전의무가 있다.

③ **매도인(丙)과 명의수탁자(乙)간의 관계** : 매도인(丙)은 수탁자(乙)명의의 등기를 말소청구할 수 있고, 진정한 등기명의의 회복을 위한 소유권이전등기를 청구할 수도 있다.

④ **명의신탁자와(甲) 명의수탁자(乙)간의 법률관계**

   ㉠ 명의신탁자(甲)는 명의수탁자(乙)를 상대로 명의신탁해지 또는 부당이득반환을 원인으로 한 소유 권이전등기나 명의수탁자(乙) 명의등기의 말소를 구할 수도 없다.

   ㉡ 다만, 명의신탁자(甲)는 매도인을 대위하여 명의수탁자(乙) 명의의 등기의 말소를 구할 수 있다.

   ㉢ 만일 수탁자(乙)가 신탁자(甲) 앞으로 바로 소유권이전등기를 경료한 경우 이는 실체관계에 부합 하는 등기로서 유효하다.제26회

⑤ **제3자와의 관계**

   ㉠ 명의수탁자가 신탁부동산을 임의로 제3자(丁)에게 매각처분한 경우에 특별한 사정이 없는 한 그 제3자(丁)는 선의·악의를 불문하고 유효하게 소유권을 취득한다.

   ㉡ 명의수탁자(乙)가 신탁부동산을 제3자(丁)에게 처분한 경우, 명의수탁자(乙)는 명의신탁자(甲)에 게 매각대금 등의 이익을 부당이득으로 반환할 의무가 있다. 그러나 매도인(丙)으로서는 명의수 탁자의 처분행위로 인하여 손해를 입은 바가 없어 수탁자(乙)에 대한 매도인(丙)은 손해배상청구 를 할 수 없다.

❹ **계약명의신탁** 제25회 제26회 제27회 제29회 제32회 제33회

1. **의의** : 명의신탁자 甲과 명의수탁자 乙이 명의신탁 약정을 하고 甲은 乙에게 매수자금을 제공하여 명의수탁자 乙이 매수인이 되어 매도인 丙과 매매계약을 체결한 후 명의수탁자 乙명의로 이전등기 를 하는 경우

2. **매도인이 선의인 경우(경매도 동일)**

① 명의신탁약정은 무효지만 선의의 매도인(丙)과 명의수탁자(乙) 사이의 매매계약은 유효이다. 따라서 소유권이전등기도 유효이므로 수탁자(乙)는 전소유자인 매도인뿐만 아니라 신탁자에 대한 관계에서 도 유효하게 당해 부동산의 소유권을 취득한다.

② 경매절차에서 계약명의신탁의 경우 소유자가 위와 같은 명의신탁약정 사실을 알고 있었거나 소유 자와 명의신탁자가 동일인이라고 하더라도 그러한 사정만으로 그 명의인(乙)의 소유권취득이 무효 로 된다고 할 것은 아니다.

③ **매도인(丙)과 명의신탁자(甲)간의 법률관계** : 아무런 법률관계가 존재하지 않는다.

④ **명의신탁자(甲)와 명의수탁자(乙)간의 법률관계**

   ㉠ 명의신탁자는 명의수탁자에 대하여 불법행위를 원인으로 한 손해배상청구를 할 수는 없으나, 부당이득반환을 청구할 수 있을 뿐이다.

ⓛ 부당이득반환 대상으로 명의신탁이 부동산실명법 시행 이전에 이루어진 경우에는 '당해 부동산' 이었으나 명의신탁이 부동산실명법 시행 이후에 이루어진 경우에는 명의수탁자에게 제공한 매 수자금이다.(유치권 불성립)

⑤ 매수대금의 실질적 부담자(명의신탁자)의 지시에 따라 부동산의 소유명의를 이전하거나 그 처분대금 을 반환하기로 약정하여도 이는 무효인 명의신탁약정을 전제로 하는 것이어서 역시 무효이다.

⑥ 매수대금을 부담한 명의신탁자와 매수인 명의를 빌려준 명의수탁자 및 제3자 사이의 새로운 명의 신탁약정에 의하여 명의수탁자가 다시 명의신탁자가 지정하는 제3자 앞으로 소유권이전등기를 마 쳐 주었다면, 제3자 명의의 소유권이전등기는 무효이다.

⑦ 다만, 명의수탁자와 명의신탁자와의 사이에 위에서 본 매수자금반환의무의 이행에 갈음하여 명의 신탁된 부동산 자체를 양도하기로 합의하고 그에 기하여 명의신탁자 앞으로 소유권이전등기를 마 쳐준 경우에는 특별한 사정이 없는 한 유효하다.

3. 매도인이 악의인 경우

① 명의신탁약정과 매도인과 수탁자 사이의 매매계약은 무효이므로 그에 따른 소유권이전등기도 무효 이다. 따라서 소유권은 매도인에게 있다.

② 따라서 매도인은 명의수탁자에게 등기말소를 청구할 수 있다.

③ 만약 명의수탁자와 명의신탁 사실을 아는 매도인이 매매계약에 따른 법률효과를 직접 명의신탁자 에게 귀속시킬 의도로 계약을 체결한 사정이 인정된다면, 명의신탁자와 명의수탁자의 명의신탁은 3자간 등기명의신탁으로 보아야 한다.

❺ 예외적으로 유효인 명의신탁(종중·종교단체 및 배우자의 특례)

1. 유효인 명의신탁

① 종중(宗中)부동산을 종중 외의 자의 명의로 등기한 경우, 종교단체의 명의로 등기한 경우, 배우자명 의로 등기한 경우로서 조세 포탈, 강제집행의 면탈(免脫) 또는 법령상 제한의 회피를 목적으로 하지 아니하는 경우에는 예외적으로 유효로 한다.

② 배우자 사이의 명의신탁에서 '배우자'란 법률상의 배우자만을 의미하고, 사실혼 관계에 있는 배우자 는 포함되지 않는다.

③ 다만, 명의신탁등기가 사실혼 사이에 이루어져 실명법에 의하여 무효인 경우라도 이후 신탁자와 수탁자가 혼인하면 탈세 등의 목적이 없는 한 혼인한 때로부터 유효하게 된다.

2. 허용되는 명의신탁의 법률관계

① 대내적으로는 신탁자가 소유자이다.제28회 따라서 명의수탁자의 부동산에 대한 점유는 타주점유이고, 신탁자는 언제든지 신탁계약을 해지하고 수탁자에 대하여 소유권이전등기를 청구할 수 있다. 이러한 소유권이전등기청구권은 물권적 청구권으로서 소멸시효에 걸리지 않는다.

② 대외적으로는 수탁자가 소유자이다. 따라서 제3자가 신탁재산을 침해하는 경우 물권적 청구권자는 수탁자이므로 신탁자는 소유권에 기하여 직접 반환청구나 방해배제청구를 할 수 없고, 수탁자를 대위하여 행사할 수 있을 뿐이다.제28회

③ 제3자는 선의·악의를 불문하고 소유권을 취득한다.제28회 다만, 제3자가 수탁자의 배임행위에 적극 가담한 경우에는 사회질서 위반으로 무효이다.제28회

❻ 명의신탁약정에 해당하지 않는 경우(실명법 적용 ×)

1. 채무의 변제를 담보하기 위하여 채권자가 부동산에 관한 물권을 이전받거나 가등기를 하는 경우(양도담보, 가등기담보)제26회

2. '신탁법' 또는 '자본시장과 금융투자업에 관한 법률'에 따른 신탁재산 등기한 경우

3. 상호명의신탁(구분소유적 공유관계)제25회 제29회

① 의의

　㉠ 부동산의 위치와 면적을 특정하여 2인 이상이 구분소유하기로 약정하고 등기는 구분소유자의 공유로 하는 경우를 말한다.

　㉡ 1필지 토지의 일부에 관한 특정 매매와 그에 대한 등기로써 공유지분이전등기를 마친 경우, 수인이 1필의 토지를 각 위치를 특정하여 그 일부씩 매수하고 편의상 그 소유권이전등기만은 공유지분이전등기를 한 경우 등

② **상호명의신탁**(구분소유적 공유)의 법률관계

　㉠ 내부적으로는 각자 특정부분에 한하여 소유권을 취득하고 이를 배타적으로 사용수익하며,제29회 따라서 다른 구분소유자의 방해행위에 대하여는 소유권에 터잡아 그 배제를 구할 수 있다.제25회

　㉡ 외부적으로는 1필지 전체에 관하여 공유관계가 성립하고 공유자로서의 권리만을 주장할 수 있다. 따라서 제3자의 방해행위가 있는 경우에는 자기의 구분소유 부분뿐만 아니라 전체 토지에 대하여 공유물의 보존행위로서 그 배제를 구할 수 있다.제29회

③ **특정부분의 처분** : 공유자 각자는 자신의 특정 구분부분을 단독으로 처분하고 이에 해당하는 공유지분등기를 자유로이 이전할 수 있다.제25회 제29회

④ **상호명의신탁**(구분소유적 공유)의 해소 : 각 구분소유자는 공유물분할청구를 할 수 없고,제29회 신탁약정해지를 원인으로 지분이전등기절차의 이행을 구할 수 있을 뿐이다.

3 대표 기출문제

제25회 출제

01 2013. 10. 26. 甲은 친구 乙과 명의신탁약정을 하였다. 그 후 甲은 丙소유의 X토지를 매수하면서 丙에게 부탁하여 乙명의로 소유권이전등기를 하였고, X토지는 현재 甲이 점유하고 있다. 다음 설명 중 옳은 것은? (다툼이 있으면 판례에 의함)

① 乙은 甲에게 X토지의 반환을 청구할 수 없다.

② 甲은 丙에게 X토지의 소유권이전을 청구할 수 없다.

③ 丙은 乙에게 X토지의 소유권이전등기말소를 청구할 수 없다.

④ 甲은 乙에게 부당이득반환을 원인으로 소유권이전등기를 청구할 수 있다.

⑤ 甲은 乙에게 부당이득반환청구권을 피담보채권으로 하여 유치권을 주장할 수 있다.

해설

① 3자간등기명의신탁에서 명의수탁자인 乙은 소유권을 취득하지 못하므로 甲에게 X토지의 반환을 청구할 수 없다.

② 매도인과 명의신탁자 사이의 매매계약은 여전히 유효하므로 명의신탁자(甲)는 매도인(丙)에 대하여 매매계약에 기한 소유권이전등기를 청구할 수 있다[2001다61654].

③ 원소유권자(丙)는 수탁자(乙)에게 등기말소를 청구할 수 있고, 진정한 등기명의의 회복을 위한 소유권이전등기를 청구할 수도 있다.

④ 명의신탁부동산의 소유권은 매도인 丙에게 있으므로 명의신탁자(甲)는 명의수탁자(乙)를 상대로 부당이득반환을 원인으로 한 소유권이전등기를 구할 수 없다[2008다55290].

⑤ 명의신탁자인 甲은 명의수탁자인 乙에 대하여 부당이득반환청구권을 행사할 수 없으므로, 이를 피담보채권으로 하여 유치권을 주장할 수도 없다.

정답 ①

02 甲은 법령상의 제한을 피하여 乙 소유의 X부동산을 매수하고자 자신의 친구 丙과 X부동산의 매수에 관한 명의신탁약정을 체결하였다. 그에 따라 2021년 5월 丙은 乙과 X부동산 매매계약을 체결하고, 甲의 자금으로 그 대금을 지급하여 丙 명의로 등기 이전을 마쳤다. 이에 관한 설명으로 **틀린** 것은? (다툼이 있으면 판례에 따름)

① 甲과 丙 사이의 명의신탁약정은 무효이다.

② 乙이 매매계약 체결 당시 그 명의신탁약정이 있다는 사실을 알았다면 丙은 X부동산의 소유권을 취득할 수 없다.

③ 乙이 매매계약 체결 당시 그 명의신탁약정이 있다는 사실을 몰랐다면, 그 후 명의신탁약정 사실을 알게 되었어도 丙은 X부동산의 소유권을 취득한다.

④ 丙이 X부동산의 소유권을 취득한 경우 甲은 丙에게 제공한 X부동산의 매수자금 상당액을 부당이득으로 반환 청구할 수 있다.

⑤ X부동산의 소유권을 유효하게 취득한 丙이 명의신탁약정 외의 적법한 원인에 의하여 甲 앞으로 X부동산에 대한 소유권이전등기를 마친다고 해도 그 소유권이전등기는 무효이다.

> **해설**
>
> ⑤ 명의수탁자(丙)의 완전한 소유권 취득을 전제로 하여 사후적으로 명의신탁자(甲)와의 사이에 위에서 본 매수자금 반환의무의 이행에 갈음하여 명의신탁된 부동산 자체를 양도하기로 합의하고 그에 기하여 명의신탁자 앞으로 소유권이전등기를 마쳐준 경우에는 그 소유권이전등기는 새로운 소유권 이전의 원인인 대물급부의 약정에 기한 것이므로 특별한 사정이 없는 한 유효하다[2014다30483].
>
> 답⑤

4 출제 예상문제

01 2022년 甲은 친구 乙과 명의신탁약정을 하고 丙소유의 X부동산을 매수하면서 丙에게 부탁하여 乙명의로 소유권이전등기를 하였다. 다음 설명 중 틀린 것은?

① 부동산의 소유자는 丙이다.

② 丙은 진정명의회복을 원인으로 乙에게 소유권이전등기를 청구할 수 있다.

③ 乙이 甲에게 직접 소유권이전등기를 경료 해 준 경우 甲명의의 등기는 유효이다.

④ 丙의 甲에 대한 이전등기 의무는 소멸한다.

⑤ 乙이 X부동산을 丁에게 처분한 경우, 丁은 악의이더라도 소유권을 취득하고 乙은 甲에게 그 이익을 부당이득으로 반환할 의무가 있다.

해설 ✦ ④ 丙과 甲 사이의 매매계약은 유효하며, 아직 매수인인 甲명의로 등기가 마쳐지지 않았으므로 丙의 甲에 대한 이전등기 의무는 존속한다.

정답 ✦ ④

02 甲과 乙은 X토지에 관하여 구분소유적 공유관계에 있다. 다음 설명 중 틀린 것은? (다툼이 있으면 판례에 의함)

① 甲과 乙은 자신들의 특정 구분부분을 단독으로 처분할 수 있다.

② 乙은 甲에 대하여 공유물분할을 청구할 수 있다.

③ 乙의 특정 구분부분에 대한 丙의 방해행위에 대하여, 甲은 丙에게 공유물의 보존행위로서 방해배제를 청구할 수 있다.

④ 丁이 경매를 통하여 乙의 지분을 취득한 경우, 甲·丁 사이에 구분소유적 공유관계가 당연히 인정되는 것은 아니다.

⑤ 甲이 자신의 특정 구분부분에 Y건물을 신축하여 소유한 경우 乙이 강제경매를 통하여 甲의 지분을 취득하더라도 甲은 Y건물에 대한 관습법상의 법정지상권을 취득할 수 있다.

해설 ✦ ② 구분소유적 공유관계(상호명의신탁)를 해소하는 경우, 특정 부분에 대하여 신탁적으로 지분등기를 가지고 있는 자들을 상대로 하여 그 특정부분에 대한 명의신탁해지를 원인으로 한 지분이전등기절차의 이행만을 구하면 될 것이고 공유물분할 청구를 할 수 없다 할 것이다[88다카10517].

정답 ✦ ②

1 **출제예상과 학습포인트**

✦ 기출횟수

제25회 ~ 제34회

✦ 제35회 출제예상

매년 출제되고 있고, 제35회 출제가능성은 100%이다.

✦ 제35회 대비 중요도

★★★

✦ 학습방법

1~2문제 출제되는 것에 비하여 공부할 분량이 많은 편이다. 따라서 욕심내지 말고 기출부분 부분과 2020년 개정된 부분 중심으로 정리하는 것이 좋다

✦ 핵심쟁점

❶ 대지사용권   ❷ 공용부분   ❸ 담보책임의 기산점   ❹ 관리인   ❺ 재건축

2 **핵심 내용**

제1절   집합건물의 구성

❶ 구분소유의 성립요건

1. 구분소유가 성립하기 위하여는 건물부분이 '구조상·이용상 독립성'을 갖추고 소유자의 '구분행위'가 있어야 한다.

2. 구분행위는 건물의 특정부분을 구분하여 별개의 소유권의 객체로 하려는 일종의 법률행위로서, 처분권자의 구분의사가 객관적으로 외부에 표시되면 인정된다.

3. 구조상 및 이용상의 독립성을 갖추고 객관적으로 구분행위의 존재를 인정할 수 있다면 그 건물이 집합건축물대장에 등록되거나 구분건물로서 등기부에 등기되지 않았더라도 구분소유가 성립한다.

제26회 제32회

❷ 전유부분과 공용부분

1. 전유부분 : 구분소유권의 목적인 건물부분을 말한다.제27회 제32회

2. 공용부분

① **의의** : '공용부분'이란 전유부분 외의 건물부분(계단, 복도 등), 전유부분에 속하지 아니하는 건물의 부속물(승강기, 소방설비, 수도탱크 등) 및 제3조 제2항 및 제3항에 따라 공용부분으로 된 부속의 건물을 말하고(제2조 제4호), 이는 구분소유권의 목적으로 할 수 없다(제3조 제1항).

② **종류** : 법정공용부분(성질상 당연한 공용부분 → 계단, 복도, 승강기 등), 규약상 공용부분(관리사무소, 노인정 등)

③ 규약상 공용부분은 공용부분이라는 취지를 등기하여야 한다.

❸ 대지(垈地) 및 대지사용권

① 대지 위에 구분소유권의 목적인 건물이 속하는 1동의 건물이 있을 때에는 그 대지의 공유자는 대지에 대하여는 분할을 청구하지 못한다.제27회

② 대지사용권이란 구분소유자가 전유부분을 소유하기 위하여 건물의 대지에 관하여 갖는 권리를 말한다.제27회(소유권, 지상권, 전세권, 임차권 등의 지분)

③ 대지사용권은 전유부분의 처분에 따르고, 전유부분과 분리하여 처분하지 못한다.제26회 제34회다만, 규약으로 분리처분이 가능하도록 정하는 경우에는 분리하여 처분할 수 있다.

④ 대지사용권을 전유부분과 분리하여 처분하는 것을 금지하는 취지는 그 취지를 등기하지 아니하면 선의(善意)로 물권을 취득한 제3자에게 대항하지 못한다.

⑤ 전유부분만에 관하여 설정된 저당권(전세권)의 효력은 대지사용권(대지권)에도 미친다.제25회 따라서 저당권의 실행으로 전유부분을 낙찰받은 자는 대지사용권도 함께 취득한다.제34회

⑥ 구분소유자가 그 지분을 포기하거나 상속인 없이 사망한 경우에도 그 지분은 다른 구분소유자에게 각 지분의 비율로 귀속하지 않는다.(민법 제267조 규정은 적용×)

제2절 공용부분

❶ 공용부분의 결정기준 및 공용부분의 귀속

1. 건물의 어느 부분이 구분소유자의 전원 또는 일부의 공용에 제공되는지는 소유자들 사이에 특단의 합의가 없는 한 건물의 구조에 따른 객관적인 용도에 의하여 결정된다.

2. 공용부분은 구분소유자 전원의 공유에 속한다. 다만, 일부의 구분소유자만이 공용하도록 제공되는 것임이 명백한 공용부분(이하 "일부공용부분"이라 한다)은 그들 구분소유자의 공유에 속한다.제29회

❷ 공용부분의 지분(持分)

1. 각 공유자의 지분은 그가 가지는 전유부분의 면적 비율에 따른다.

2. 공용부분에 대한 지분은 그 전유부분의 처분에 따르고, 전유부분과 분리하여 처분하지 못한다.

3. 공용부분에 관한 물권의 득실변경은 따로 등기를 요하지 않는다.제29회 제30회 제31회 제34회

❸ 공용부분에 대한 법률관계

1. 공용부분의 보존·관리행위

① 보존행위는 각 공유자가 할 수 있다.제26회
② 관리행위는 통상의 집회결의(구분소유자의 과반수 및 의결권의 과반수)로써 결정한다.

2. 공용부분의 변경

① 공용부분의 변경에 관한 사항은 관리단집회에서 구분소유자 및 의결권의 3분의 2 이상의 결의로서 결정한다.
② 다만, ㉠ 공용부분의 개량을 위한 것으로서 과다한 비용이 드는 것이 아닐 경우와 ㉡ 휴양콘도미니엄의 공용부분의 변경에 관한 사항인 경우에는 통상의 집회 결의로 결정할 수 있다.
③ 건물의 노후화 억제 또는 기능 향상 등을 위한 것으로 구분소유권 및 대지사용권의 범위나 내용에 변동을 일으키는 공용부분의 변경에 관한 사항은 관리단집회에서 구분소유자 및 의결권의 5분의 4 이상의 결의로써 결정한다.

3. 공용부분의 부담·수익

① 각 공유자는 원칙적으로 그 지분 비율(전유부분의 면적 비율)에 따라 공용부분의 관리비용 기타 의무를 부담하고 이익을 취득한다.제26회
② 따라서 관리비 징수에 관한 유효한 관리단 규약 등이 존재하지 않더라도, 공용부분에 대한 관리비는 관리단이 각 구분소유자에게 청구할 수 있다.제33회
③ 공유자가 공용부분에 대하여 다른 공유자에 대하여 가지는 채권은 그 특별승계인에게도 행사할 수 있다.제29회
④ 따라서 아파트의 전 입주자가 체납한 관리비는 '공용부분'에 관한 관리비에 한해서는 그 특별승계인에게 승계된다. 다만, 공용부분 관리비에 대한 연체료는 특별승계인에게 승계되는 공용부분 관리비에 포함되지 않는다.제25회
⑤ 구분소유권이 순차로 매도된 경우 각 매수인들은 이전 구분소유자들의 채무를 '중첩적'으로 인수한다. 따라서 현재 구분소유자 뿐만 아니라 그 이전의 구분소유자들도 체납관리비채무를 부담한다.
제32회

4. 수선적립금

① 관리단은 규약에 달리 정한 바가 없으면 관리단집회 결의에 따라 건물이나 대지 또는 부속시설의 교체 및 보수에 관한 수선계획을 수립할 수 있다.

② 수선적립금은 구분소유자로부터 징수하며 관리단에 귀속된다.

5. 공용부분의 사용 등

① 각 공유자는 공용부분을 그 용도에 따라 사용할 수 있다.제26회 제31회 제34회

② 공용부분을 무단점유·사용한 구분소유자는 특별한 사정이 없는 한 해당 공용부분을 점유·사용함으로써 얻은 이익을 부당이득으로 반환할 의무가 있다.제33회

③ 전유부분이 속하는 1동의 건물의 설치 또는 보존의 흠으로 인하여 다른 자에게 손해를 입힌 경우에는 그 흠은 공용부분에 존재하는 것으로 추정한다.

제3절 담보책임

❶ 의의

1. 담보책임 부담자 : 분양자와 시공자는 건물의 구분소유자에 대하여 담보책임을 진다.

2. 적용대상 : 담보책임은 건물의 건축상의 하자에 관한 것으로, 대지부분의 권리상의 하자에까지 적용되는 것이라 하기 어렵다.

❷ 담보책임의 내용

1. 담보책임의 내용은 하자보수청구, 손해배상청구, 계약의 해제 등이 있다.

2. 집합건물법 제9조에 의한 하자담보추급권은 집합건물의 수분양자가 집합건물을 양도한 경우 특별한 사정이 없는 한 최초 수분양자가 아니라 '현재의 집합건물의 구분소유자'에게 귀속한다.제31회

3. 입주자가 당해 공동주택을 통상적인 분양계약이 아닌 경매절차에서 낙찰받았다 하더라도 하자보수 책임에 관한 규정들이 적용된다.

4. 집합건물의 분양계약에 있어서 수분양자는 집합건물의 완공 후에도 분양목적물의 하자로 인하여 계약의 목적을 달성할 수 없는 때에는 분양계약을 해제할 수 있다.

❸ 담보책임의 존속기간

1. 제척기간(재판상 또는 재판 외의 권리행사기간)

① 「건축법」 제2조 제1항 제7호에 따른 건물의 주요구조부 및 지반공사의 하자 : 10년
② 하자로 인하여 건물이 멸실되거나 훼손된 경우에는 그 멸실되거나 훼손된 날부터 1년

2. 기산점

① 전유부분은 구분소유자에게 인도한 날,제27회 제31회 공용부분은 「주택법」에 따른 사용검사일 또는 「건축법」에 따른 사용승인일로부터 기산한다.제31회
② 임대 후 분양전환된 집합건물의 경우에도 분양전환 시점이 아닌 임대에 의하여 집합건물을 인도받은 시점부터 하자담보책임의 제척기간이 진행한다.
③ 손해배상청구권에 대하여는 10년의 소멸시효기간이 적용되는데, 집합건물의 하자보수에 갈음한 손해배상청구권의 소멸시효기간은 각 하자가 발생한 시점부터 별도로 진행한다.

제4절　관리단 및 관리단의 기관 제33회

❶ 관리단

1. 구분소유관계가 성립하는 건물이 있는 경우에는 구분소유자 전원을 구성원으로 하여 특별한 조직행위가 없어도 당연히 설립된다.

2. 분양대금을 완납했음에도 분양자 측의 사정으로 소유권이전등기를 경료받지 못한 수분양자도 관리단의 구성원이 되어 의결권 행사할 수 있다.

3. 관리단이 그의 재산으로 채무를 전부 변제할 수 없는 경우에는 구분소유자는 공용부분의 지분비율에 따라 관리단의 채무를 변제할 책임을 진다(연대하여 책임×). 다만, 규약으로써 그 부담비율을 달리 정할 수 있다.

❷ 관리인

1. 관리인의 선임·해임

① 구분소유자가 10인 이상일 때에는 관리인을 선임하여야 한다.제33회
② 관리인은 구분소유자일 필요가 없으며(임차인, 법인도 가능),제25회 제30회 제33회 그 임기는 2년의 범위에서 규약으로 정한다.제24회

③ 관리인은 관리단집회의 결의로 선임되거나 해임된다. 다만, 규약으로 관리위원회의 결의로 선임되거나 해임되도록 정한 경우에는 그에 따른다.

④ 관리인에게 부정한 행위 또는 직무수행에 적합하지 않은 사정이 있는 경우 각 구분소유자는 그 해임을 법원에 청구할 수 있다.제24회

⑤ 전유부분이 50개 이상인 건물의 관리인으로 선임된 자는 대통령령으로 정하는 바에 따라 선임된 사실을 특별자치시장, 특별자치도지사, 시장, 군수 또는 자치구의 구청장(이하 "소관청"이라 한다)에게 신고하여야 한다.

2. 관리인의 권한과 의무

① 관리인의 대표권은 제한할 수 있으나, 선의의 제3자에게 대항하지 못한다.제29회

② 관리인은 매년 1회 이상 구분소유자 및 그의 승낙을 받아 전유부분을 점유하는 자에게 그 사무에 관한 보고를 하여야 한다.

③ 전유부분이 50개 이상인 건물의 관리인은 관리단의 사무 집행을 위한 금원의 징수·보관·사용·관리 등 모든 거래행위에 관하여 장부를 월별로 작성하여 그 증빙서류와 함께 해당 회계연도 종료일부터 5년간 보관하여야 한다.

3. 관리인의 회계감사(제26조의2)

① 전유부분이 150개 이상으로서 대통령령으로 정하는 건물의 관리인은 감사인의 회계감사를 매년 1회 이상 받아야 한다. 다만, 관리단집회에서 구분소유자의 3분의 2 이상 및 의결권의 3분의 2 이상이 회계감사를 받지 아니하기로 결의한 연도에는 그러하지 아니하다.

② 전유부분이 50개 이상 150개 미만으로서 대통령령으로 정하는 건물의 관리인은 구분소유자의 5분의 1 이상이 연서(連署)하여 요구하는 경우에는 감사인의 회계감사를 받아야 한다. 이 경우 구분소유자의 승낙을 받아 전유부분을 점유하는 자가 구분소유자를 대신하여 연서할 수 있다.

③ 관리인은 회계감사를 받은 경우에는 감사보고서 등 회계감사의 결과를 구분소유자 및 그의 승낙을 받아 전유부분을 점유하는 자에게 보고하여야 한다.

4. 임시관리인

① 구분소유자, 그의 승낙을 받아 전유부분을 점유하는 자, 분양자 등 이해관계인은 선임된 관리인이 없는 경우에는 법원에 임시관리인의 선임을 청구할 수 있다.

② 임시관리인은 선임된 날부터 6개월 이내에 관리인 선임을 위하여 관리단집회 또는 관리위원회를 소집하여야 한다.

❸ 관리위원회(管理委員會)

1. 관리위원회의 설치 및 기능

① 관리단에는 규약으로 정하는 바에 따라 관리위원회를 둘 수 있다.제24회
② 관리위원회는 이 법 또는 규약으로 정한 관리인의 사무 집행을 감독한다.
③ 관리위원회를 둔 경우 관리인은 권한 내의 행위를 하려면 관리위원회의 결의를 거쳐야 한다. 다만, 규약으로 달리 정한 사항은 그러하지 아니하다.

2. 관리위원회의 구성 및 운영

① 관리위원회의 위원은 구분소유자 중에서 관리단집회의 결의에 의하여 선출한다.제24회
② 관리인은 규약에 달리 정한 바가 없으면 관리위원회의 위원이 될 수 없다.제33회
③ 관리위원회 위원의 임기는 2년의 범위에서 규약으로 정한다.

제5절 규약 및 관리단집회

❶ 규약 및 관리단집회의 의의

1. 규약의 설정·변경 및 폐지는 관리단집회에서 구분소유자 및 의결권의 4분의 3 이상의 찬성을 얻어서 한다.

2. 관리단집회는 관리단의 최고의사결정기관으로 상설적 필수기관이다.

❷ 관리단집회

1. 집회의 종류

① 정기관리단집회 : 관리인은 매년 회계연도 종료 후 3개월 이내에 정기관리단집회를 소집하여야 한다. 제24회 제29회
② 임시관리단집회
　　㉠ 관리인이 필요하다고 인정할 때에는 관리단집회를 소집할 수 있다.
　　㉡ 구분소유자의 1/5 이상으로서 의결권의 1/5 이상을 가진 자가 관리단집회의 소집을 청구하면 관리인은 관리단집회를 소집하여야 한다.

2. 집회의 소집절차

① 관리단집회를 소집하려면 관리단집회일 1주일 전에 회의의 목적사항을 구체적으로 밝혀 각 구분소유자에게 통지하여야 한다. 다만, 이 기간은 규약으로 달리 정할 수 있다.

② 관리단집회는 구분소유자 전원의 동의가 있는 때에는 소집절차를 거치지 않고 소집할 수 있다. 제25회

3. 결의사항

① 관리단집회는 소집절차에 따라 통지한 사항에 관하여만 결의할 수 있다.

② 구분소유자 전원의 동의로 소집된 관리단집회는 소집절차에서 통지되지 않은 사항에 대해서도 결의할 수 있다. 제27회

4. 의결권 및 의결권행사방법

① 각 구분소유자의 의결권은 규약에 특별한 규정이 없으면 공용부분의 지분비율(전유면적의 비율)에 따른다.

② 전유부분을 수인이 공유하는 경우에는 의결권을 행사할 1인을 정해야 한다(협의 → 지분의 과반수). 만약 지분이 동등하여 의결권 행사자를 정하지 못할 경우에는 의결권을 행사할 수 없으며, 지분비율로 개별적으로 의결권을 행사할 수 없다.

③ 의결권은 서면이나제25회 전자적 방법으로 또는 대리인을 통하여 행사할 수 있다.

❸ 집회의 결의 및 규약의 효력

1. 관리단집회의 결의 및 규약은 구분소유자의 특별승계인에 대해서도 효력이 있다.

2. 관리단집회에서 적법하게 결의된 사항은 그 결의에 반대한 구분소유자에 대해서도 효력이 미친다.

제6절 재건축 및 복구

❶ 재건축

1. 재건축 결의

① 재건축결의나 재건축결의의 내용을 변경함에 있어서는 관리단집회에서 구분소유자 및 의결권의 4/5 이상의 결의에 따른다. 제24회 제28회 제30회

② 재건축 결의는 서면결의가 가능하고, 서면결의를 함에 있어서는 관리단집회가 소집·개최될 필요가 없다 할 것이다.

③ 하나의 단지 내에 있는 여러 동의 건물 전부를 일괄하여 재건축하는 경우, 재건축결의는 개개의 각 건물마다 있어야 한다.

④ 재건축 비용의 분담액 또는 산출기준을 정하지 않은 재건축 결의는 특별한 사정이 없는 한 무효이다.

⑤ 주거용 집합건물을 철거하고 상가용 집합건물을 신축하는 것과 같이 건물의 용도를 변경하는 형태의 재건축결의도 허용된다.

2. 재건축 반대자에 대한 절차

① 반대자에 대한 참가여부 최고

  ㉠ 재건축 결의가 있으면 집회를 소집한 자는 지체 없이 그 결의에 찬성하지 아니한 구분소유자에 대하여 재건축 참가여부의 회답을 '서면'으로 촉구하여야 한다.

  ㉡ 촉구를 받은 구분소유자는 촉구를 받은 날부터 2개월 이내에 회답하여야하며, 그 기간 내에 회답하지 않으면 참가하지 아니하겠다는 뜻을 회답한 것으로 본다.제30회

② 구분소유권의 매도청구 및 재매도 청구

  ㉠ 위 2개월의 기간이 지나면 재건축 참가자 또는 전원의 합의로 매수지정자로 된 자는 만료일로부터 2월 이내에 재건축 참가거부 구분소유자에 대하여 구분소유권 및 대지사용권을 시가에 따라 매도할 것을 청구할 수 있다.

  ㉡ 재건축의결의가 구분소유자 및 의결권의 각 5분의 4 이상의 다수에 의한 결의의 정족수를 충족하지 못하였다면 유효한 재건축결의가 있다고 할 수 없어 매도청구권을 행사할 수 없다.

② 공용부분의 복구(復舊)

1. 건물가액의 1/2 이하에 상당하는 건물부분이 멸실된 경우 : 각 구분소유자가 복구할 수 있고, 공용부분을 복구한 자는 다른 구분소유자에게 공용부분의 지분비율에 따라 복구에 든 비용의 상환을 청구할 수 있다.

2. 건물가액의 1/2을 초과하는 건물부분이 멸실된 경우 : 관리단집회는 구분소유자 및 의결권의 4/5 이상의 결의에 의하여 복구할 것을 결의할 수 있다.

▶ 의결정족수

통상 의결정족수 (과반수)	① 공용부분의 관리에 관한 사항 ② 공용부분의 개량을 위한 것으로 과다한 비용이 들지 않는 경우 ③ 관리인의 선임 및 해임 ④ 휴양콘도미니엄의 공용부분의 변경
1/5 이상	임시관리단집회 소집청구
2/3 이상	공용부분의 변경에 관한 사항
3/4 이상	① 규약의 설정변경폐지 ② 구분소유자의 전유부분의 사용금지청구 ③ 구분소유권의 경매청구 ④ 전유부분의 점유자에 대한 인도청구
4/5 이상	① 권리변동을 내용으로 하는 공용부분의 변경 ② 재건축 결의, 재건축 결의사항 변경 ③ 건물가액의 1/2 초과 멸실의 경우 공용부분의 복구
전원	① 관리단집회 소집절차의 생략 ② 소집통지시 통지하지 않은 사항에 대한 의결

3 대표 기출문제

제34회 출제

01 집합건물의 소유 및 관리에 관한 법률상 집합건물의 전부공용부분 및 대지사용권에 관한 설명으로 틀린 것은? (특별한 사정은 없으며, 다툼이 있으면 판례에 따름)

① 공용부분은 취득시효에 의한 소유권 취득의 대상이 될 수 없다.

② 각 공유자는 공용부분을 그 용도에 따라 사용할 수 있다.

③ 구조상 공용부분에 관한 물권의 득실변경은 등기가 필요하지 않다.

④ 구분소유자는 규약 또는 공정증서로써 달리 정하지 않은 한 그가 가지는 전유부분과 분리하여 대지사용권을 처분할 수 없다.

⑤ 대지사용권은 전유부분과 일체성을 갖게 된 후 개시된 강제경매절차에 의해 전유부분과 분리되어 처분될 수 있다.

> **해설**
>
> ⑤ 대지사용권은 규약 또는 공정증서로써 달리 정하지 않은 한 전유부분과 분리하여 처분될 수 없으므로 경매절차에 의해서도 전유부분과 분리되어 처분될 수 없다.
>
> 답⑤

제26회 출제

02 집합건물의 소유 및 관리에 관한 법률의 내용으로 틀린 것은?

① 전유부분은 구분소유권의 목적인 건물부분을 말한다.

② 대지사용권은 구분소유자가 전유부분을 소유하기 위하여 건물의 대지에 대하여 가지는 권리를 말한다.

③ 구분소유자 전원의 동의로 소집된 관리단집회는 소집절차에서 통지되지 않은 사항에 대해서도 결의할 수 있다.

④ 건물의 시공자가 전유부분에 대하여 구분소유자에게 지는 담보책임의 존속기간은 사용승인일부터 기산한다.

⑤ 대지 위에 구분소유권의 목적인 건물이 속하는 1동의 건물이 있을 경우, 대지의 공유자는 그 건물의 사용에 필요한 범위의 대지에 대하여 분할을 청구하지 못한다.

④ 전유부분에 대한 담보책임의 존속기간은 구분소유자에게 인도한 날부터 기산한다(동법 제9조의2 제2항 제1호).

답④

03 집합건물의 소유 및 관리에 관한 법률의 설명으로 틀린 것은?

① 규약 및 관리단집회의 결의는 구분소유자의 특별승계인에 대하여도 효력이 있다.

② 구분소유건물의 공용부분에 관한 물권의 득실변경은 등기가 필요하지 않다.

③ 관리인은 구분소유자가 아니더라도 무방하다.

④ 재건축 결의는 구분소유자 및 의결권의 각 5분의 4 이상의 결의에 의한다.

⑤ 재건축 결의 후 재건축 참가 여부를 서면으로 촉구 받은 재건축반대자가 법정기간 내에 회답하지 않으면 재건축에 참가하겠다는 회답을 한 것으로 본다.

⑤ 재건축 결의 후 재건축 참가 여부를 서면으로 촉구 받은 재건축반대자가 법정기간(2개월) 내에 회답하지 않으면 그 구분소유자는 재건축에 참가하지 아니하겠다는 뜻을 회답한 것으로 본다(제48조 제3항).

답⑤

4 출제 예상문제

01 집합건물의 소유 및 관리에 관한 법률에 관한 설명으로 틀린 것은?

① 관리인은 매년 회계연도 종료 후 3개월 이내에 정기 관리단집회를 소집하여야 한다.

② 관리단집회는 구분소유자 전원이 동의하면 소집절차를 거치지 않고 소집할 수 있다.

③ 전유부분이 50개 이상으로서 대통령령으로 정하는 건물의 관리인은 감사인의 회계감사를 매년 1회 이상 받아야 한다.

④ 관리인은 규약에 달리 정한 바가 없으면 관리위원회의 위원이 될 수 없다.

⑤ 관리인에게 부정한 행위가 있을 때에는 각 구분소유자는 관리인의 해임을 법원에 청구할 수 있다.

해설✦ ③ 전유부분이 150개 이상으로서 대통령령으로 정하는 건물의 관리인은 원칙적으로 감사인의 회계감사를 매년 1회 이상 받아야 한다.

정답✦ ③

02 집합건물의 소유 및 관리에 관한 법률에 대한 설명으로 틀린 것은?

① 주거용 집합건물을 철거하고 상가용 집합건물을 신축하기로 하는 재건축결의도 원칙적으로 허용된다.

② 공용부분의 변경에 관한 사항은 원칙적으로 관리단집회에서 구분소유자의 및 의결권의 3분의 2 이상 결의로써 정할 수 있다.

③ 구분소유권 및 대지사용권의 범위나 내용에 변동을 일으키는 공용부분의 변경에 관한 사항은 관리단집회에서 구분소유자의 및 의결권의 4분의 3 이상의 결의로써 결정한다.

④ 관리비 징수에 관한 유효한 관리단 규약 등이 존재하지 않더라도, 공용부분에 대한 관리비는 관리단이 각 구분소유자에게 청구할 수 있다.

⑤ 공용부분을 무단점유·사용한 구분소유자는 특별한 사정이 없는 한 해당 공용부분을 점유·사용함으로써 얻은 이익을 부당이득으로 반환할 의무가 있다.

해설✦ ③ 구분소유권 및 대지사용권의 범위나 내용에 변동을 일으키는 공용부분의 변경에 관한 사항은 관리단집회에서 구분소유자의 및 의결권의 5분의 4 이상의 결의로써 결정한다.

정답✦ ③